gramática básica del alemán

con ejercicios

Brigitte Braucek
Andreu Castell

Editorial Idiomas
Hueber

Gramática básica del alemán · con ejercicios

1ª edición, 7ª impresión 2024
1. Auflage, 7. Druck 2024

Depósito Legal: M-20328-2013
ISBN: 978 84 8141 044 0

Editoras/Verlegerinnen: Michaela Hueber, Sophie Caesar
Redacción/Redaktion: Brigitte Braucek, Andreu Castell, Natalia Clemente Cruz, Christiane Seuthe
Maquetación/Lay-Out: Conny Schmitz, Hong Kong
Foto: Gettyimages
Diseño cubierta/Umschlaggestaltung: Conny Schmitz, Hong Kong
Impresión/Druck: Imaginks, S.L.

A Ramon Cirera Duocastella

ÍNDICE

5. LOS ADJETIVOS

6. LOS NUMERALES

7. LOS ADVERBIOS

ABREVIATURAS, SIGLAS Y SIGNOS UTILIZADOS

ac.	acusativo
CC	complemento circunstancial
CD	complemento directo
CI	complemento indirecto
dat.	dativo
f	femenino
m	masculino
n	neutro
nom.	nominativo
pág.	página
págs.	páginas
p.e.	por ejemplo
pers.	persona
pl.	plural
s	singular
s.	y siguiente
ss.	y siguientes
→	véase/consulta
⚭	comparación entre el alemán y el español
[A1], [A2], [B1]	ejercicio recomendado para el nivel correspondiente

PRÓLOGO

Este libro es una gramática pensada para hablantes del español que deseen aprender alemán. Presenta los contenidos gramaticales de los niveles A1, A2 y B1 fijados por el Marco Común Europeo de Referencia para las Lenguas – MCERL (*Gemeinsamer Europäischer Referenzrahmen für Sprachen*).

Al estar concebida expresamente para hablantes del español, cuando se considera conveniente para facilitar la comprensión, se realizan comparaciones explícitas entre el alemán y el español. Es además un manual que ofrece ejercicios integrados en las explicaciones. El vocabulario utilizado en estos ejercicios pertenece también exclusivamente a los niveles mencionados. Las soluciones se encuentran al final del libro.

El libro se puede utilizar como material complementario en la clase diaria de alemán como lengua extranjera. Al ceñirse a los contenidos ya mencionados, se puede usar para explicar y practicar de forma precisa determinados contenidos y en definitiva para preparar al alumno para el "Zertifikat B1". Las explicaciones están siempre formuladas de la manera más sencilla posible, por lo que el libro también puede resultar muy útil en el autoaprendizaje.

El usuario dispone de varias formas de acceder a la información deseada. Puede hacerlo a través del índice general situado al inicio del libro, pero también tiene la posibilidad de hacerlo consultando el índice alfabético de materias y palabras que se ofrece al final del libro. De esta forma, quien busque por ejemplo información sobre el adverbio "nicht" la podrá encontrar en diversos lugares: En el índice general en los capítulos "Los adverbios" y "La negación", pero también en el índice alfabético de materias y palabras del final buscando el término "negación" o simplemente la propia palabra "nicht".

Hay muchos caminos para aprender la gramática alemana:

Poco después de nuestra llegada fuimos a una librería. Mi madre pidió una gramática inglesa-alemana, tomó el primer libro que le ofrecieron y volvimos rápidamente a casa para empezar sus lecciones. ¿Cómo describir de forma creíble la índole de estas lecciones? Sé muy bien cómo fueron, cómo habría podido olvidarlo, pero a veces ni yo mismo puedo creerlo.
Estábamos sentados en el comedor, en la mesa grande. Yo en la parte más estrecha con vista sobre el lago y las velas de los barcos. Ella se sentaba al otro lado, a mi izquierda, sosteniendo el libro de tal manera que yo no pudiera leerlo. Siempre lo mantenía alejado de mí. "No lo necesitas", decía, "no puedes entender nada". A pesar de este argumento, yo sentía que me ocultaba el libro como si fuera algo secreto. Me leía una frase en alemán y tenía que repetirla [...]; tan pronto como lograba pronunciarla correctamente, me la traducía, se me quedaba mirando imperiosa (a ver si te acuerdas) y pasaba a la siguiente [...]. Cuando me despedía, decía: "¡Repítelo cuanto haga falta! No debes olvidar ninguna frase. Ni una. Mañana continuaremos." Ella se quedaba el libro y yo me quedaba perplejo y abandonado a mí mismo.

(De Elias Canetti: *Die gerettete Zunge. Geschichte einer Jugend – La lengua absuelta. Historia de una infancia*)

Elias Canetti lo tuvo difícil para aprender alemán. Con este manual en tus manos lo tendrás más fácil.

Brigitte Braucek y Andreu Castell

Barcelona/Berlín/Igualada, junio de 2013

LOS VERBOS

EL PRESENTE

• A: Was **machst** du? • B: Ich **schreibe** eine Mail.	• A: ¿Qué haces? • B: Escribo un mail.

Machst y **schreibe** son formas del presente de los verbos **machen** y **schreiben**. En alemán, el presente se utiliza fundamentalmente, como en español, para referirse a algo que tiene lugar en el momento en que se habla.

EL PRESENTE: FORMAS REGULARES

		kommen (1)	**arbeiten** (2)	**heißen** (3)
singular	ich	komm**e**	arbeit**e**	heiß**e**
	du	komm**st**	arbeit**est**	heiß**t**
	er, sie, es	komm**t**	arbeit**et**	heiß**t**
plural	wir	komm**en**	arbeit**en**	heiß**en**
	ihr	komm**t**	arbeit**et**	heiß**t**
	sie	komm**en**	arbeit**en**	heiß**en**
usted/es	Sie	komm**en**	arbeit**en**	heiß**en**

(1) El presente se forma añadiendo las correspondientes terminaciones a la raíz del verbo (infinitivo sin la terminación **–en**).

(2) Si la raíz termina en **–t** o **–d** (**arbeiten** = *trabajar*, **baden** = *bañar(se)*) se añade una **–e** adicional en las segundas personas (**du**, **ihr**) y en la tercera del singular (**er**, **sie**, **es**).

Esta **–e** no se añade en la segunda y tercera persona del singular con cambio de vocal temática: **raten** *(aconsejar)* – **du rätst**, **er rät**; **einladen** *(invitar)* – **du lädst ein**, **er lädt ein**.

En cambio, también se añade en los siguientes verbos terminados en **–nen**: **öffnen** *(abrir)*, **rechnen** *(contar)*, **regnen** *(llover)*, **trocknen** *(secar)* y **zeichnen** *(dibujar)*.

(3) Si la raíz termina en **–ß, –s, –ss, –x, –z** (**heißen** = *llamarse*, **reisen** = *viajar*, **küssen** = *besar*, **boxen** = *boxear*, **tanzen** = *bailar*), a la segunda persona del singular sólo se le añade una **–t**. Esto hace que la segunda y la tercera persona del singular sean iguales (**du heißt**, **du reist**, **du küsst**, **du boxt**, **du tanzt**).

EJERCICIOS

1. ¿Qué forma es la correcta? Márcala. [A1]

a. Anna	❑ schwimmst	☒ schwimmt	❑ schwimme	gern.
b. Ich	❑ trinke	❑ trinkt	❑ trinkst	ein Bier.
c. Das Kind	❑ spielst	❑ spielt	❑ spiele	Fußball.
d. Frau Murkel,	❑ wohnt	❑ wohnst	❑ wohnen	Sie in Berlin?
e.	❑ Gehst	❑ Geht	❑ Gehe	du oft ins Kino?
f. Herr Schumacher	❑ kochen	❑ kochst	❑ kocht	gut.
g. Sie (ellos/ellas)	❑ kauft	❑ kaufen	❑ kaufst	Bücher.
h.	❑ Kommt	❑ Komme	❑ kommen	ihr bitte?
i. Sie (ella)	❑ studiere	❑ studierst	❑ studiert	Biologie.
j. Wir	❑ verkauft	❑ verkaufe	❑ verkaufen	Autos.

2. Una forma no es correcta. Táchala. [A1]

a. sie (ella)	ihr	er	~~ich~~	badet
b. er	ihr	Sie (usted/es)	sie (ella)	arbeitet
c. ihr	es	du	wir	heißt
d. er	Sie (usted/es)	ihr	du	tanzt
e. du	ihr	sie (ella)	er	wartet
f. sie (ella)	ihr	du	es	trinkt
g. er	ich	sie (ella)	du	reist
h. du	er	sie (ella)	sie (ellos, ellas)	küsst
i. sie (ellos, ellas)	ihr	er	sie (ella)	findet

3. Conjuga el presente de los siguientes verbos. [A1-A2]

	ich	du	er/sie/es	wir	ihr	sie/Sie
a. wohnen	*wohne*					
b. studieren				*studieren*		
c. arbeiten			*arbeitet*			
d. heißen		*heißt*				
e. fragen						*fragen*
f. tanzen					*tanzt*	

4. Añade las terminaciones del presente. [A1]

a. Jetzt wohn....... wir in Madrid.

b. Komm..... ihr aus Barcelona?

c. Mein Bruder kauf.... den Wein für das Abendessen.

d. Anna mach.... heute das Essen.

e. Ich lern... jetzt Französisch.

f. Versteh.... du die Frage?

5. Completa las oraciones con el presente del verbo que se indica entre paréntesis. [A1]

a. Wie viel .... (kosten) der Computer?

b. Wie .... (heißen) du?

c. Florian .... (finden) keine Arbeit.

d. .... (arbeiten) du oder .... (studieren) du?

e. Was .... (bedeuten) dieses Wort?

f. Marta .... (tanzen) gern.

EL PRESENTE: FORMAS CON CAMBIO DE VOCAL

- A: **Fährst** du mit dem Bus?
- B: Nein, ich **fahre** mit dem Zug.

- A: ¿Vas en autobús?
- B: No, voy en tren.

Hay verbos con cambio de la vocal temática en la segunda y en la tercera persona del singular. Los principales cambios de vocal temática son los siguientes:

		a → ä	au → äu	e → i	e → ie
		fahren	**laufen**	**sprechen**	**sehen**
singular	ich	fahre	laufe	spreche	sehe
	du	f**ä**hrst	l**äu**fst	spr**i**chst	s**ie**hst
	er, sie, es	f**ä**hrt	l**äu**ft	spr**i**cht	s**ie**ht
plural	wir	fahren	laufen	sprechen	sehen
	ihr	fahrt	lauft	sprecht	seht
	sie	fahren	laufen	sprechen	sehen
usted/es	Sie	fahren	laufen	sprechen	sehen

Otros verbos:

a → ä
anfangen *(empezar)*, **backen** *(cocer)*, **einladen** *(invitar)*, **fallen** *(caer(se))*, **gefallen** *(gustar)*, **halten** *(parar/sostener)*, **schlafen** *(dormir)*, **tragen** *(llevar)*, **waschen** *(lavar)*

e → i / e → ie
essen *(comer)*, **geben** *(dar)*, **helfen** *(ayudar)*, **nehmen** *(coger/tomar)*, **sprechen** *(hablar)*, **sterben** *(morir)*, **treffen** *(encontrarse con alguien)*, **treten** *(pisar/dar una patada)*, **vergessen** *(olvidar)*, **empfehlen** *(recomendar)*, **lesen** *(leer)*, **sehen** *(ver)*, **stehlen** *(robar)*

EJERCICIOS

6. Añade las formas de la segunda y de la tercera persona del singular. [A1]

	du	er/sie/es
a. lesen		
b. waschen		
c. sehen		
d. geben		
e. helfen		

7. Completa las oraciones con la forma del presente del verbo que se indica entre paréntesis. [A1]

a. Wann .... (fahren) der Chef nach Paris?
b. .... (essen) du heute wieder Bratwurst?
c. Peter .... (schlafen) noch.
d. .... (sprechen) du Chinesisch?
e. Dieses Bild .... (gefallen) mir.

8. Marca la forma correcta. [A2]

a. Florian	❑ läufst	❑ läuft	❑ lauft	sehr schnell.
b. Was	❑ nimmst	❑ nimmt	❑ nehmt	du, ein Bier?
c.	❑ Trifft	❑ Trefft	❑ Triffst	ihr heute eure Freunde?
d. Der Bus	❑ hältst	❑ haltet	❑ hält	hier nicht.
e. Der Elefant	❑ vergisst	❑ vergesst	❑ vergesse	nichts.

EL PRESENTE: FORMAS IRREGULARES

• A: Wo **sind** Sie jetzt? • B: Ich **bin** im Büro.	• A: ¿Dónde está (usted) ahora? • B: Estoy en la oficina.

Algunos verbos tienen formas irregulares en el presente. Se trata de **sein** *(ser/estar)*, **haben** *(tener)*, **werden** *(convertirse, llegar a ser, ...)*, **wissen** *(saber)*, así como de los verbos modales (→ págs. 64 s.).

		sein	haben	werden	wissen
singular	ich	**bin**	habe	werde	**weiß**
	du	**bist**	**hast**	**wirst**	**weißt**
	er, sie, es	**ist**	**hat**	**wird**	**weiß**
plural	wir	**sind**	haben	werden	wissen
	ihr	**seid**	habt	werdet	wisst
	sie	**sind**	haben	werden	wissen
usted/es	Sie	**sind**	haben	werden	wissen

EJERCICIOS

9. Añade las formas del presente de los verbos *haben*, *sein* y *wissen*. [A1]

a. **A**: .... du am Sonntag Zeit? **B**: Das .... ich noch nicht.

b. **A**: Giuseppe, ... du aus Italien? **B**: Nein, ich .... aus der Schweiz.

c. **A**: .... ihr heute keinen Unterricht? **B**: Nein, heute .... wir frei.

d. **A**: .... du, wie spät es ist? **B**: Tut mir leid, ich .... keine Uhr.

e. **A**: .... dein Freund aus Frankfurt? **B**: Nein, aber er .... da Familie.

f. **A**: Herr Kluge .... sehr viel. **B**: Ja, er .... ein Genie!

g. **A**: Heute .... ich total kaputt. **B**: Aber das .... du doch immer!

10. Completa las oraciones conjugando el verbo *werden*. [A2]

a. Das Wetter .... morgen wahrscheinlich schlecht.

b. Mein Sohn .... Feuerwehrmann.

c. Ich .... schnell nervös.

d. Warum .... du nicht Politiker?

e. Zieht eure Mäntel an, sonst .... ihr krank!

EL PRESENTE: USO

• A: Was **machst** du? • B: Ich **lese (gerade)** einen sehr interessanten Artikel.	• A: ¿Qué haces? • B: Leo un artículo muy interesante. / Estoy leyendo un artículo muy interesante.

Como ya se ha dicho al principio del capítulo, el presente se utiliza fundamentalmente para referirse a algo que tiene lugar en el momento en que se habla. En español, en estos casos se puede usar la perífrasis "*estar* (conjugado) + gerundio" *(estoy leyendo)*. En alemán no existe esta posibilidad. Pero sí que se puede utilizar, para expresar lo mismo, el adverbio **gerade** *(en este momento)*.

• Hunde **sind** treue Tiere.	• Los perros son animales fieles.

Con el presente también se pueden expresar generalizaciones.

• **Morgen gehen** wir einkaufen.	• Mañana vamos/iremos a comprar/ de compras.

Como en español, el presente también puede usarse para referirse a hechos futuros. En alemán se utiliza esta posibilidad más a menudo, sobre todo cuando la oración contiene un elemento temporal que indica que se trata de un hecho futuro, como p.e. **morgen** *(mañana)*.

EJERCICIOS

11. Traduce las siguientes oraciones. Ten en cuenta que, si bien en la mayoría de ellas aparece el futuro, en alemán se utiliza habitualmente el presente. [A1]

a. Mañana no vendré. (kommen)

Morgen ....

b. ¿Qué haréis el domingo? (machen)

.... ?

c. El fin de semana visitaré a mis padres. (besuchen)

Am Wochenende ....

d. Hoy comeremos en casa de Laura. (essen)

Heute .... bei Laura.

e. ¿Vas al cine mañana? (gehen)

.... ins Kino?

12. Traduce las siguientes oraciones utilizando el presente y el adverbio *gerade*. [B1]

a. David está hablando por teléfono. (telefonieren)

David ....

b. Los niños están desayunando. (frühstücken)

Die Kinder ....

c. Estoy escribiendo un email. (schreiben)

Ich ....

• A: Wo ist Maria?	• A: ¿Dónde está María?
• B: Sie **ist wohl** krank.	• B: Estará enferma. / Debe de estar enferma.
• B: Sie **kommt sicher** zu spät.	• B: Seguramente llegará tarde.
• B: Sie **kommt wahrscheinlich** später.	• B: Probablemente vendrá más tarde.
• B: **Hoffentlich ist** sie nicht krank.	• B: Ojalá no esté enferma.

En alemán, el presente también se utiliza en ocasiones en las que no puede usarse en español:

- Con la partícula modal **wohl** o con los adverbios **sicher** *(seguramente)*, **vielleicht** *(quizá)* y **wahrscheinlich** *(probablemente)*, para expresar una suposición.

- Con el adverbio **hoffentlich** *(ojalá)*, colocado normalmente al inicio del enunciado, para expresar un deseo que no se sabe si se va a cumplir.

En español, en estos casos se acude al futuro simple (*estará*), a la perífrasis *deber de* + infinitivo (*debe de estar*) o al presente de subjuntivo *(esté)*.

EJERCICIOS

13. Expresa deseos con el presente y el adverbio *hoffentlich*. [A2]

a. ¡Ojalá (él) vaya al médico! (gehen)

Hoffentlich .... !

b. ¡Ojalá (yo) encuentre trabajo pronto! (finden)

Hoffentlich .... bald .... !

c. ¡Ojalá (ellos) estén en casa! (sein)

Hoffentlich .... !

14. Expresa suposiciones con el presente y el adverbio *wahrscheinlich*. [A2]

a. Probablemente (él) vendrá el domingo. (kommen)

Wahrscheinlich ....

b. Probablemente no haremos el examen. (machen)

Wahrscheinlich ....

c. Probablemente (ella) tendrá mucho trabajo. (haben)

Wahrscheinlich ....

• Er will, dass ich ihm **helfe**. • Ich glaube nicht, dass sie **kommt**. • Ist es nötig, dass ihr so **schreit**? • Ich mache, was du **willst**.	• Quiere que le ayude. • No creo que venga. • ¿Es necesario que gritéis tanto? • Haré lo que quieras.

El presente también se utiliza en muchas oraciones subordinadas en las que en español se acude al subjuntivo.

EJERCICIOS

15. Traduce los siguientes enunciados utilizando el presente en la subordinada. [A2-B1]

a. No quiero que lo hagas. (machen)

Ich will nicht, dass ....

b. Espero que (él) no esté enfermo. (sein)

Ich hoffe, dass ....

c. No es necesario que firmes. (unterschreiben)

Es ist nicht notwendig, dass ....

d. Empezaremos cuando (tú) vengas. (kommen)

Wir fangen an, wenn ....

EL *PERFEKT*

• A: Was **hast** du heute Morgen **gemacht**? • B: Ich **habe** für die Prüfung **gelernt**. • A: Was **hast** du gestern **gemacht**? • B: Ich **bin** ins Kino **gegangen**.	• A: ¿Qué has hecho esta mañana? • B: He estudiado para el examen. • A: ¿Qué hiciste ayer? • B: Fui al cine.

Hast ... gemacht, **habe ... gelernt** y **bin ... gegangen** son formas del **Perfekt** de los verbos **machen**, **lernen** y **gehen**. El **Perfekt** sirve principalmente para referirse a hechos pasados.

EL *PERFEKT*: ESTRUCTURA

		sagen		**kommen**	
singular	ich	habe	gesagt	bin	gekommen
	du	hast	gesagt	bist	gekommen
	er, sie, es	hat	gesagt	ist	gekommen
plural	wir	haben	gesagt	sind	gekommen
	ihr	habt	gesagt	seid	gekommen
	sie	haben	gesagt	sind	gekommen
usted/es	Sie	haben	gesagt	sind	gekommen

El **Perfekt** se construye con el presente de los verbos auxiliares **haben** o **sein** y el **Partizip II**.

EL *PERFEKT*: LAS FORMAS DEL *PARTIZIP II*

Formación del *Partizip II* de los verbos regulares

Infinitivo	**3ª pers. sing.**	**Partizip II**
fragen	fragt	**ge**fragt *(preguntado)*
wohnen	wohnt	**ge**wohnt *(vivido)*
arbeiten	arbeitet	**ge**arbeitet *(trabajado)*

La forma del **Partizip II** (participio de pasado) de la gran mayoría de verbos regulares, como **fragen** *(preguntar)*, **wohnen** *(vivir)* y **arbeiten** *(trabajar)* se construye colocando el prefijo **ge-** delante de la tercera persona del presente.

EJERCICIOS

16. Los siguientes verbos son todos regulares. Escribe las formas que faltan en la tabla. [A1]

Infinitivo	3ª pers. sing. del presente	Partizip II
a. glauben		*geglaubt*
b. arbeiten		
c. lernen	*lernt*	
d. fragen		*gefragt*
e. machen		
f. brauchen	*braucht*	
g. öffnen	*öffnet*	

17. Los siguientes verbos son todos regulares. Añade las formas que faltan en la tabla. [A2]

Infinitivo	3ª pers. sing. del presente	Partizip II
a. kochen		*gekocht*
b. baden	*badet*	
c. reisen		
d. spielen		
e. kaufen	*kauft*	*gekauft*
f. warten		
g. tanzen	*tanzt*	
h. suchen		
i. antworten		*geantwortet*

Formación del *Partizip II* de los verbos irregulares

Infinitivo	Partizip II		
essen	gegessen	*comer*	*comido*
schlafen	geschlafen	*dormir*	*dormido*
kommen	gekommen	*venir*	*venido*
gehen	gegangen	*ir*	*ido*
nehmen	genommen	*coger/tomar*	*cogido/tomado*
schreiben	geschrieben	*escribir*	*escrito*
sprechen	gesprochen	*hablar*	*hablado*
trinken	getrunken	*beber*	*bebido*
sein	gewesen	*ser/estar*	*sido/estado*

El **Partizip II** de los verbos irregulares debe aprenderse de memoria (consulta las págs. 83 ss.). Lleva el prefijo **ge-** y termina en **–en**.

No termina en **–en** el **Partizip II** de algunos verbos como: **brennen** *(arder)* – **gebrannt**, **bringen** *(llevar)* – **gebracht**, **denken** *(pensar)* – **gedacht**, **kennen** *(conocer)* – **gekannt** y **wissen** *(saber)* – **gewusst**, así como el de los verbos compuestos con ellos, como **nachdenken** *(reflexionar)* – **nachgedacht**.

Formación del *Partizip II* de los verbos separables

Infinitivo	Partizip II		
aufräumen	auf**ge**räumt	*ordenar*	*ordenado*
einkaufen	ein**ge**kauft	*comprar*	*comprado*
abschreiben	ab**ge**schrieben	*copiar*	*copiado*
wehtun	weh**ge**tan	*doler*	*dolido*

En los verbos separables (regulares e irregulares), el prefijo **ge-** se coloca entre el prefijo y la base verbal.

EJERCICIOS

18. ¿Cuál es la forma del *Partizip II* de los siguientes verbos separables regulares? [A2]

Infinitivo	*Partizip II*
a. abholen	....
b. aufhören	....
c. zuhören	....

d. mitmachen ....

e. auspacken ....

19. ¿Cuál es la forma del *Partizip II* de los siguientes verbos separables irregulares? (→ págs. 83 ss.) [A2]

Infinitivo *Partizip II*

a. fernsehen ....

b. einladen ....

c. aufstehen ....

d. mitnehmen ....

e. anbieten ....

f. abschließen ....

g. aussteigen ....

Formación del *Partizip II* de los verbos con los prefijos *be-*, *ent-*, *er-*, *ge-*, *ver-* y de los terminados en *-ieren*

Infinitivo	**Partizip II**		
bedienen	bedient	*servir/atender*	*servido/atendido*
entscheiden	entschieden	*decidir*	*decidido*
erzählen	erzählt	*contar*	*contado*
gefallen	gefallen	*gustar*	*gustado*
verkaufen	verkauft	*vender*	*vendido*
stud**ieren**	studiert	*estudiar*	*estudiado*

Los verbos (regulares e irregulares) que empiezan con estos prefijos no separables, así como los que terminan en **-ieren** (siempre regulares) no añaden el prefijo **ge-**.

EJERCICIOS

20. Todos los verbos de este ejercicio llevan prefijo, en unos casos separable, en otros inseparable. ¿Cuál es la forma del *Partizip II*? Puedes consultar los irregulares (*) en las págs. 83 ss. [A2]

Infinitivo *Partizip II*

a. gehören ....

b. bezahlen ....

c. einsteigen* ....

d. ausmachen ....

e. erklären ....

f. entschuldigen ....

g. anmachen ....

h. mitbringen* ....

i. versprechen* ....

j. abfahren* ....

EL *PERFEKT*: ¿CON *HABEN* O CON *SEIN*?

Infinitivo	Perfekt (3ª pers. sing.)		
kaufen	er **hat** gekauft	*comprar*	*él ha comprado*
schreiben	er **hat** geschrieben	*escribir*	*él ha escrito*

La mayoría de los verbos (regulares e irregulares) forman el **Perfekt** con el auxiliar **haben**.

Infinitivo	Perfekt (3ª pers. sing.)		
wachsen	er **ist** gewachsen	*crecer*	*él ha crecido*
sterben	er **ist** gestorben	*morir*	*él ha muerto*
aufstehen	er **ist** aufgestanden	*levantarse*	*él se ha levantado*

Forman el **Perfekt** con el auxiliar **sein** los verbos intransitivos (son los que no tienen complemento directo) que expresan un cambio de estado.

¿Qué significa que estos verbos expresan un cambio de estado? **Wachsen** *(crecer)* supone que una vez producida la acción que expresa el verbo ya no se mide lo mismo; **sterben** *(morir)* supone pasar de estar vivo a estar muerto; y **aufstehen** *(levantarse)* significa pasar de estar sentado o echado en la cama a estar de pie.

Los verbos pronominales como **sich setzen** *(sentarse)*, aunque expresen un cambio de estado, forman el **Perfekt** con el auxiliar **haben**: **Er hat sich gesetzt.** *(Él se ha sentado.)*

Infinitivo	Perfekt (3ª pers. sing.)		
gehen	er **ist** gegangen	*ir(se)*	*él (se) ha ido*
fallen	er **ist** gefallen	*caer(se)*	*él (se) ha caído*

También forman el **Perfekt** con **sein** los verbos intransitivos (es decir que no tienen complemento directo) que expresan un desplazamiento y que pueden ir acompañados del complemento que indica el destino. Así, con **gehen** se puede expresar el lugar a donde se va (**Er ist <u>ins Kino</u> gegangen.** = *Se ha ido al cine.*) y con **fallen** el lugar en el que cae algo o alguien (**Deine Jacke ist <u>auf den Boden</u> gefallen.** = *Tu chaqueta se ha caído al suelo.*).

Infinitivo	Perfekt (3ª pers. sing.)		
bleiben	er **ist** geblieben	*quedarse*	*él se ha quedado*
sein	sie **ist** gewesen	*ser, estar*	*ella ha sido/estado*
passieren	es **ist** passiert	*suceder*	*ha sucedido*
geschehen	es **ist** geschehen	*suceder*	*ha sucedido*

Finalmente también forman el **Perfekt** con **sein** los verbos **bleiben**, **sein**, **passieren** y **geschehen**.

EJERCICIOS

21. ¿Con qué auxiliar forman el *Perfekt* los siguientes verbos: *haben* o *sein*? Tacha la forma incorrecta. [A1]

a. Heute	~~bin~~ / habe	ich zehn Stunden gearbeitet.
b. Martin	ist / hat	heute zu Hause geblieben.
c. Gestern	sind / haben	wir Sushi gegessen.
d. Warum	bist / hast	du ihn nicht gefragt?
e. Laura	ist / hat	die Hausaufgaben gemacht.
f. Am Sonntag	sind / haben	sie nach München gefahren.
g. Wir	sind / haben	am Strand geschlafen.
h. Was	bist / hast	du gelesen?
i. Ich	bin / habe	dich nicht gesehen.
j. Was	ist / hat	passiert?

22. ¿Con qué auxiliar forman el *Perfekt* los siguientes verbos: *haben* o *sein*? Tacha la forma incorrecta. [A2]

a. Warum	bist / ~~hast~~	du nicht mitgekommen?
b. Moritz	ist / hat	nur mit Paula getanzt.
c. Wo	seid / habt	ihr das Geld gefunden?
d. Der Zug	ist / hat	pünktlich abgefahren.
e. Um acht Uhr	bin / habe	ich angekommen.

f. Wir	sind / haben	ein tolles Konzert gehört.
g. Ich	bin / habe	in der Kochstraße ausgestiegen.
h. Gestern	ist / hat	er spät nach Hause gekommen.
i. Warum	bist / hast	du das Paket nicht abgeholt?
j. Die Kinder	sind / haben	im Schwimmbad gewesen.

EL *PERFEKT*: EL *PERFEKT* EN LA ORACIÓN

• Ich **habe** heute ein Buch für Marta **gekauft.** (1)	• Hoy he comprado un libro para Marta.
• Was **habt** ihr gestern im Unterricht **gemacht**? (2)	• ¿Qué hicisteis ayer en clase?
• **Bist** du heute Morgen früh **aufgestanden**? (3)	• ¿Te has levantado temprano esta mañana?

La forma verbal que se conjuga es la del auxiliar (**ich habe**, **du hast**, **er/sie/es hat**, **wir haben**, etc., **ich bin**, **du bist**, **er/sie/es ist**, **wir sind**, etc.). Ésta aparece en 2° lugar en las oraciones enunciativas (1) y en las interrogativas parciales (2) y al inicio en las interrogativas totales (3). El **Partizip II** se coloca al final de la oración.

En las oraciones subordinadas, es el auxiliar conjugado el que pasa a ocupar el último lugar, inmediatamente después del **Partizip II**: **..., weil ich heute ein Buch für Marta gekauft habe.** *(... porque hoy he comprado un libro para Marta.)* (→ pág. 254).

EJERCICIOS

23. Construye oraciones en *Perfekt*. Ten en cuenta la colocación del verbo auxiliar conjugado según el tipo de oración. [A1]

a. lernen – Deutsch – er – haben

Er hat Deutsch gelernt.

b. Lisa – zwei Tassen Kaffee – trinken – haben

Lisa ....

c. du – haben – sehen – den Film (?)

.... ?

d. um 10 Uhr – wir – nach Hause – wir – sein – fahren

Um 10 Uhr ....

e. du – haben – lesen – das Buch (?)

....?

f. haben – essen – gestern eine Pizza – ich

....

g. ihr – haben – schlafen – gut (?)

....?

h. bleiben – Moritz – ein Jahr in Deutschland – sein

....

i. heute – Anna – nicht – arbeiten – haben

Heute ....

j. verstehen – Sie – haben – nicht – was (?)

....?

24. Traduce las siguientes oraciones. Utiliza el verbo adecuado en *Perfekt* e inicia las oraciones enunciativas con el sujeto. [A2]

finden – gehen – kommen – sein – sprechen – trinken

a. Nos fuimos a casa a las diez.

....

b. He hablado con Julia.

....

c. ¿Qué habéis bebido en el restaurante?

....?

d. ¿No has estado nunca en Berlín?

....?

e. ¿Cuándo ha venido tu novia?

....?

f. David ha encontrado tus llaves.

....

EL *PERFEKT*: USO

• Heute Morgen **bin** ich ins Sportstudio **gegangen**.	• Esta mañana he ido al gimnasio.
• Gestern Abend **bin** ich ins Sportstudio **gegangen**.	• Ayer por la tarde fui al gimnasio.
• Früher **bin** ich oft ins Sportstudio **gegangen**.	• Antes iba a menudo al gimnasio.

El sistema verbal alemán es mucho más simple que el español. Así, en un diálogo, las formas españolas *he ido*, *fui* e *iba* pueden ser expresadas todas, excepto en el caso de los verbos modales, mediante el **Perfekt**. En cuanto a la oposición **Perfekt – Präteritum**, consulta las págs. 30 ss.

EJERCICIOS

25. Traduce al castellano las siguientes oraciones. Observa que en tu traducción aparecerán, según el caso, tres tiempos distintos del pasado español. [A1]

a. Schau mal. Es hat geregnet. Mira. ....

b. Gestern sind wir zu Hause geblieben. Ayer ....

c. Damals hat er noch Deutsch gelernt. Por aquel entonces ....

d. Früher haben die Leute mehr gelesen. Antes la gente ....

e. Am Montag habe ich bis neun gearbeitet. El lunes ....

26. Traduce al alemán las siguientes oraciones utilizando el *Perfekt*. Recuerda que puedes consultar la lista de verbos irregulares en las págs. 83 ss. [A2]

ankommen – anrufen – aufräumen – aufstehen – kaufen – kommen – leben – schreiben – spielen – studieren

a. Moritz ha ordenado su habitación. Moritz ....

b. Entonces vino el profesor. Dann ....

c. Esta mañana he llamado al director. Heute Morgen ....

d. Ayer compré un ordenador. Gestern ....

e. Por aquel entonces estudiábamos en París. Damals ....

f. ¿Ya ha llegado el tren? .... der Zug schon .... ?

g. ¿Has escrito la redacción? .... den Aufsatz ....?

h. En 1985 vivía en Berlín. 1985 .... er ....

i. Hoy me he levantado a las seis. Heute ....

j. Ayer jugamos al fútbol. Gestern ....

EJERCICIOS GLOBALES

27. Transforma las oraciones en *Perfekt* en oraciones en presente. [A1]

a. Warum bist du nicht zu Hause geblieben? *Warum bleibst du nicht zu Hause?*

b. Jonas hat ein Eis gegessen. ....

c. Hast du die Zeitung gelesen? .... ?

d. Am Sonntag hat sie bis zwölf Uhr geschlafen. ....

e. Hast du das gesehen? .... ?

f. Michael ist im Urlaub nach Österreich gefahren. ....

g. Das habe ich nicht verstanden. ....

h. Habt ihr Alkohol getrunken? .... ?

28. Rellena los huecos con el auxiliar correspondiente conjugado y el *Partizip II*. Recuerda que puedes consultar la tabla de verbos irregulares en las págs. 83 ss. [A1]

a. .... du schon .... (essen)?

b. Ich .... gestern zu Hause .... (bleiben).

c. Leider .... er keine Zeit .... (haben).

d. .... ihr heute schon die Zeitung .... (lesen)?

e. Mafalda .... mit dem Fahrrad zur Schule .... (fahren).

f. Guten Morgen, ... du gut .... (schlafen)?

g. Gestern .... ich den neuen Film von Woody Allen .... (sehen).

h. Warum bist du so nervös? Was .... (passieren)?

i. Er .... eine ganze Flasche Wein .... (trinken).

j. Was hast du gesagt? Ich .... dich nicht .... (verstehen).

29. Transforma el texto en presente en un texto en *Perfekt*. [A2]

Detektiv Dagobert observiert Edu Einstein:

a. Edu geht um 7 Uhr aus dem Haus. b. Er sieht nach links und nach rechts. c. Dann geht er zum Auto und steigt ein. d. Er fährt ins Zentrum und parkt vor der Bank. e. Er steigt nicht aus, er wartet. f. Nichts passiert. g. Er nimmt sein Handy und telefoniert. h. Eine Frau kommt aus der Bank.

Dagobert schreibt in sein Notizbuch:

a. Edu ist um 7 Uhr aus dem Haus gegangen.

b. Er... .

c. ....

d. ....

e. ....

f. ....

g. ....

h. ....

30. Construye pequeños diálogos como el del ejemplo modelo. [A2]

a. die Hausaufgaben machen

A: *Machst* du bitte die Hausaufgaben? B: Ich *habe* sie schon *gemacht*!

b. die Wohnung aufräumen

A : .... ? B : .... sie schon .... !

c. den Mantel in die Reinigung bringen

A : .... ? B : .... ihn schon .... !

d. die Konzertkarten kaufen

A : .... ? B : .... sie .... !

e. Onkel Feuerstein anrufen

A : .... ? B : .... ihn .... !

f. die Heizung anmachen

A : .... ? B : .... sie .... !

g. die Zigarette ausmachen

A : .... ? B : .... sie .... !

31. Rellena los huecos con el auxiliar correspondiente conjugado y el *Partizip II*. Ten en cuenta que algunos son separables y/o irregulares. Si es necesario, consulta la lista de estos últimos en las págs. 83 ss. [A2]

abholen – antworten – aufstehen – bezahlen – gehen – mitkommen – putzen – reparieren – sagen

a. Am Samstag .... er nicht in die Disco ....

b. Heute Morgen .... ich wie immer zu spät ....

c. Wer .... die Rechnung .... ?

d. Ich .... den kaputten Apparat allein ....

e. Entschuldigung, ich verstehe nicht. Was .... du .... ?

f. Ich habe ihn gefragt, aber er .... mir nicht ....

g. Deine Schuhe sind schmutzig, warum .... du sie nicht ....?

h. Meine Freunde .... mich vom Bahnhof ....

i. Warum .... du nicht .... ? Der Film war genial!

32. Reescribe el siguiente texto en la 1ª persona del singular. [A2]

a. Herr Wieland steht heute schon um sechs Uhr auf. b. Er macht das Fenster auf und sieht auf die Straße. c. Er geht in die Küche und holt Butter und Milch aus dem Kühlschrank. d. Er isst drei Brötchen und trinkt zwei Tassen Kaffee. e. Dann holt er die Zeitung aus dem Briefkasten und steckt sie in seine Aktentasche. f. Er sieht auf die Uhr. g. Dann bestellt er ein Taxi. h. Er nimmt den Koffer mit dem Geld und geht aus dem Haus.

Herr Wieland erzählt:

a. *"Heute bin ich schon um sechs Uhr* ....

b. Ich habe ....

c. ....

d. ....

e. ....

f. ....

g. ....

h. ...."

EL *PRÄTERITUM*

• Als er jung **war**, **hatte** er viele Pläne. • Die Kanzlerin **sprach** gestern mit dem neuen Botschafter von Ghana.	• Cuando era joven, tenía muchos planes. • La canciller habló ayer con el nuevo embajador de Ghana.

War, **hatte** y **sprach** son formas del **Präteritum** de los verbos **sein**, **haben** y **sprechen**. El **Präteritum** sirve para referirse a hechos pasados en narraciones, en las noticias habladas y en informaciones periodísticas.

EL PRÄTERITUM: FORMAS - VERBOS REGULARES

		wohnen (1)	fragen (1)	arbeiten (2)	baden (2)
singular	ich	wohn**te**	frag**te**	arbeit**ete**	bad**ete**
	du	wohn**test**	frag**test**	arbeit**etest**	bad**etest**
	er, sie, es	wohn**te**	frag**te**	arbeit**ete**	bad**ete**
plural	wir	wohn**ten**	frag**ten**	arbeit**eten**	bad**eten**
	ihr	wohn**tet**	frag**tet**	arbeit**etet**	bad**etet**
	sie	wohn**ten**	frag**ten**	arbeit**eten**	bad**eten**
usted/es	Sie	wohn**ten**	frag**ten**	arbeit**eten**	bad**eten**

(1) Las formas del **Präteritum** de la mayoría de los verbos regulares, como **wohnen** *(vivir)* y **fragen** *(preguntar)* se construyen a partir de la raíz del verbo (infinitivo sin la terminación **–en**), añadiéndole las terminaciones correspondientes.

(2) Cuando la raíz del verbo regular termina en **–t** (**arbeiten** = *trabajar*) o en **–d** (**baden** = *bañarse*), se añade una **–e** antes de la **–t** de la terminación.

La primera y la tercera persona del singular siempre coinciden.

EJERCICIOS

33. Escribe las formas del *Präteritum* que faltan. [B1]

	ich	du	er/sie/es	wir	ihr	sie/Sie
a. kochen	*kochte*					
b. kaufen				*kauften*		
c. flirten			*flirtete*			

d. studieren		*studiertest*				
e. warten						*warteten*
f. reden					*redetet*	
g. lernen	*lernte*					

34. Reescribe las oraciones utilizando el *Präteritum* en lugar del *Perfekt*. [B1]

Perfekt	*Präteritum*
a. Sie hat nicht jeden Tag gekocht.	Sie *kochte* nicht jeden Tag.
b. Er hat sie oft besucht.	....
c. Ich habe zwei Stunden gewartet.	....
d. Die Kinder haben den ganzen Tag auf der Straße gespielt.	....
e. Meine Oma hat mit 18 Jahren geheiratet.	....
f. Er hat nichts gesagt.	....
g. Sie haben in Berlin gelebt.	....

EL *PRÄTERITUM*: FORMAS - VERBOS IRREGULARES

		beginnen	fahren	fliegen	schreiben
singular	ich	begann	fuhr	flog	schrieb
	du	begann**st**	fuhr**st**	flog**st**	schrieb**st**
	er, sie, es	begann	fuhr	flog	schrieb
plural	wir	begann**en**	fuhr**en**	flog**en**	schrieb**en**
	ihr	begann**t**	fuhr**t**	flog**t**	schrieb**t**
	sie	begann**en**	fuhr**en**	flog**en**	schrieb**en**
usted/es	Sie	begann**en**	fuhr**en**	flog**en**	schrieb**en**

Las formas del **Präteritum** de los verbos irregulares como **beginnen** *(empezar)*, **fahren** *(ir/llevar – en un vehículo)*, **fliegen** *(volar)* o **schreiben** *(escribir)* se forman a partir de su tercera persona del singular. Ésta debe aprenderse de memoria al mismo tiempo que se memoriza la forma del **Partizip II** (consulta la tabla en las págs. 83 ss.).

En la tabla precedente se puede ver que:

1) La primera y la tercera persona del singular son iguales.

2) En las demás personas hay que añadir las mismas terminaciones que en el presente de indicativo (→ pág. 1).

		essen (1)	raten (2)
singular	ich	aß	riet
	du	aß**est**	riet**st**
	er, sie, es	aß	riet
plural	wir	aß**en**	riet**en**
	ihr	aß**t**	riet**et**
	sie	aß**en**	riet**en**
usted/es	Sie	aß**en**	riet**en**

(1) Cuando la tercera persona del singular acaba en **–ß** o **–s**, como en **essen** *(comer)* o **lesen** *(leer)*, entre esta forma y la terminación debe añadirse una **–e** adicional en la segunda persona del singular.

(2) Cuando la tercera persona del singular termina en **–t** o **–d**, como en **raten** *(aconsejar)* o **einladen** *(invitar)*, la **–e** adicional debe añadirse en la segunda persona del plural.

EJERCICIOS

35. Escribe las formas del *Präteritum* que faltan. Puedes consultar la tercera persona del singular en la tabla en las págs. 83 ss. [B1]

	ich	du	er/sie/es	wir	ihr	sie/Sie
a. kommen	*kam*					
b. lesen				*lasen*		
c. gehen			*ging*			
d. helfen		*halfst*				
e. bleiben						*blieben*
f. sehen					*saht*	
g. einladen				*luden ein*		
h. fallen	*fiel*					
i. schlafen						

36. Reescribe los enunciados utilizando el *Präteritum* en lugar del *Perfekt*. La tabla en las págs. 83 ss. te puede servir de ayuda. [B1]

Perfekt	*Präteritum*
a. Sie hat oft ihre Hausaufgaben vergessen.	Sie *vergaß* oft ihre Hausaufgaben.
b. Montags ist er immer früh aufgestanden.	....
c. Sie hat mit 18 Jahren ein Kind bekommen.	....
d. Samstags ist er nie zu Hause geblieben.	....
e. Wir haben den ganzen Abend ferngesehen.	....
f. Ich bin zu Fuß zur Schule gegangen.	....
g. Er hat nicht viel gesprochen.	....

EL *PRÄTERITUM*: *HABEN*, *SEIN*, *WISSEN*, LOS VERBOS MODALES Y *WERDEN*

		haben	**sein**	**wissen**
singular	ich du er, sie, es	hatte hattest hatte	war warst war	wusste wusstest wusste
plural	wir ihr sie	hatten hattet hatten	waren wart waren	wussten wusstet wussten
usted/es	Sie	hatten	waren	wussten

Verbos modales:

		können	**dürfen**	**müssen**
singular	ich du er, sie, es	konnte konntest konnte	durfte durftest durfte	musste musstest musste
plural	wir ihr sie	konnten konntet konnten	durften durftet durften	mussten musstet mussten
usted/es	Sie	konnten	durften	mussten

		sollen	**wollen**	**werden**
singular	ich du er, sie, es	sollte solltest sollte	wollte wolltest wollte	wurde wurdest wurde

plural	wir ihr sie	sollten solltet sollten	wollten wolltet wollten	wurden wurdet wurden
usted/es	Sie	sollten	wollten	wurden

En cuanto al significado de los verbos modales, consulta las págs. 64 ss.

En la tabla precedente no se dan las formas del **Präteritum** del verbo modal **möchten** *(querer/ desear)*, ya que, en su lugar, se usan las de **wollen**.

Presente:

• Ich **möchte** ein Wörterbuch kaufen.	• Quiero comprar un diccionario.

Pasado:

• Ich **wollte** ein Wörterbuch kaufen.	• Quería comprar un diccionario.

EJERCICIOS

37. Reescribe el e-mail utilizando el *Präteritum* en lugar del presente. [A1]

Liebe Emma,
ich *habe* eine Woche Urlaub und ich *bin* in Berlin. Alles *ist* phantastisch! Auch das Hotel *ist* super, und mein Zimmer *hat* einen Balkon und Internet. Und sogar das Wetter *ist* gut!

Bis bald!
Michael

Liebe Emma,

ich *hatte* eine Woche Urlaub und ....

....

....

....

Bis bald!
Michael

38. ¿Qué forma es la correcta? [A2]

a. Er	❑ wart	☒ war	❑ warst	im Kino.
b. Ich	❑ hatte	❑ hattet	❑ hattest	kein Geld.
c. Frau Müller	❑ wart	❑ warst	❑ war	zu Hause.
d. Wann	❑ hattet	❑ hattest	❑ hatte	du Geburtstag?
e. Ihr	❑ hattet	❑ hatte	❑ hattest	früher mehr Zeit.
f. Herr Schuster,	❑ wart	❑ waren	❑ war	Sie gestern im Büro?
g. Die Kinder	❑ wart	❑ warst	❑ waren	im Zoo.

39. Los tiempos cambian ... Antes y hoy. [A2]

Früher ...	Heute ...
a. *war* er Taxifahrer.	ist er Generaldirektor.
b. .... sie eine kleine Wohnung.	haben sie ein großes Haus.
c. .... ich immer fit.	bin ich oft kaputt.
d. .... sie verheiratet.	sind sie geschieden.
e. .... wir eine Schreibmaschine.	haben wir drei Computer.
f. .... ihr jeden Samstag im Kino.	seid ihr immer zu Hause.
g. .... du immer Zeit für mich.	hast du keine Zeit mehr für mich.
h. .... ich ein billiges Fahrrad.	habe ich einen teuren Wagen.
i. .... er ein Sparschwein.	hat er ein Konto in der Schweiz.

40. Una forma no es correcta. Táchala. [A1]

a. sie (ella)	~~du~~	er	ich	wollte
b. sie (ellos, ellas)	wir	Sie (usted/es)	ihr	konnten
c. ihr	es	ich	er	musste
d. wir	Sie (usted/es)	er	sie	durften
e. sie (ella)	ich	er	Sie (usted/es)	sollte

41. Añade la forma correspondiente del *Präteritum* de los verbos que aparecen entre paréntesis. [A2]

Als Kind (a) .... (wollen) Karl Dinosaurier-Spezialist werden, aber er (b) .... (dürfen) nicht. Er (c) .... (sollen) Metzger werden, denn sein Vater hatte eine Metzgerei. Also (d) .... (müssen) er eine Lehre als Metzger machen und (e) .... (können) nicht studieren.

42. Reescribe las oraciones utilizando el *Präteritum* de los verbos modales. [A2]

Presente	*Präteritum*
a. Kann sie es verstehen?	*Konnte* sie es verstehen?
b. Hier darf man nicht rauchen.	....
c. Du sollst es allein machen.	....
d. Wollt ihr mitkommen?	.... ?
e. Anna darf nicht ins Kino gehen.	....
f. Könnt ihr das machen?	.... ?
g. Thomas muss früh aufstehen.	....
h. Ich will keinen Spinat essen.	....
i. Sie sollen nach Hause kommen.	Sie *sollten* nach Hause kommen.
j. Ich muss noch arbeiten.	....

43. Añade la forma apropiada del *Präteritum* de los verbos que aparecen entre paréntesis. [A2]

Ein schrecklicher Urlaub *(Unas vacaciones horribles)*

Wir (a) .... (sein) im Urlaub in Süd-England, da haben wir einen Sprachkurs gemacht. Es (b) .... (sein) schrecklich. Man (c) .... (können) nicht im Meer schwimmen, denn das Wasser (d) .... (sein) zu kalt. Wir (e) .... (sein) in einem Hotel, und da (f) .... (dürfen) man keine Partys machen, denn die anderen Gäste (g) .... (wollen) ihre Ruhe haben. Man (h) .... (müssen) zu Fuß in die Stadt gehen, denn der Bus kam nur sehr selten. Im Hotel sagte man uns, wir (i) .... (sollen) ein Taxi nehmen, aber das (j) .... (sein) zu teuer für uns, denn wir (k) .... (haben) nicht so viel Geld. Und der Lehrer (l) .... (sein) sehr unsympathisch; er (m) .... (wollen) immer nur Englisch sprechen.

44. Reescribe las oraciones utilizando el *Präteritum* en lugar del presente. [B1]

Presente	Präteritum
a. Das wissen wir nicht.	Das *wussten* wir nicht.
b. Weißt du das?	.... ?
c. Sie wissen nichts.	....
d. Ich weiß es nicht.	....
e. Wisst ihr das wirklich nicht?	.... ?
f. Weiß er es vielleicht?	*Wusste* er es vielleicht?
g. Herr Müller, wissen Sie das?	.... ?

EL *PRÄTERITUM*: USO

- Der Präsident **sprach** heute Morgen über die neuen Maßnahmen gegen die Krise.
- Der Präsident **sprach** gestern über die neuen Maßnahmen gegen die Krise.
- Der Präsident **sprach** oft über Maßnahmen gegen die Krise.

- El presidente ha hablado esta mañana sobre las nuevas medidas contra la crisis.
- El presidente habló ayer sobre las nuevas medidas contra la crisis.
- El presidente hablaba a menudo sobre medidas contra la crisis.

El **Präteritum** se utiliza habitualmente para referir hechos pasados en las noticias habladas y en informaciones periodísticas escritas (como en los dos primeros ejemplos), así como en las narraciones en general (como en el último).

Como ya se ha dicho en el tema dedicado al **Perfekt**, el uso de los tiempos verbales en alemán es más sencillo que en español. De ahí que las diferentes formas del pasado *ha hablado, habló* y *hablaba* se puedan expresar en alemán también con el **Präteritum**.

Con **haben** *(tener)* y **sein** *(ser, estar)* se utiliza preferentemente el **Präteritum** en lugar del **Perfekt**. Con los verbos modales se utiliza casi siempre el **Präteritum**. En cuanto a la oposición **Perfekt – Präteritum** en general, consulta las págs. 30 ss.

EJERCICIOS

45. El siguiente texto, aunque está redactado en presente, bien podría ser el inicio de una narración, quizá de una novela policíaca. Transfórmalo utilizando el *Präteritum* en lugar del presente. [B1]

Der Mann (a) geht/.......................... langsam über die Straße. Er (b) sieht/.......................... nach links und rechts. Aber um ein Uhr morgens (c) ist/.......................... kein Verkehr. Er (d) nimmt/.......................... das Handy aus der Tasche, (e) denkt/.......................... einen Moment nach und (f) steckt/.......................... es dann wieder ein. Langsam, aber entschlossen (g) geht/.......................... er auf ein Auto zu. Er (h) macht/.......................... die Fensterscheibe kaputt, (i) öffnen/.......................... die Tür und (j) setzt/.......................... sich in den Wagen. Hundert Meter entfernt (k) trinken/.......................... junge Leute mitten auf der Straße Bier. Plötzlich (l) kommt/.......................... ein Polizeiwagen. Zwei Polizisten (m) steigen/.......................... aus und (n) sprechen/ .... mit den jungen Leuten. Er (o) bekommt/.......................... Angst ...

Si intentas traducir el texto anterior, verás como en español utilizarás unas veces el pretérito perfecto simple o indefinido, mientras que en otras deberás acudir al pretérito imperfecto. En cambio, en alemán se utiliza en todos los casos el **Präteritum**. Puedes observar el mismo fenómeno en el ejercicio siguiente.

46. Traduce las siguientes oraciones utilizando el *Präteritum*. [B1]

a) Manuel Fidalgo no encontraba (**finden**) trabajo en España. b) En 1963 se fue (**gehen**) a Alemania. c) Quería trabajar (**wollen** – **arbeiten**) unos años allí y volver (**zurückfahren**) a España lo más pronto posible. d) Su familia se quedó (**bleiben**) en España. e) Su hijo tenía (**sein**) dos años. f) De 1963 a 1966 trabajó (**arbeiten**) y vivió (**wohnen**) solo en Frankfurt. g) Se encontraba bien allí (**sich wohl fühlen**), pero añoraba (**vermissen**) a su familia. h) En 1966 llegaron (**kommen**) a Alemania su mujer y su hijo. i) En 1977 volvieron los tres (**zurückfahren** – **alle drei**) a España. j) Su hijo tenía (**sein**) 16 años.

a. Manuel Fidalgo ....

b. 1963 ....

c. .... und sobald wie möglich nach Spanien ....

d. ....

e. ....

f. Von 1963 bis 1966 ....

g. .... dort wohl, aber ....

h. 1966 .... nach Deutschland.

i. 1977 .... nach Spanien zurück.

j. ....

¿*PERFEKT* O *PRÄTERITUM*?

• Heute Morgen **bin** ich nicht in die Schule **gegangen**.	• Esta mañana no he ido a la escuela.
• An diesem Tag **ging** ich nicht in die Schule.	• Ese día no fui a la escuela.
• 1990 **ging** ich noch nicht in die Schule.	• En 1990 todavía no iba a la escuela.

Tanto el **Perfekt** como el **Präteritum** se usan para referirse a hechos pasados.

Ten en cuenta que la traducción de los enunciados alemanes anteriores es la correcta en estos casos concretos. Pero establecer un paralelismo sistemático entre el **Perfekt** (**bin ... gegangen**) y la forma compuesta española *he ido*, por una parte, y el **Präteritum** (**ging**) y las dos formas simples del español (*fui* e *iba*), por otra, **es un error**. Las normas que rigen el uso de los tiempos españoles normalmente no son válidas para los dos tiempos alemanes.

• A: Was **hast** du heute Morgen/gestern Abend/damals **gemacht**?	• A: ¿Qué has hecho esta mañana?/Qué hiciste ayer por la tarde?/Qué hacías por aquel entonces?
• B: Heute Morgen **habe** ich einen Freund **besucht**.	• B: Esta mañana he visitado a un amigo.
• B: Gestern Abend **habe** ich einen Freund **besucht**.	• B: Ayer por la tarde visité a un amigo.
• B: Damals **habe** ich in Madrid **studiert**.	• B: Por aquel entonces estudiaba en Madrid.

En general, el uso de uno u otro tiempo depende de si se trata de un diálogo o de una narración. Así, excepto en los casos que se enumeran más abajo, en diálogos se utiliza siempre el **Perfekt**, independientemente del tiempo que se usaría en español.

Como ves, en los ejemplos anteriores, en español se acude, respectivamente, a las formas *has hecho, he visitado, hiciste, visité, hacías* y *estudiaba*), mientras que en alemán se utiliza sistemáticamente el **Perfekt**.

• Der König **sprach** mit seinen Brüdern, als er plötzlich Schreie **hörte**. Er **stand auf** und **rief** die Wache.	• El rey hablaba con sus hermanos cuando de repente oyó gritos. Se levantó y llamó a la guardia.

Por el contrario, cuando se trata de una narración, se acude normalmente al **Präteritum**. El ejemplo más evidente de narración lo representa el cuento.

• Der französische Präsident **besuchte** gestern die deutsche Bundeskanzlerin.	• El presidente francés visitó ayer a la canciller federal alemana.

El **Präteritum** también se utiliza sistemáticamente en las noticias habladas y en las informaciones periodísticas escritas.

• A: Wo **warst** du gestern?	• A: ¿Donde estuviste ayer?
• B: Ich **bin** beim Arzt **gewesen**. Ich **hatte** Fieber.	• B: Estuve en el médico. Tenía fiebre.
• A: **Wollten** Sie nicht mit mir sprechen? Ich habe auf Sie gewartet.	• A: ¿No quería hablar conmigo? Le he estado esperando.
• B: Oh, das **wusste** ich nicht/**habe** ich nicht **gewusst**.	• B: Oh, no lo sabía.

Aunque se trate de un diálogo, en el caso de los verbos modales prácticamente siempre se utiliza el **Präteritum**. Sin embargo, en el caso de los verbos **haben**, **sein** y **wissen** se pueden emplear ambos tiempos verbales, aunque es más habitual el uso del **Präteritum**.

EJERCICIOS

47. Traduce el siguiente diálogo. Ten en cuenta que debes utilizar el *Perfekt*, excepto en aquellos casos en que, como acabas de ver, resulta más habitual el uso del *Präteritum*. Para realizar este ejercicio te puede ser útil consultar el ejercicio anterior (46.). [A2]

a. **A** : Por aquel entonces (yo) vivía en Frankfurt. (**leben**)

B : ¿Y te encontrabas a gusto allí (**gefallen**)?

b. **A** : Sí, pero sin mi mujer y mi hijo no era feliz. **(sein)**

B : ¿Querías volver a España? (**wollen – zurückkommen**)

c. **A** : Sí, pero no podía. Tenía que ganar dinero y en España no encontraba trabajo. (**können – müssen – verdienen – finden**)

B : ¿Y qué sucedió? **(passieren)**

d. **A** : Mi mujer y mi hijo se vinieron a Alemania. Mi mujer enseguida encontró trabajo y mi hijo pudo ir a la escuela. **(kommen – finden – können – gehen)**

B : ¿Les gustaba Alemania? (**gefallen**)

e. **A** : Sí. Mi hijo incluso tenía muchos amigos allí. Y mi mujer también estaba satisfecha.

(haben – sein)

a. **A**: Damals ....

B: .... es dir dort .... ?

b. **A**: .... glücklich.

B: .... ?

c. **A**: ....

B: .... ?

d. **A**: Meine Frau und ....

B: .... ?

e. **A**: .... dort sogar ....

Und .... zufrieden.

48. El texto que sigue resulta de transformar el diálogo precedente en una narración. Tradúcelo utilizando sistemáticamente el *Präteritum*. [B1]

a. Por aquél entonces Alberto Fidalgo vivía en Frankfurt. b. Se encontraba bien allí, pero sin su mujer y su hijo no era feliz. c. Quería volver a España, pero no podía. d. Necesitaba dinero para su familia y en España no encontraba trabajo. e. Entonces vinieron a Alemania su mujer y su hijo. f. Su mujer enseguida encontró trabajo y su hijo pudo ir a la escuela. g. Alemania les gustaba. h. Su hijo incluso tenía muchos amigos allí. i. Y su mujer también estaba satisfecha.

a. Damals ....

b. Es .... ihm dort, ...

....

c. ....

d. ....

e. Dann .... nach Deutschland.

f. ....

g. Deutschland ....

h. .... Freunde.

i. .... auch ....

49. Construye pequeños diálogos como el del ejemplo modelo. Ten en cuenta que debes utilizar el *Perfekt*, excepto en aquellos casos en que resulta más habitual el uso del *Präteritum*. [A2]

a. du – was – gestern – machen? **A** : Was *hast* du gestern *gemacht*?

Ich – im Kino – sein **B** : Ich *war* im Kino.

b. ihr – am Wochenende – arbeiten – müssen ?

A : ....?

wir – frei – haben

B : Nein, wir ....

c. er – mit dem Direktor – sprechen?

A : ....?

er – ihn – anrufen

B : Ja, ...

d. du – warum – nicht – mitkommen?

A : ....?

ich – keine Lust – haben

B : ....

e. ihr – gestern – in der Disko – sein?

A : ....?

wir – zu Hause – bleiben

B : Nein, ...

f. du – warum – mir – nicht – geschrieben?

A : .... nicht ....?

Ich – es – vergessen

B : .... es ....

50. Traduce los siguientes diálogos. Ten en cuenta que debes utilizar el *Perfekt*, excepto en aquellos casos en que resulta más habitual el uso del *Präteritum*. [A2]

a. **A** : ¿Qué hicisteis ayer? (**machen**) Was *habt* ihr gestern *gemacht*?

B : Fuimos al cine. **(gehen)** Wir *sind* ins Kino *gegangen*.

b. **A** : ¿No querías hablar con el jefe? (**wollen**)

.... nicht mit dem Chef ....?

B : Sí, ya he hablado con él.

Doch, ... schon mit ihm ....

c. **A** : ¿A qué hora te has levantado? **(aufstehen)**

Um wie viel Uhr .... ?

B : A las cinco. Y a la seis ha salido el autobús. **(abfahren)**

.... Und ....

d. **A** : Antes trabajabas más, ¿no? (**arbeiten**)

Früher .... mehr .... , nicht?

B : Sí, pues tenía poco dinero. (**haben**)

Ja, denn .... wenig ....

e. **A** : ¿Ya habéis empezado? (**anfangen**)

.... ?

B : Sí, teníamos que empezar a las ocho. **(müssen)**

.... ?

f. **A** : ¿Dónde estabas ayer? Te llamé un montón de veces. (**sein - anrufen**)

.... ? Ich .... zigmal ....

B : En la oficina. ¿Ha pasado algo? **(passieren)**

.... ?

51. Traduce las siguientes oraciones. [A2]

a. Gestern sind wir an den Strand gegangen.

....

b. Heute Morgen bin ich früh aufgestanden.

....

c. Als Kind hat er viel gelesen.

....

d. Wir haben vor zwei Jahren geheiratet.

....

e. Sie ist vor zehn Minuten nach Hause gegangen.

....

EL PLUSCUAMPERFECTO

- Als er endlich kam, **hatte** der Film schon **angefangen**.
- Als wir ankamen, **war** Maria schon nach Hause **gegangen**.

- Cuando por fin vino, la película ya había empezado.
- Cuando llegamos, María ya se había ido a casa.

Hatte ... angefangen y **war ... gegangen** son formas del pluscuamperfecto de los verbos **anfangen** *(empezar)* y **gehen** *(ir(se))*. Como en español, el pluscuamperfecto se utiliza fundamentalmente para referirse a una acción pasada concluida antes que otra acción también pasada.

EL PLUSCUAMPERFECTO: FORMAS

		sprechen		**gehen**	
	ich	hatte	gesprochen	war	gegangen
singular	du	hattest	gesprochen	warst	gegangen
	er, sie, es	hatte	gesprochen	war	gegangen
	wir	hatten	gesprochen	waren	gegangen
plural	ihr	hattet	gesprochen	wart	gegangen
	sie	hatten	gesprochen	waren	gegangen
usted/es	Sie	hatten	gesprochen	waren	gegangen

El pluscuamperfecto se forma combinando el **Präteritum** de **haben** o **sein** y el **Partizip II** del verbo correspondiente. En cuanto al uso de uno u otro verbo auxiliar, así como en cuanto a la formación del **Partizip II**, consulta las págs. 9-14.

EJERCICIOS

52. Coloca los elementos en el lugar que les corresponda. Inicia las oraciones con el elemento que aparece en primer lugar. [B1]

a. Er – geblieben – zu Hause – war *Er war zu Hause geblieben.*

b. Sie – den ganzen Abend – ferngesehen – hatten

....

c. Ihr – aufgestanden – wart – noch nicht

....

d. Sie – mit ihrem Freund – hatte – telefoniert

....

e. Er – hatte – erzählt – den Kindern – ein Märchen

....

53. Escribe las formas del pluscuamperfecto que faltan. Ten en cuenta que debes decidir cuál es el auxiliar adecuado (*haben* o *sein*) y conjugarlo. En cuanto a la forma del *Partizip II* que lo acompaña, puedes consultarla en las págs. 83 ss. [B1]

a. *kochen*	*er*	*hatte*	*gekocht*
b. sprechen	ich		
c. aussteigen	wir		
d. schreiben	du		
e. warten	ihr		
f. gehen	du	*warst*	
g. baden	sie (sing.)		
h. aufwachen	ich		*aufgewacht*
i. essen	Sie		

54. Añade las formas de *sein* o *haben* como integrantes del pluscuamperfecto. [B1]

a. *Er hatte eine ganze Flasche Wein getrunken.*

b. Ich .... fast eine Stunde gewartet.

c. Anna .... sehr spät eingeschlafen.

d. Niemand .... das Thema verstanden.

e. Der Film .... gerade begonnen.

f. .... ihr das so geplant?

g. Der Zug .... noch nicht abgefahren.

h. Ich .... wie immer zu spät aufgestanden.

EL PLUSCUAMPERFECTO: USO

- Wir **hatten** schon **gefrühstückt**, als er endlich **aufstand**.
- Als er anrief, **war** ich schon **gegangen**.

- Ya habíamos desayunado cuando por fin se levantó.
- Cuando llamó por teléfono, ya me había ido.

Con el pluscuamperfecto, el hablante se refiere a una acción pasada que ya ha terminado antes que otra acción que también ha sucedido en el pasado. Esta última se expresa en **Präteritum**.

- Nachdem er den Koffer **gepackt hatte**, schrieb er einen Brief.
- Als sie alle Fenster **geschlossen hatte**, bestellte sie ein Taxi.

- Cuando/Una vez hubo hecho la maleta, escribió una carta.
- Cuando hubo cerrado todas la ventanas, pidió un taxi.

Al tener esta función, también puede equivaler al pretérito anterior español (*hubo hecho, hubo cerrado*).

Cuando el pluscuamperfecto se encuentra en una oración subordinada, ésta empieza normalmente con las conjunciones **als** *(cuando)* o **nachdem** *(después (de) que, una vez(que))*. Por regla general, en este caso son intercambiables.

- **Als/Nachdem** er die Kinder **geweckt hatte**, bereitete er das Frühstück vor.

- Después de despertar a los niños, preparó el desayuno.

La estructura española "*después de* + infinitivo", utilizada habitualmente para expresar acción anterior a otra acción pasada, no es posible en alemán, donde debe utilizarse también el pluscuamperfecto.

- (Immer) **Wenn** er zu viel Kaffee **getrunken hatte**, konnte er nicht schlafen.

- Cuando había bebido demasiado café/ Cada vez que había bebido demasiado café, no podía dormir.

La conjunción **wenn** *(cuando)* sólo puede utilizarse cuando se quiere expresar repetición. Puede aparecer precedida de **immer**, combinación que se corresponde con la formulación española *cada vez que*.

- Ich **hatte gedacht**, du würdest mir helfen.
- Wir **hatten** schon **vermutet**, dass er nicht einverstanden wäre.

- Pensaba que me ayudarías.
- Ya suponíamos que no estaría de acuerdo.

En enunciados como el anterior, con verbos como **denken** *(pensar)*, **vermuten** *(suponer)* y similares también se utiliza el pluscuamperfecto en casos en que en español se acude al imperfecto (*pensaba, suponíamos*).

EJERCICIOS

55. Transforma los siguientes enunciados convirtiendo la primera oración en una subordinada con *nachdem* y el pluscuamperfecto. [B1]

a. Er packte seinen Koffer. Dann bestellte er ein Taxi.

Nachdem er seinen Koffer gepackt hatte, bestellte er ein Taxi.

b. Ich schrieb eine SMS. Dann machte ich das Handy aus.

....

c. Sie kam nach Hause. Sie rief gleich ihren Freund an.

....

d. Wir kauften viele Souvenirs. Danach hatten wir kein Geld mehr.

....

e. Sie aßen im Hotel zu Abend. Sie gingen in die Disco.

....

f. Er schlief ein. Sie verließ heimlich die Wohnung.

....

56. La ley de Murphy. Añade las formas del pluscuamperfecto adecuadas. [B1]

schließen – essen – anfangen – gehen – ~~abfahren~~ – einschlafen – abwaschen – aufräumen

a. Der letzte Zug *war* schon *abgefahren*.

b. Die Geschäfte hatten schon ....

c. Die anderen .... schon zu Abend ....

d. Der Film .... schon ....

e. Meine Freundin .... schon nach Hause ....

f. Die Kinder .... schon ....

g. Aber noch niemand .... das Geschirr ....

h. Und niemand .... die Wohnung ....

57. Completa la traducción de las siguientes expresiones, utilizando el pluscuamperfecto y el *Präteritum*, según corresponda. [B1]

a. Su novia ya se había ido cuando él llegó.

Seine Freundin war schon gegangen, als er ankam.

b. Yo ya había leído la carta cuando (ella) me llamó por teléfono.

Ich ...., als .... anrief.

c. Aún no habíamos cenado cuando escuchamos la noticia.

Wir .... zu Abend ...., als .... die Nachricht ....

d. Una vez (él) hubo lavado los platos, se fue a la cama.

Als .... abgewaschen ...., ... ins Bett.

e. Después de hablar con su amiga, Marta llamó a su novio.

Nachdem ....

EL FUTURO

• Wir **werden** euch zu Weihnachten **besuchen**.	• Os visitaremos por Navidades.
• Er **wird** zu Hause **sein**.	• Estará en casa. / Debe de estar en casa.

Como en español, el futuro sirve fundamentalmente para expresar hechos futuros o suposiciones.

EL FUTURO: FORMAS

		kommen	
singular	ich	werde	kommen
	du	wirst	kommen
	er, sie, es	wird	kommen
plural	wir	werden	kommen
	ihr	werdet	kommen
	sie	werden	kommen
usted/es	Sie	werden	kommen

El futuro se forma con el verbo **werden** conjugado en presente y el infinitivo del verbo correspondiente (del verbo que aparece en futuro en español) (**Er wird morgen kommen.** = *Vendrá mañana.*). El infinitivo se coloca al final de la oración.

EL FUTURO: USO

• Ich **werde** morgen mit dem Chef **sprechen**.	• Mañana hablaré con el jefe.

El futuro alemán se corresponde en gran medida con el futuro simple de indicativo español. Como éste, se utiliza en diversas funciones. En el ejemplo anterior se usa para expresar una intención. En estos casos la tendencia a usar el presente en lugar del futuro (**Ich spreche morgen mit dem Chef.**) es mucho mayor en alemán que en español (→ pág. 6).

• Morgen **wird** es **regnen**. • Der Präsident **wird** nächste Woche nach China **fliegen**.	• Mañana lloverá. • El presidente viajará la próxima semana a China.

En estos ejemplos se utiliza para expresar una predicción o un anuncio.

• A: Warum ist Max nicht gekommen? • B: Er **wird** (**wohl**) krank **sein**.	• A: ¿Por qué no ha venido Max? • B: Estará enfermo.

En este último ejemplo se usa, en cambio, para expresar una suposición. En estos casos puede aparecer la partícula modal **wohl**.

EJERCICIOS

58. Buenos propósitos. A partir de mañana ... . [B1]

a. *Ich rauche nicht mehr.* — *Ich werde nicht mehr rauchen.*

b. Ich mache Sport. — ....

c. Ich stehe immer früh auf. — ....

d. Ich esse jeden Tag Obst und Gemüse. — ....

e. Ich telefoniere weniger. — ....

f. Ich gehe früher schlafen. — ....

g. Ich räume jeden Abend meinen Schreibtisch auf. — ....

59. Traduce las siguientes oraciones. [B1]

a. *Paula estudiará en Londres.* — *Paula wird in London studieren.*

b. Venderemos el coche. — ....

c. Mañana iré a nadar. ....

d. ¿Me llamarás? ....

e. Te llevaré a la estación. ....

f. ¿Compraréis la casa? ....

g. ¿Cuándo lo harás? .... ?

h. ¿Nos ayudará usted? .... ?

60. Traduce las siguientes suposiciones utilizando la partícula modal *wohl*. Colócala después del verbo conjugado. [B1]

a. *Anna ya estará en la oficina.* *Anna wird wohl schon im Büro sein.*

b. Estaréis cansados. ....

c. El ordenador todavía estará averiado. ....

d. Marta y Tom no vendrán. ....

e. No tendremos mucho tiempo. ....

f. Te quedarás en casa, ¿no? .... ?

g. El tren llegará tarde. ....

EL IMPERATIVO

• **Kommen** Sie um neun!	• ¡Venga a las nueve!
• **Sag** das bitte nicht!	• Por favor, ¡no digas eso!

Kommen y **sag** son formas del imperativo de los verbos **kommen** y **sagen**. El imperativo se utiliza fundamentalmente para inducir a nuestro interlocutor a que haga o deje de hacer una cosa.

EL IMPERATIVO: USO

• **Kommen** Sie in mein Büro! (1)	• ¡Venga a mi despacho!
• **Drehen** Sie den Knopf nach rechts. (2)	• Gire el botón hacia la derecha.
• **Kommen** Sie bitte herein. (3)	• Entre, por favor.
• **Helfen** Sie mir! (4)	• ¡Ayúdeme!
• **Schenk** ihm doch ein Smartphone. Sein Handy funktioniert nicht mehr richtig. (5)	• Regálale un smartphone. Su móvil ya no funciona bien.

El imperativo no sólo sirve para expresar una orden (1), sino también para expresar una instrucción (2), una invitación (3), un ruego (4) o un consejo (5).

Consulta las págs. 243 s. sobre el uso de partículas modales como **doch** en oraciones de imperativo como la (5).

• **Komm**!	• ¡Ven!
• **Komm nicht** zu spät!	• ¡No vengas demasiado tarde!

En la negación se utiliza la misma forma verbal.

• **Bringen** Sie bitte einen Stuhl.	• Traiga una silla, por favor.
• **Räum** bitte dein Zimmer **auf**.	• Ordena tu habitación, por favor.

En las oraciones de imperativo siempre aparece el verbo en primer lugar. En el caso de los verbos separables, el prefijo ocupa el último lugar.

EL IMPERATIVO: FORMAS

En alemán existen cuatro formas de imperativo: para la forma de cortesía (**Sie** = *usted/es*), la primera persona del singular (**wir** = nosotros/as), la segunda persona del plural (**ihr** = *vosotros/as*) y la segunda persona del singular (**du** = *tú*).

El imperativo de *Sie* y *wir*

infinitivo	presente	imperativo
kommen	Sie kommen	kommen Sie *(venga)*
gehen	wir gehen	gehen wir *(vámonos)*

• **Kommen Sie** gegen zehn Uhr!	• ¡Venga sobre las diez!
• **Kommen Sie** nicht zu spät!	• ¡No venga demasiado tarde!
• **Gehen wir**. Es ist sehr spät!	• ¡Vámonos! Es muy tarde.

La forma del verbo es idéntica a la del presente. El pronombre personal que actúa como sujeto se pospone.

El imperativo de *ihr*

infinitivo	presente	imperativo
kommen	ihr kommt	kommt *(venid)*
arbeiten	ihr arbeitet	arbeitet *(trabajad)*

• **Kommt!** • **Arbeitet** nicht so viel!	• ¡Venid! • ¡No trabajéis tanto!

La forma del verbo coincide también con la del presente. Normalmente debe prescindirse del pronombre personal que haría de sujeto (**ihr**).

EJERCICIOS

61. Traduce. [A1]

aufstehen – essen – kaufen – kommen – machen – rauchen – warten

a. ¡Venga enseguida! .... sofort!

b. Haced los deberes. .... doch ....

c. ¡No lo compre! .... nicht!

d. ¡Esperad aquí! ....!

e. ¡Levántese! ....!

f. ¡Coman, por favor! ....!

g. No fuméis. .... doch ....

62. Traduce. [A2]

aufmachen – gehen – sagen – schließen – sprechen – trinken – vergessen

a. No se vaya todavía, por favor. .... bitte noch nicht.

b. ¡Hablad mas alto! .... lauter!

c. ¡No diga nada! ....!

d. ¡No bebáis demasiado! .... zu viel!

e. ¡No lo olvidéis! .... nicht!

f. Abrid la ventana, por favor. .... doch bitte ....

g. ¡Cierren la puerta! ....!

El imperativo de *du*

infinitivo		imperativo	
kommen	(1)	komm	*(ven)*
entschuldigen	(2)	entschuldige	*(perdona)*
arbeiten	(3)	arbeite	*(trabaja)*
baden	(3)	bade	*(báñate)*
öffnen	(4)	öffne	*(abre)*

(1) En la mayoría de los verbos se forma eliminando simplemente la terminación **–en** del infinitivo, por lo que coincide con la forma de la raíz.

En algunos verbos se añade una **–e** final:

(2) Siempre en los verbos cuya raíz termina en **–ig**.

(3) En la mayoría de los verbos cuya raíz acaba en **–t** o en **–d**.

(4) En los siguientes verbos terminados en **–nen**: **öffnen** *(abrir)*, **rechnen** *(contar)*, **regnen** *(llover)*, **trocknen** *(secar)* y **zeichnen** *(dibujar)*.

infinitivo	presente	imperativo	
sprechen	du sprichst	sprich	*(habla)*
empfehlen	du empfiehlst	empfiehl	*(recomienda)*

En los verbos con cambio de vocal temática **e-i/ie**, la forma del imperativo se obtiene directamente a partir de la segunda persona del singular del presente, eliminando simplemente la terminación **–st**.

infinitivo	presente	imperativo	
lesen	du liest	lies	*(lee)*
essen	du isst	iss	*(come)*

Cuando la raíz de estos verbos termina en **–s** o **–ss**, únicamente se elimina la **–t** de la terminación de la segunda persona del singular del presente.

• **Bleib** hier!	• ¡Quédate aquí!
• **Sprich** bitte leiser!	• ¡Habla más bajo, por favor!
• **Iss** nicht so viel Schokolade!	• ¡No comas tanto chocolate!

Normalmente debe prescindirse del pronombre personal (**du**).

EJERCICIOS

63. Traduce. [A1]

antworten – heiraten – kaufen – machen – mitnehmen – rauchen – schreiben

a. ¡No compres esto! .... nicht!

b. ¡Cásate conmigo! .... mich!

c. ¡Haz los deberes! .... !

d. ¡Contéstame! .... mir!

e. ¡Escríbeme! .... mir!

f. ¡No fumes! .... !

g. ¡Llévate las llaves! .... !

64. Traduce las siguientes oraciones. Para ello te puede servir de ayuda consultar el tema "El presente: Formas con cambio de vocal" (→ págs. 3 ss.). [A1]

anfangen – fahren – geben – helfen – laufen – nehmen – sprechen

a. ¡Coge un taxi! .... !

b. ¡Conduce despacio! .... langsam!

c. ¡No corras! .... !

d. ¡Ayúdame! .... mir!

e. ¡Empieza! .... !

f. ¡Dame el libro! .... mir .... !

g. ¡Habla con María! .... !

65. Traduce las siguientes oraciones. [A2]

aufmachen – lügen – sagen – sich setzen – streiten – weinen – zuhören

a. ¡Abre la puerta! .... !

b. ¡Dímelo! .... mir!

c. ¡No discutas con tu hermano! .... !

d. ¡No mientas! .... !

e. ¡Siéntate! .... dich!

f. ¡Escúchame! .... mir .... !

g. ¡No llores! .... !

66. Traduce las siguientes oraciones. Te puede servir de ayuda consultar el tema "El presente: Formas con cambio de vocal" en las págs. 3 s. [A2]

ausgeben – lassen – lesen – mitnehmen – vergessen – versprechen – wegwerfen

a. ¡Lee el libro! .... !

b. ¡Tíralo! .... es .... !

c. ¡No gastes tanto dinero! .... nicht so viel .... !

d. ¡Llévatelo! .... es .... !

e. ¡Déjame en paz! .... mich in Ruhe!

f. ¡Prométemelo! .... es mir!

g. ¡No lo olvides! .... nicht!

El imperativo del verbo *sein*

- **Sei** ruhig!
- **Seien** Sie pünktlich!

- ¡Estate quieto!
- ¡Sean puntuales!

du	sei
wir	seien wir
ihr	seid
Sie	seien Sie

EJERCICIOS GLOBALES

67. Construye las formas del imperativo. Decide, en cada caso, si tiene que aparecer el pronombre personal o no. [A1]

	du	ihr	Sie
a. sprechen			
b. sehen			

c. gehen			
d. sein			
e. fahren			
f. hören			
g. warten			
h. bleiben			
i. lesen			

68. Escribe oraciones de imperativo como la del ejemplo, teniendo en cuenta a quién van dirigidas. [A2]

a. bitte die Rechnung bringen: Sie — *Bringen Sie bitte die Rechnung!*

b. den Keller aufräumen: ihr .... !

c. bitte die Tür abschließen: Sie .... !

d. bitte den Brief übersetzen: du .... !

e. bitte beginnen: ihr .... !

f. einen Tisch reservieren: du .... !

g. das Fenster zumachen: ihr .... !

h. nicht warten: Sie .... !

i. bitte einsteigen: Sie .... !

j. nichts versprechen: du .... !

69. Anna se va de vacaciones. En casa se queda Moritz. ¿Qué le encarga Anna a Moritz? [A1/A2]

a. das Auto waschen — *Wasch das Auto!*

b. die E-Mails lesen .... !

c. nicht nur Pizza essen .... !

d. mit dem Hund spazieren gehen .... !

e. Oma vom Bahnhof abholen .... !

f. nicht rauchen .... !

g. nicht zu viel fernsehen .... !

h. das Fahrrad reparieren .... !

i. abends das Licht ausmachen .... !

j. nicht die Schlüssel verlieren .... nicht!

EL *KONJUNKTIV II*

• Wenn ich Zeit **hätte**, **könnte** ich dir helfen. • Ich **würde** in Deutschland arbeiten, wenn ich **könnte**.	• Si tuviese/tuviera tiempo, te podría ayudar. • Yo trabajaría en Alemania, si pudiese/ pudiera.

Hätte, **könnte** y **würde** son formas del Konjunktiv II. Éste se utiliza muy a menudo en oraciones condicionales con **wenn** *(si)* para expresar una posibilidad (un hecho que no es seguro) o algo irreal.

EL *KONJUNKTIV II*: LAS FORMAS DE *HABEN*, *SEIN*, *WISSEN* Y *WERDEN*

		haben	sein	wissen	werden
singular	ich du er, sie, es	hätte hättest hätte	wäre wär(e)st wäre	wüsste wüsstest wüsste	würde würdest würde
plural	wir ihr sie	hätten hättet hätten	wären wär(e)t wären	wüssten wüsstet wüssten	würden würdet würden
usted/es	Sie	hätten	wären	wüssten	würden

Las formas del **Konjunktiv II** de **haben**, **wissen** y **werden** coinciden prácticamente con las del **Präteritum** (→ pág. 24 s.). Sólo hay una diferencia: Todas las formas llevan diéresis en la vocal temática (**ä**) y (**ü**). En el caso de **sein**, aparte de la diéresis se añade obligatoriamente una **–e** en la primera y la tercera persona y opcionalmente en las segundas personas.
En los cuatro verbos, la primera y la tercera persona del singular tienen, como en el **Präteritum**, la misma forma.

EL *KONJUNKTIV II*: LAS FORMAS DE LOS VERBOS MODALES

		können	dürfen	müssen	sollen	wollen
singular	ich du er, sie, es	könnte könntest könnte	dürfte dürftest dürfte	müsste müsstest müsste	sollte solltest sollte	wollte wolltest wollte
plural	wir ihr sie	könnten könntet könnten	dürften dürftet dürften	müssten müsstet müssten	sollten solltet sollten	wollten wolltet wollten
usted/es	Sie	könnten	dürften	müssten	sollten	wollten

Las formas del **Konjunktiv II** de los verbos modales **können**, **dürfen** y **müssen** coinciden prácticamente con las del **Präteritum**. Sólo hay una diferencia: Todas las formas llevan diéresis en la vocal temática (**ö**) y (**ü**).
En el caso de **sollen** y **wollen**, las formas del **Konjunktiv II** coinciden totalmente con las del **Präteritum** (→ págs. 24 s.).
En todos ellos, la primera y la tercera persona del singular tienen la misma forma.

EL *KONJUNKTIV II*: USO

• Wenn ich Geld **hätte**, **könnte** ich das Bild kaufen.	• Si tuviese/tuviera dinero, podría comprar el cuadro.
• Wenn Paul hier **wäre**, **könnte** er das machen.	• Si Pablo estuviese/estuviera aquí, podría hacerlo él.
• Ich **wäre** froh, wenn mir jemand helfen **könnte**.	• Estaría contento, si alguien pudiese/pudiera ayudarme.
• Wenn ich Französisch **könnte**, **könnte** ich diese Anweisungen lesen.	• Si supiese/supiera francés, podría leer estas instrucciones.

Se utiliza a menudo en expresiones con valor condicional. La condición se expresa mediante una subordinada introducida por **wenn** *(si)*. Si la subordinada se encuentra delante de la principal, esta última se inicia con el verbo conjugado.

En español, en la subordinada aparece el imperfecto de subjuntivo (*tuviese/tuviera, estuviese/estuviera, pudiese/pudiera, supiese/supiera*), en la principal el condicional simple (*podría*). En alemán se utiliza el **Konjunktiv II** en ambas oraciones.

• Wenn ich Zeit **hätte**, **würde** ich einen Malkurs **machen**. (1)	• Si tuviese tiempo, haría un curso de pintura.
• Sie **würden** uns bestimmt **helfen**, wenn sie hier **wären**. (2)	• Seguro que nos ayudarían, si estuviesen aquí.
• Wenn du es mir **erklären würdest**, **könnte** ich es **verstehen**. (3)	• Si me lo explicaras, podría entenderlo.

Con la gran mayoría de verbos, en lugar de utilizarse el **Konjunktiv II**, se usa la perífrasis **würde** + infinitivo. Así, en los ejemplos anteriores, **haben**, **sein** y **können** aparecen en **Konjunktiv II**, mientras que con **gehen**, **helfen** y **erklären** se usa la perífrasis con **würde**.

Por lo que respecta a la posición de los elementos en la oración: a) El infinitivo que acompaña a la forma de **würde** ocupa el último lugar en las oraciones principales (1) (2); b) En las oraciones subordinadas (3) ocupa el lugar inmediatamente anterior a la forma conjugada de **würde**.

• Ich **hätte** gern ein Kilo Tomaten.	• Querría un quilo de tomates.

El **Konjunktiv II** de **haben** se utiliza, en combinación con el adverbio **gern(e)**, para expresar el deseo de obtener algo, p.e. en compras o pedidos en el restaurante. En estos casos en español se utiliza el condicional simple de *querer* (*yo querría, tu querrías, etc.*).

• Ich **wäre** gern ein berühmter Schauspieler.	• Me gustaría ser un actor famoso.
• Ich **wäre** jetzt gern in Berlin.	• Ahora me gustaría estar en Berlín.
• Ich **hätte** gern ein neues Auto.	• Me gustaría tener un coche nuevo.

El **Konjunktiv II** de **sein** y **haben** se utiliza, en combinación con el adverbio **gern(e)**, para expresar el deseo de ser algo, de estar en algún sitio o de poseer algo. En español se utiliza el condicional simple de *gustar + ser/estar/tener* (*me gustaría ser/estar/tener, te gustaría ser/estar/tener, etc.*).

• Ich **würde** gern **kommen**, aber ich kann nicht.	• Me gustaría ir, pero no puedo.

La perífrasis **würde** + infinitivo se utiliza también en combinación con el adverbio **gern(e)** para expresar aquello que se desearía hacer, en casos en que en español se acude al condicional simple de *gustar* (*me gustaría, te gustaría, etc.* + infinitivo).

• **Könntest** du das Auto in die Werkstatt bringen?	• ¿Podrías llevar el coche al taller?
• **Würden** Sie bitte das Fenster **zumachen**?	• ¿Cerraría la ventana, por favor?

Utilizado en oraciones interrogativas totales, el Konjunktiv II o la perífrasis con **würde** pueden servir también para expresar de forma amable un ruego.

• Wir **könnten** uns nächste Woche treffen.	• Nos podríamos encontrar la semana próxima.
• Du **solltest** mehr Sport treiben.	• Deberías hacer más deporte.

El **Konjunktiv II** de **können** puede utilizarse para proponer algo, mientras que el de **sollen** se utiliza fundamentalmente para expresar consejos.

EJERCICIOS

70. ¿Cuál es la forma del *Konjunktiv II* de los siguientes verbos? [A2]

	ich	du	er/sie/es	wir	ihr	sie/Sie
a. sein				*wären*		

b. werden	*würde*					
c. können						*könnten*
d. wissen		*wüsstest*				
e. haben						*hätten*
f. sollen			*sollte*			

71. Completa las oraciones con el verbo correspondiente. [A2]

~~hätte~~ – hätte – hättest – könnte – könnte – könnten – wäre – wärst – würde – würde – würdest – würdet

a. Ich *hätte* gern einen Kaffee mit Milch.

b. .... Sie mir bitte einen Moment helfen?

c. Wohin .... du fahren, wenn du Urlaub .... ?

d. .... du jetzt gern allein?

e. Martin .... gern ein Motorrad.

f. Wenn ich ...., ... ich zu Hause bleiben.

g. Paula .... gern Stewardess.

h. Was .... ihr in dieser Situation machen?

i. Er .... sicher kommen, wenn er ....

72. Deseos. A cada uno le gustaría una cosa distinta. Traduce. [A2]

a. Yo querría un café.	*Ich hätte gern einen Kaffee.*
b. ¿Te gustaría tener un gato?	.... ?
c. A Maria le gustaría vivir en Berlín.	....
d. Me gustaría estar contigo.	.... bei dir.
e. ¿Os gustaría hacer una pausa?	.... ?
f. A Martin le gustaría ser el jefe.	.... der Chef.
g. A mi hijo le gustaría tener una tortuga.	.... eine Schildkröte.
h. ¿Te gustaría estudiar alemán?	.... lernen?
i. ¿Y usted? ¿Qué querría usted?	.... ?

73. Todos están insatisfechos. Expresa lo que les gustaría hacer, utilizando el *Konjunktiv II* o *würde* + infinitivo con *gern*. [A2]

a. Der Vater sieht oft und lange fern. *Er würde gern noch öfter und länger fernsehen.*

b. Die Tochter geht noch zur Schule. Sie .... schon an der Universität studieren.

c. Der Opa arbeitet den ganzen Tag im Garten. .... in Ruhe die Zeitung lesen.

d. Die Katze sitzt immer hinter dem Ofen. .... draußen Mäuse fangen.

e. Die Schwiegereltern wohnen bei den Kindern. .... allein wohnen.

f. Der Sohn hat ein altes Fahrrad. .... ein neues Motorrad.

g. Die Mutter hat einen langweiligen Beruf. .... einen interessanteren Beruf.

74. Transforma los imperativos en ruegos amables. [A2]

a. Helfen Sie mir! *Könnten/Würden Sie mir bitte helfen?*

b. Gib mir die Butter! .... du mir bitte .... ?

c. Kommt pünktlich! .... ihr bitte .... ?

d. Rufen Sie mich an! .... Sie mich bitte .... ?

e. Mach das Fenster zu! .... du bitte .... ?

f. Geben Sie mir Ihre Adresse! .... Sie mir bitte .... ?

g. Mach die Zigarette aus! .... du bitte .... ?

h. Hört mir zu! .... ihr mir bitte .... ?

i. Fahr langsamer! .... du bitte .... ?

75. Traduce las siguientes peticiones. Utiliza el *Konkunktiv II* de *können*. [A2]

a. ¿Podrías ayudarme? .... du mir bitte .... ?

b. ¿Podría (usted) enseñarme este ordenador? .... Sie mir bitte diesen Computer .... ?

c. ¿Podrían (ustedes) llevarme al aeropuerto? .... Sie mich bitte zum Flughafen .... ?

d. ¿Podríais cerrar la puerta? .... ihr bitte die Tür .... ?

e. ¿Podría (usted) explicarme el dativo? .... Sie mir bitte .... ?

f. ¿Podrías llamarme mañana? .... du mich bitte .... ?

76. El pesimista. Transforma una de las dos oraciones principales en una oración subordinada con *wenn*, a fin de expresar lo contrario. Coloca la subordinada al principio. [A2]

a. *Ich habe kein Geld. Ich kann mir kein Auto kaufen.*

Wenn ich Geld ***hätte, könnte*** *ich mir ein Auto* ***kaufen.***

b. Ich spreche nicht gut Deutsch. Ich kann nicht in Deutschland arbeiten.

....

c. Ich kann nicht kochen. Ich kann meine Freunde nicht zum Abendessen einladen.

....

d. Ich esse zu viel. Ich bin zu dick.

....

e. Ich sehe nicht gut aus. Ich finde keine Freundin.

....

f. Ich stehe immer zu spät auf. Ich komme jeden Tag zu spät zur Arbeit.

....

g. Ich habe kein Talent. Ich kann nicht zeichnen.

....

77. Traduce las siguientes oraciones de dos maneras: empezando con la subordinada y empezando con la principal. [A2]

a. *Si (yo) tuviese/tuviera vacaciones, podría ir de viaje.*

Wenn ich Urlaub ***hätte, könnte*** *ich eine Reise* ***machen.***

Ich ***könnte*** *eine Reise* ***machen,*** *wenn ich Urlaub* ***hätte.***

b. Si no fueras rico, (ella) no se casaría contigo. (heiraten)

....

....

c. Si (yo) supiese alemán, podría trabajar en Alemania.

....

....

d. Si me tocara la lotería (im Lotto gewinnen), jamás volvería a trabajar.

....

....

e. Si me escucharais, me entenderíais. (zuhören – verstehen)

....

....

f. Si pudieses venir, estaría muy contento. (froh)

....

....

g. Si (yo) tuviese más dinero, te invitaría. (einladen)

....

....

78. La Sra. Meier está en su oficina leyendo una postal de su compañera de trabajo Monika Müller. Lee la postal y expresa lo que va pensando la Sra. Meier. [A2]

"Liebe Frau Meier,
(a) Das Leben an der Costa Brava ist sehr angenehm. (b) Ich schlafe jeden Morgen bis 10 Uhr. (c) Dann frühstücke ich in Ruhe und gehe schwimmen. (d) Danach habe ich Tenniskurs, und mittags esse ich im Hotel. (e) Nachmittags bin ich immer am Strand, denn das Wetter ist fantastisch.
(f) Ich bin sehr zufrieden! Viele Grüße, Ihre Monika Müller."

Frau Meier denkt: „Wenn ich Urlaub hätte,

a. ... ***wäre*** *mein Leben auch sehr angenehm.*

b. *Ich* ***würde*** *auch jeden Morgen bis 10 Uhr* ***schlafen****.*

c. Dann .... ich auch in Ruhe .... und ....

d. Danach ...., ...

e. Nachmittags ...., ...

f. Ich ....

LOS VERBOS SEPARABLES

• **Mach** bitte das Licht **aus**.	• Apaga la luz, por favor.

Mach y **aus** forman parte de un mismo verbo: **ausmachen** *(apagar)*.

ankommen	(an + kommen)	*llegar*
aufstehen	(auf + stehen)	*levantarse*
wehtun	(weh + tun)	*doler/hacer daño*

En alemán hay una serie de verbos que, al ser conjugados en una oración principal, quedan separados en dos partes. Estos verbos tienen una base verbal y un prefijo. El prefijo constituye la sílaba tónica.

• Ich **stehe** immer um acht **auf**. • Um wie viel Uhr **stehst** du sonntags **auf**? • **Stehst** du früh **auf**? • **Steh** bitte **auf**.	• Siempre me levanto a las ocho. • ¿A qué hora te levantas los domingos? • ¿Te levantas temprano? • Levántate, por favor.

La forma verbal (que se conjuga) ocupa el lugar que le corresponde según el tipo de oración (→ pág. 253). El prefijo se coloca al final.

• Ich muss morgen um acht Uhr **aufstehen**. • Ich bin gestern um acht Uhr **aufgestanden**.	• Mañana me tengo que levantar a las ocho. • Ayer me levanté a las ocho.

Los verbos separables no se separan en una oración principal cuando no se conjugan, es decir cuando aparecen en infinitivo o en **Partizip II**. En este último caso la partícula **ge-** se coloca entre el prefijo y la base verbal (**aufgestanden**).

• Ich habe versucht, die Tür **aufzumachen**. • Max ist zum Bahnhof gefahren, um Marta **abzuholen**.	• He intentado abrir la puerta. • Max ha ido a la estación para recoger a Marta.

Cuando el infinitivo va con **zu** (→ pág. 269) o con conjunciones como **um ... zu** *(para)*, esta partícula debe colocarse entre el prefijo y la parte verbal.

• Glaubst du, dass der Zug pünktlich **ankommt**?	• ¿Crees que el tren llegará puntual?

Tampoco se separan, aunque estén conjugados, en las oraciones subordinadas.

Más verbos separables de uso habitual:

abfahren *(salir/partir - en un vehículo)*, **abbiegen** *(girar)*, **abgeben** *(entregar)*, **abholen** (*recoger/ ir a buscar*), **abschließen** *(cerrar con llave)*, **anbieten** *(ofrecer)*, **anfangen** *(empezar)*, **ankommen** *(llegar)*, **anmachen** *(encender)*, **anrufen** *(llamar por teléfono)*, **(sich) anziehen** *(vestir(se))*, **aufhören** *(terminar, acabar)*, **aufmachen** *(abrir)*, **aufpassen** *(tener cuidado, vigilar)*, **aufräumen** *(ordenar, recoger)*, **aufstehen** *(levantarse)*, **ausgeben** *(gastar (dinero))*, **ausmachen** *(apagar)*, **auspacken** *(deshacer, desenvolver)*, **(sich) ausruhen** *(descansar)*, **aussehen** *(parecer)*, **aussteigen** *(bajar de un vehículo)*,

(sich) <u>aus</u>ziehen *(quitar(se) la ropa)*, **<u>ein</u>kaufen** *(comprar)*, **<u>ein</u>laden** *(invitar)*, **<u>ein</u>steigen** *(subir a un vehículo)*, **<u>fern</u>sehen** *(mirar la televisión)*, **sich <u>hin</u>setzen** *(sentarse)*, **<u>leid</u>tun** *(sentir)*, **<u>mit</u>bringen** *(llevar, traer)*, **<u>mit</u>kommen** *(ir/venir con alguien)*, **<u>mit</u>nehmen** *(llevarse)*, **<u>nach</u>denken** *(reflexionar)*, **<u>statt</u>finden** *(tener lugar)*, **<u>teil</u>nehmen** *(participar)*, **<u>um</u>steigen** *(hacer trasbordo)*, **<u>um</u>ziehen** *(mudarse – cambiar de lugar de residencia)*, **(sich) <u>um</u>ziehen** *(cambiar(se) de ropa)*, **<u>vor</u>schlagen** *(proponer)*, **(sich) <u>vor</u>stellen** *(presentar(se))*, **<u>weg</u>gehen** *(irse)*, **<u>weh</u>tun** *(doler/hacer daño)*, **<u>weiter</u>fahren** *(continuar el viaje)*, **<u>weiter</u>machen** *(continuar)*, **<u>zu</u>hören** *(escuchar)*, **<u>zu</u>machen** *(cerrar)*, **<u>zurück</u>geben** *(devolver)*, **<u>zurück</u>kommen** *(volver)*, **<u>zusammen</u>fassen** *(resumir)*

Ten en cuenta que hay prefijos que no son separables. Los más importantes son **be-**, **ent-**, **er-**, **ge-** y **ver-**: **<u>be</u>kommen** *(recibir)*, **<u>ent</u>scheiden** *(decidir)*, **<u>er</u>zählen** *(contar, explicar)*, **<u>ge</u>fallen** *(gustar)*, **<u>ver</u>stehen** *(entender)*

Estos verbos con prefijos no separables presentan las siguientes particularidades: 1) el prefijo es átono; 2) ni los regulares ni los irregulares añaden la partícula **ge-** en el **Partizip II**: **Er hat mir eine Geschichte erzählt, aber ich habe sie nicht verstanden.** *(Me ha explicado una historia, pero no la he entendido.).*

EJERCICIOS

79. Clasifica los verbos, según sean separables o inseparables. [A1]

	separable	inseparable
a. einladen		
b. mitbringen	**X**	
c. verdienen		
d. aussteigen		
e. bedeuten		
f. abholen		
g. erklären		
h. gehören		**X**
i. anmachen		
j. umsteigen		
k. weitermachen		
l. aufhören		
m. zurückkommen	**X**	
n. entschuldigen		

80. Construye oraciones en presente con los siguientes elementos, teniendo en cuenta que los verbos son separables. Empieza con el primero de los elementos indicados, excepto en los casos en que se trate de una pregunta. [A1]

a. heute – wer – einkaufen (?) *Wer kauft heute ein?*

b. der Film – um 20 Uhr – anfangen ....

c. du – den Chef – anrufen (?) .... ?

d. Martin – im Sommer – umziehen ....

e. ich – aufstehen – um 7 Uhr ....

f. das – aussehen – interessant ....

g. abfahren – der Zug – wo (?) .... ?

h. wir – fernsehen – heute Abend ....

i. er – ihr Blumen – mitbringen ....

j. du – mitnehmen – einen Mantel (?) .... ?

81. Indica las formas del *Partizip II* de los siguientes verbos. [A2]

	Partizip II
a. beginnen	
b. einkaufen	
c. aufstehen	*aufgestanden*
d. gewinnen	
e. abfahren	
f. fernsehen	
g. anfangen	
h. erzählen	
i. ausmachen	
j. weiterfahren	
k. mitkommen	
l. vergessen	*vergessen*
m. zuhören	
n. entschuldigen	

82. Construye diálogos como el del ejemplo. [A2]

a. die Getränke einkaufen

A : *Kaufst du die Getränke ein?* B : *Aber ich habe sie schon eingekauft!*

b. die Tür abschließen

A : .... ? B : ....

c. die Küche aufräumen

A : .... ? B : ....

d. die Rechnung bezahlen

A : .... ? B : ....

e. die Kinder ausziehen

A : .... ? B : ....

f. das Fenster zumachen

A : .... ? B : ....

g. das Buch zurückgeben

A : .... ? B : ....

h. das Auto verkaufen

A : .... ? B : ....

83. Completa el texto con los verbos siguientes. [A2]

Mein Arbeitstag

ankommen – anmachen – anrufen – aufräumen – aufstehen – ausmachen – beeilen – beginnen – bestellen – bezahlen – einsteigen – erklären – mitnehmen – teilnehmen – vergessen – verpassen – zurückgehen

Wie mein Arbeitstag ist? Also ich (a) .... fast immer zu spät .... Ich (b) .... mich, denn sonst (c) .... ich den Zug. Ich (d) .... fast immer, das Handy oder den Büroschlüssel (e) ...., also muss ich noch einmal (f) .... Ich (g) .... am Alexanderplatz .... und (h).......................... normalerweise eine Viertelstunde zu spät im Büro

.... Der Tag (i) .... Ich (j) .... den Computer ...., (k) .... die Kunden ...., (l) .... ihnen die Produkte und (m) .... manchmal an einem Meeting .... In der Mittagspause gehe ich oft zu McDonalds, (n) .... einen Hamburger, esse, (o) .... und gehe wieder ins Büro. Um 17 Uhr ist Feierabend. Ich (p) .... den Computer ...., (q) .... meinen Schreibtisch ...... und gehe nach Hause. Und so ist es jeden Tag.

84. Formula la pregunta y completa la respuesta. Ten en cuenta que con el infinitivo deberás utilizar *zu*. [B1]

a. er: zurückkommen

A : *Kommt er zurück?* *B: Ich glaube nicht, dass er zurückkommt.*

b. ihr: bald umziehen

A : ....? **B** : Ja, wir haben vor, bald ....

c. du: den Text verstehen

A : ....? **B** : Ich brauche ein Wörterbuch, um den Text ....

d. der Zug: wann ankommen

A : ....? **B** : Ich habe keine Ahnung, wann der Zug ....

e. die Konferenz: heute stattfinden

A : ....? **B** : Ich bin nicht sicher, ob die Konferenz heute ....

f. du: ihn anrufen

A : ....? **B** : Ich kann versuchen, ihn ....

g. Paul: wie viel verdienen

A : ....? **B** : Ich weiß nicht, wie viel Paul ....

LOS VERBOS PRONOMINALES, REFLEXIVOS Y RECÍPROCOS

LOS VERBOS PRONOMINALES

• Er **irrt sich**. • **Konzentrier dich** bitte.	• (Él) Se equivoca. • Concéntrate, por favor.

Sich irren *(equivocarse)* y **sich konzentrieren** *(concentrarse)* son verbos pronominales. Se llaman así porque nunca pueden aparecer sin el pronombre reflexivo correspondiente al sujeto. En realidad, dicho pronombre forma parte del verbo (→ pág. 123).

El pronombre reflexivo no puede ser sustituido por un pronombre personal (ni en español ni en alemán). No puedes *equivocar* ni *concentrar* a nadie. Sólo puedes *equivocarte* o *concentrarte* tú mismo.

¿Acusativo o dativo?

• Ich **fühle mich** nicht wohl. (1) • Ich kann es **mir** nicht **vorstellen**. (2)	• (Yo) No me encuentro bien. • (Yo) No me lo puedo imaginar.

Excepto en los casos en que las formas del acusativo y del dativo son idénticas (**sich** *(se)*, **uns** *(nos)*) y **euch** *(os)*), tienes que preguntarte si el pronombre reflexivo debe aparecer en acusativo (1) o en dativo (2). Con la gran mayoría de los verbos aparece en acusativo. Aparece en dativo cuando el verbo lleva de por sí un complemento directo (acusativo), como en el ejemplo (2) (**es** *(lo)*).

Son verbos con los que el pronombre reflexivo aparece en acusativo: **sich freuen** *(alegrarse)*, **sich informieren** *(informarse)*, **sich interessieren** *(interesarse)*, **sich setzen** *(sentarse)*, **sich anschnallen** *(ponerse el cinturón de seguridad)*, **sich ärgern** *(enfadarse)*, **sich beeilen** *(darse prisa)*, **sich beschweren** *(quejarse)*, **sich entscheiden** *(decidirse)*, **sich erinnern** *(acordarse)*, **sich irren** *(equivocarse)*, **sich verlieben** *(enamorarse)*, **sich wohl fühlen** *(encontrarse/sentirse bien)*

Son verbos con los que el pronombre reflexivo aparece en dativo: **sich etwas anschauen** *(mirar algo)*, **sich etwas überlegen** *(pensarse una cosa, reflexionar sobre ella)*, **sich etwas vorstellen** *(imaginarse algo)*

Verbos pronominales en español que no lo son en alemán

Son numerosos los verbos que en español se utilizan o pueden utilizarse como pronominales, mientras que en alemán no es posible hacerlo. Ejemplos:

aufstehen *(levantarse)*, **aufwachen** *(despertarse)*, **bleiben** *(quedarse)*, **essen** *(comer(se))*, **fallen** *(caerse)*, **gehen** *(ir(se))*, **heiraten** *(casarse)*, **heißen** *(llamarse)*, **lachen** *(reír(se))*, **sterben** *(morir(se))*, **trinken** *(beber(se))*, **werden** *(ponerse/volverse)*

EJERCICIOS

85. Traduce las siguientes oraciones. Ten en cuenta que en alemán algunos verbos son pronominales y otros no. [A2]

a. Me he caído.	.... gefallen.
b. ¿Ya se ha despertado el niño?	.... aufgewacht?
c. Debes darte prisa.	Du musst ....
d. ¿Cuándo se han casado?	Wann haben .... ?
e. Se ha puesto nervioso.	Er .... geworden.
f. Nos hemos quejado.	.... beschwert.
g. Te equivocas.	....
h. ¡No te rías!	Lach .... !

LOS VERBOS REFLEXIVOS

• Marta **kämmt sich.**	• Marta se peina.
• Ich **wasche mir** die Hände.	• (Yo) Me lavo las manos.

Verbos como **kämmen** *(peinar)* y **waschen** *(lavar)* pueden emplearse como reflexivos.

A diferencia de lo que sucede con los verbos pronominales (tema anterior), aquí los pronombres reflexivos ni deben aparecer necesariamente ni forman parte del verbo. Puedes peinarte a ti mismo (**Ich kämme mich.** = *Me peino.*), pero también puedes peinar a alguien (**Ich kämme meinen Sohn.** = *Peino a mi hijo.*), puedes lavarte las manos, pero también puedes lavárselas a otra persona.

Un verbo reflexivo es aquel en que la acción del sujeto recae sobre sí mismo.

¿Acusativo o dativo?

• Ich rasiere **mich.**	(1)	• Me afeito.
• Ich rasiere **mir** den Bart.	(2)	• Me afeito la barba.
• Zieh **dich** an.	(3)	• Vístete.
• Zieh **dir** dieses Hemd an.	(4)	• Ponte esta camisa.

Excepto en los casos en que las formas del acusativo y del dativo son idénticas (**sich** *(se)*, **uns** *(nos)*) y **euch** *(os)*), tienes que preguntarte si el pronombre reflexivo debe aparecer en acusativo o en dativo.

Si el verbo no aparece con otro complemento directo, como en (1) y (3), el pronombre reflexivo referido a la persona debe aparecer en acusativo.

Por el contrario, si se explicita la cosa que representa al complemento directo, como en (2) (**den Bart** = *la barba*) y (4) (**dieses Hemd** = *esta camisa*), el pronombre reflexivo debe aparecer en dativo.

Debes tener en cuenta esto en verbos como: **sich anziehen** *(vestirse, ponerse)*, **sich ausziehen** *(desvestirse, quitarse una prenda de ropa)*, **sich kämmen** *(peinarse)*, **sich rasieren** *(afeitarse)*, **sich waschen** *(lavarse)*

EJERCICIOS

86. ¿Acusativo o dativo? Subraya la forma correcta. [A1]

a. Ich habe mich mir gerade die Haare gewaschen.

b. Hast du dich dir die Haare geschnitten?

c. Ich rasiere <u>mich</u> mir nicht jeden Tag.

d. Zieh dich dir an, wir müssen gehen!

e. Aua, ich habe mich mir geschnitten!

f. Wasch dich dir bitte!

g. Zieh dich <u>dir</u> warme Socken an!

h. Warum kämmst du dich dir nicht?

87. Pon los enunciados siguientes en la primera persona del singular (*ich*). [A2]

a. *Er rasiert sich noch nicht.* *Ich rasiere mich noch nicht.*

b. Sie kauft sich morgen ein Fahrrad. ....

c. Er erinnert sich gern an den letzten Urlaub. ....

d. Sie hat sich schon gewaschen. ....

e. Sie zieht sich den blauen Pullover an. ....

f. Er hat sich über den Kellner beschwert. ....

g. Sie wäscht sich jeden Tag die Haare. ....

h. Er kämmt sich nicht gern die Haare. ....

i. Wir haben uns beeilt. ....

j. Er interessiert sich nicht für Sport. ....

k. Wir haben uns über das Thema informiert. ....

l. Er kann sich das nicht vorstellen. ....

88. Añade el pronombre en acusativo o dativo. [A2]

a. Freust du .... nicht?	Doch, natürlich freue ich ....
b. Setz .... doch!	Nein danke, ich möchte .... nicht setzen.
c. Willst du .... nicht einen Mantel anziehen?	Nein, ich ziehe .... lieber einen Pullover an.
d. Ärger .... nicht!	Doch, ich ärgere .... sehr.
e. Erinnerst du ....?	Nein, ich erinnere .... nicht.
f. Hast du es .... schon überlegt?	Nein, ich habe es .... noch nicht überlegt.
g. Du irrst ....!	Nein, ich irre .... nicht.
h. Hast du .... die Hände gewaschen?	Ja, natürlich habe ich .... die Hände gewaschen.

89. ¿Acusativo o dativo? [A2]

a. Wenn er *sich* freut, freut sie *sich* auch.
b. Wenn du .... etwas wünscht, wünsche ich .... auch etwas.
c. Wenn ich .... einen neuen Hut kaufe, kaufst du .... auch einen neuen Hut.
d. Wenn sie .... ärgern, ärgert ihr .... auch.
e. Wenn ihr .... freut, freuen wir .... auch.
f. Wenn ich .... wohl fühle, fühlst du .... auch wohl.
g. Wenn du .... elegant anziehst, ziehe ich .... auch elegant an.

LOS VERBOS RECÍPROCOS

• Mario und Claudia **küssen sich**.	(1)	• Mario y Claudia se besan.
• Sie **küssen sich**.	(2)	• (Ellos) Se besan.

En el ejemplo anterior, el verbo **küssen** se utiliza como recíproco. Son verbos recíprocos o verbos utilizados como tales aquellos en los que dos o más sujetos (representados por nombres (1) o por pronombres personales en plural (2)) reciben cada uno la acción realizada por el otro: Si Mario y Claudia se besan, significa que Mario besa a Claudia y que ésta besa a Mario. La reciprocidad se representa mediante los pronombres reflexivos **sich** *(se)*, **uns** *(nos)* y **euch** *(os)*.

Pueden utilizarse de modo recíproco verbos como: **sich küssen** *(besarse)*, **sich lieben** *(quererse/ amarse)*, **sich treffen** *(encontrarse)*, **sich einigen** *(ponerse de acuerdo)*, **sich anschauen** *(mirarse)*, **sich trennen** *(separarse)*, **sich verabreden** *(citarse)*

EJERCICIOS

90. Completa el tercer enunciado. [A2]

a. *Er küsst sie. Sie küsst ihn. Sie küssen **sich**.*

b. Sie gratuliert dir. Du gratulierst ihr. Ihr gratuliert ....

c. Ich rufe dich an. Du rufst mich an. Wir rufen .... an.

d. Du lädst ihn ein. Er lädt dich ein. Ihr ladet .... ein.

e. Die Kinder schreiben den Eltern. Die Eltern schreiben den Kindern.
Sie schreiben ....

f. Ich helfe dir. Du hilfst mir. Wir helfen ....

g. Anna liebt Erik. Erik liebt Anna. Anna und Erik lieben ....

LOS VERBOS MODALES

- A: **Möchtest** du heute den Film **sehen**?
- B: Ich **kann** nicht, ich **muss arbeiten**.

- A: ¿Quieres ver hoy la película?
- B: No puedo, tengo que trabajar.

Möchtest, **kann** y **muss** expresan, respectivamente, la voluntad, la posibilidad y la obligación de realizar la acción descrita por el infinitivo que los acompaña (**sehen** y **arbeiten**). Como *quieres*, *puedo* y *tengo que* en español, son verbos modales.

LOS VERBOS MODALES: EL PRESENTE

		können	**dürfen**	**müssen**
singular	ich du er, sie, es	kann kannst kann	darf darfst darf	muss musst muss
plural	wir ihr sie	können könnt können	dürfen dürft dürfen	müssen müsst müssen
usted/es	Sie	können	dürfen	müssen
		sollen	**wollen**	**möchten**
singular	ich du er, sie, es	soll sollst soll	will willst will	möchte möchtest möchte

plural	wir ihr sie	sollen sollt sollen	wollen wollt wollen	möchten möchtet möchten
usted/es	Sie	sollen	wollen	möchten

Llaman la atención dos particularidades:

1) Se comportan como si fuesen verbos regulares en las personas del plural, así como en la de cortesía, pero son mayoritariamente irregulares en las del singular;

2) la primera y la tercera persona del singular siempre son iguales.

En cuanto a las formas del **Präteritum** y del **Konjunktiv II** consulta, respectivamente, las págs. 24 ss. y 48.

EJERCICIOS

91. Conjuga el presente de los siguientes verbos modales. [A1]

	ich	du	er/sie/es	wir	ihr	sie/Sie
a. können				*können*		
b. dürfen	*darf*					
c. müssen						
d. sollen		*sollst*				
e. wollen						*wollen*
f. möchten			*möchte*			

92. Marca la forma correcta. [A1]

a. Was ❑ möchtest ❑ möchtet ❑ möchte ihr?

b. Anna ❑ will ❑ wollt ❑ willst tanzen gehen.

c. Er ❑ sollt ❑ soll ❑ sollst zu Hause bleiben.

d. Tom ❑ müsst ❑ musst ❑ muss heute arbeiten.

e. Hier ❑ darf ❑ darfst ❑ dürft man nicht parken.

93. Añade la forma correcta de *möchten*. [A1]

a. **A** : Was .... du?

b. **B** : Ich .... nur einen Kaffee.

c. **A** : Ich auch.

d. **C** : Bitte schön, was .... Sie?

e. **A** : Wir .... bitte zwei Tassen Kaffee.

94. Marca con una "x" la/s forma/s correcta/s. [A1]

	ich	du	er/sie/es	wir	ihr	sie/Sie
a. kann						
b. dürfen						
c. musst		X				
d. sollst						
e. willst						
f. möchte	X		X			
g. darf						
h. muss						
i. sollen						
j. müsst						
k. könnt						

95. Añade las formas de *sollen*. [A1-A2]

a. Dein Vater hat gesagt, du .... nicht so spät nach Hause kommen.

b. Herr Lämpel hat gesagt, wir .... diese Verben lernen.

c. Der Doktor hat gesagt, Klaus .... Urlaub machen.

d. Mein Chef hat gesagt, ich .... am Samstag arbeiten.

e. Mamma hat gesagt, ihr .... euer Zimmer aufräumen.

LOS VERBOS MODALES EN LA ORACIÓN

- Wir **können** das nicht **kaufen**.
- Wann **musst** du die Rechnung **bezahlen**?
- **Möchtest** du jetzt eine Pause **machen**?

- No podemos comprar esto.
- ¿Cuándo tienes que pagar la factura?
- ¿Quieres hacer una pausa ahora?

Debes tener en cuenta lo siguiente:

1) El verbo modal conjugado ocupa la posición que le corresponde según el tipo de oración: enunciativa (segundo lugar), interrogativa parcial (segundo lugar) o interrogativa total (primer lugar).

2) A diferencia de lo que sucede en español, el infinitivo que los acompaña se coloca al final de la oración.

- Ich **muss** am Dienstag **zum Arzt** (gehen).
- Ich **möchte** morgen **nach Madrid** (fahren).

- El martes tengo que ir al médico.
- Mañana quiero ir a Madrid.

Se puede prescindir del infinitivo **gehen** *(ir)* o del de un verbo de significado similar (p.e. **fahren**), cuando la oración contiene un elemento direccional que indica la meta del desplazamiento del sujeto (**zum Arzt**, **nach Madrid**).

- Wir **möchten/wollen** viele Kinder (haben). (1)
- Ich **möchte** ein Kilo Tomaten (kaufen). (2)
- Ich **möchte** Reis (essen). (3)
- **Möchtest/Willst** du ein Bier (trinken)? (4)

- Queremos (tener) muchos niños.
- Quiero (comprar) un quilo de tomates.
- ¿Quiero (comer) arroz.
- ¿Quieres (beber) una cerveza?

(1) (2) Con **möchten/wollen** *(desear/querer)* se puede prescindir casi siempre de cualquier infinitivo al expresar el deseo de tener, obtener o poseer algo.

(3) (4) Con **möchten/wollen** *(desear/querer)* se puede prescindir del infinitivo de **essen** y **trinken**.

EJERCICIOS

96. Construye oraciones, iniciando las enunciativas con el sujeto. [A1-A2]

a. ich – warum – darf – parken – hier nicht (?) .... ?

b. heute Abend – möchte – ich – gehen – ins Kino ....

c. helfen – Sie – können – mir (?) .... ?

d. rauchen – man – im Flugzeug – nicht – darf ....

e. heute – du – wie lange – arbeiten – musst (?) .... ?

f. du – die Kinder – abholen – kannst (?) .... ?

97. Construye oraciones, conjugando los verbos e iniciando las enunciativas con el sujeto. [A1-A2]

a. müssen – aufstehen – heute – wann - du (?) .... ?

b. möchten – er – machen – eine Pause ....

c. du – den Chef – anrufen – können (?) .... ?

d. dürfen – im Museum – Sie – fotografieren – nicht ....

e. am Samstag – ich – ins Konzert – gehen – wollen ....

f. noch etwas – möchten – essen – ihr (?) .... ?

LOS VERBOS MODALES: EL USO DE *MÖCHTEN* Y *WOLLEN*

möchten *querer/desear* (expresa deseo o intención)
wollen *querer/desear* (expresa deseo o intención)

• Was **willst/möchtest** du heute machen? • **Möchten** Sie Bier oder Wein (trinken)?	• ¿Qué quieres hacer hoy? • ¿Desean (beber) cerveza o vino?

Usar **möchten** o **wollen** es fundamentalmente una cuestión de cortesía. Mientras que al hablar con un amigo resulta casi indiferente usar uno u otro, en determinadas situaciones, como p.e. en un restaurante o en una tienda, resulta prácticamente obligatorio el uso de **möchten**.

EJERCICIOS

98. Planes vacacionales. Añade las formas correctas de *möchten* y *wollen*. [A1]

a. Mein Bruder *möchte/will* im Urlaub nach Italien fahren.

b. Meine Eltern .... lieber in die Berge.

c. Wohin .... du fahren?

d. Und ihr? Wohin .... ihr?

e. Wir .... ans Meer.

f. Ich .... am liebsten zu Hause bleiben.

LOS VERBOS MODALES: EL USO DE *DÜRFEN, KÖNNEN* Y *MÜSSEN*

dürfen *poder* (expresa permiso), *no poder/deber* (expresa prohibición)

• **Darf** man hier rauchen? Ist es erlaubt?	• ¿Se puede fumar aquí? ¿Está permitido?
• Hier **darf** man nicht parken. Es ist verboten.	• Aquí no se puede aparcar. Está prohibido.
• Sie **dürfen** nicht so viel Kaffee trinken.	• No debe (usted) beber tanto café.

können *poder* (expresa posibilidad o capacidad)

• Hier **kann** man gut parken.	• Aquí se puede aparcar bien.
• **Kannst** du mein Bier bezahlen?	• ¿Puedes pagar mi cerveza?
• **Kannst** du über die Mauer springen?	• ¿Puedes saltar por encima del muro?

können *saber* (expresa capacidad de realizar algo que se ha aprendido a hacer)

• **Kannst** du schwimmen?	• ¿Sabes nadar?
• Mein Sohn **kann** schon lesen.	• Mi hijo ya sabe leer.
• **Kannst** du Englisch (sprechen)?	• ¿Sabes (hablar) inglés?

Con el primer significado, **können** *(poder)* expresa simplemente la posibilidad de hacer algo (p.e. de aparcar porque hay suficiente sitio). Con el segundo *(saber)*, expresa la capacidad de hacer algo que se ha aprendido previamente (la capacidad de nadar, de leer, de hablar una lengua, etc.). Con los nombres de las lenguas es habitual, igual que en español, la elisión del infinitivo.

• **Darf** man hier essen?	• ¿Se puede comer aquí?
• **Kann** man hier essen?	• ¿Se puede comer aquí?

El verbo **dürfen** siempre implica la existencia de permiso para hacer algo o (si está negado) la prohibición de hacerlo. El verbo **können** puede expresar lo mismo, pero también puede referirse simplemente a la posibilidad o capacidad de hacer algo.

Así, las dos preguntas podrían formularse en un lugar en el cual podría ser que estuviese prohibido comer (p.e. en una biblioteca). Se estaría preguntando, por lo tanto, si se tiene permiso para comer.

Con la segunda, en cambio, también se podría preguntar p.e. si en el lugar en cuestión sirven comidas.

müssen *tener que/deber* (expresa obligación)

• Ich **muss** morgen früh aufstehen. • **Musst** du morgen arbeiten?	• Mañana tengo que levantarme temprano. • ¿Tienes que trabajar mañana?

El verbo **müssen**, tanto en expresiones afirmativas como negativas, siempre expresa obligación, nunca prohibición. Se diferencia, pues, de su equivalente español *deber*, que en expresiones negativas puede referirse a una prohibición. En este último caso, en alemán sólo puede utilizarse **dürfen**: **Sie dürfen nicht so viel Wein trinken.** = *No debe (usted) beber tanto vino.*

• Du **musst** das Buch **nicht** lesen.	• No tienes que leer el libro./No hace falta que leas el libro.

La formulación negativa con **müssen** se referiría a la ausencia de obligación/necesidad de hacer algo. En español, en estos casos se puede acudir a *no tener que* + infinitivo o a no *hace falta que* + verbo conjugado. En lugar de la negación con **müssen** se puede también utilizar una negación con **brauchen ... zu**:

• Du **brauchst** das Buch **nicht zu** lesen.	• No tienes que leer el libro./No hace falta que leas el libro.

Ten en cuenta que con **brauchen**, el infinitivo aparece precedido de **zu**.

• Du **musst nur** zwei Aufsätze **schreiben**. • Du **brauchst nur** zwei Aufsätze **zu schreiben**.	• Sólo tienes que escribir dos redacciones. • Sólo tienes que escribir dos redacciones.

Esta alternativa también es posible cuando la oración contiene el adverbio **nur** *(sólo)* u otros elementos negativos/excluyentes como **kein-**, **nie** *(nunca)*, **kaum** *(apenas)*, etc.

• Ich **brauche kein** Wörterbuch für diese Arbeit.	• No necesito diccionario para este trabajo.
• Ich **brauche kein** Wörterbuch **zu kaufen**.	• No necesito comprar ningún diccionario./No es necesario que compre ningún diccionario./No hace falta que ...

No debes confundir el verbo pleno **brauchen** *(necesitar)* + complemento directo con el verbo **brauchen** utilizado con un infinitivo con **zu** (que sólo puede aparecer en expresiones negativas (→ pág. 77)).

EJERCICIOS

99. *können*: ¿capacidad (1) o posibilidad (2)? [A1]

a. Heute können wir leider nicht kommen.

b. Kannst du gut Klavier spielen?

c. Hier kann man nicht schwimmen.

d. Mein Freund kann nicht so gut kochen.

e. Kannst du Deutsch?

f. Kann ich hier telefonieren?

g. Jonas kann nicht schwimmen, aber er hat keine Angst vor dem Wasser.

100. ¿*dürfen* o *müssen*? [A1]

Lieber Lukas,

hier im Internat ist es nicht so toll: Man (a) .... früh aufstehen, denn Frühstück gibt es nur bis 9 Uhr. Dann (b) .... wir unsere Betten machen und die Zimmer aufräumen. Und natürlich (c) .... wir hier nicht rauchen. Abends (d) .... man nur bis 22 Uhr fernsehen, und danach (e) .... man ruhig sein. Aber am Sonntag (f) .... wir länger schlafen, und wir (g) .... nicht aufräumen, zum Glück!

Bis bald und viele Grüße,
Tom

101. Clases de conducir: ¿*dürfen* o *müssen*? "Obligatorio" (= o) o "(no) permitido" (= p). [A2]

a. Hier .... Sie links abbiegen. (o)

b. Man .... hier parken. (p)

c. Hier .... keine Autos fahren. (p)

d. Sie .... hier kurz halten. (p)

e. Sie .... nicht schneller als 50 km/h fahren. (p)

f. Man .... hier halten. (o)

g. Hier .... Sie überholen (adelantar). (p)

h. Hier .... auch Fahrräder fahren. (p)

102. Expresa lo mismo utilizando *brauchen* + *zu*. [B1]

a. *Du musst mich nur rufen. – Du brauchst mich nur zu rufen.*

b. Heute muss ich nicht früh aufstehen.

....

c. Du musst mir nicht helfen.

....

d. Am Samstag müssen wir keine Hausaufgaben machen.

....

e. Ihr müsst mich nicht so oft anrufen.

....

f. Anna muss nur nachmittags arbeiten.

....

103. Traduce las siguientes oraciones. Utiliza primero *müssen* y luego *brauchen*. [B1]

a. No tienes que esperar.

....

....

b. Si no quieres, no hace falta que vengas.

....

....

c. Sólo tienes que decírmelo.

....

....

d. No es necesario que me lo digas.

....

....

e. Anna sólo tiene que trabajar de lunes a jueves.

....

....

104. ¿Cuáles de las siguientes oraciones con el verbo *brauchen* son correctas? [B1]

a. Ich brauche einen neuen Computer.

b. Martin braucht keinen neuen Computer.

c. Ich brauche einen neuen Computer kaufen.

d. Brauche ich dir helfen?

e. Nein, du brauchst mir nicht zu helfen.

f. Du brauchst mich nur anzurufen.

g. Ich brauche am Wochenende zu lernen.

105. Añade el verbo modal adecuado. Puede haber varias posibilidades. [A1-A2]

a. **A**: .... ihr jeden Morgen früh aufstehen?

B: Nein, sonntags .... wir lange schlafen.

b. **A**: .... du noch etwas Salat?

B: Nein danke, ich .... nichts mehr essen.

c. **A**: .... du Klavier spielen?

B: Ja, aber nicht sehr gut.

d. **A**: .... man hier campen?

B: Ja, aber ich .... lieber ins Hotel.

LOS VERBOS MODALES: EL USO DE *SOLLEN*

• Ich **muss** mehr Sport treiben.	• Tengo que hacer más deporte. (Yo mismo lo considero conveniente.)
• Sie **müssen** mehr Sport treiben.	• Tiene (usted) que hacer más deporte. (Me lo dice el médico directamente.)
• Ich **soll** mehr Sport treiben.	• Tengo que hacer más deporte. (Me lo ha dicho el médico y yo lo explico a alguien.)

1) En relación con el verbo **müssen** (en enunciados afirmativos):

müssen expresa una obligación autoimpuesta, como en el primer ejemplo, o impuesta directamente por otra persona, como en el segundo.

sollen expresa, en cambio, una "obligación" o un consejo "impuestos" por una tercera persona, que yo mismo refiero a otro, como en el tercer ejemplo.

• Hier **darf** man nicht rauchen. • Ich **darf/soll** nicht rauchen.	• Aquí no se puede fumar. (Está prohibido.) • No puedo fumar. (Me lo ha prohibido/ dicho el médico.)

2) En relación con el verbo **dürfen** (en enunciados negativos):

dürfen expresa siempre presencia o ausencia de permiso, dadas por las circunstancias, p.e. la prohibición de fumar, debida p.e. a una disposición legal.

sollen expresa una prohibición impuesta por una tercera persona. En este caso también se puede utilizar **dürfen**, tratándose siempre de enunciados negativos.

• Was **soll** ich machen? • **Soll** ich die Tür zumachen?	• ¿Qué hago?/¿Qué quieres que haga? • ¿Cierro la puerta?/¿Quieres que cierre la puerta?

3) En otros casos, el presente de **sollen** sirve al hablante para preguntar a su interlocutor qué debe hacer. En español se prescinde, por regla general, de cualquier verbo modal, pudiendo utilizarse también la formulación *¿Qué quieres que ...?*. ⊂⊃

• Rauchen Sie weniger! • Der Arzt sagt, ich **soll** weniger rauchen.	• ¡Fume menos! • El médico dice que fume menos.

4) Como ya se ha dicho en (1), también sirve para expresar exhortaciones formuladas por una tercera persona. Así, si el médico ha expresado una orden en imperativo, al llegar el paciente a su casa, para transmitir lo que le ha dicho el médico, utilizará **sollen**.

Del mismo modo, también sirve para expresar exhortaciones a través de una tercera persona:

• Sagen Sie David, er **soll** sofort kommen.	• Dígale a David que venga enseguida.

EJERCICIOS

106. ¿Qué dice el médico? ¿Qué dice la madre? [A1-A2]

Arzt:

a. „Gehen Sie mehr zu Fuß!“	*Der Arzt sagt, ich soll mehr zu Fuß gehen.*
b. „Essen Sie weniger!“	....
c. „Arbeiten Sie nicht so viel.“	....

d. „Nehmen Sie dieses Medikament!" ....

e. „Ruhen Sie sich aus!" ....

Mutter:

f. „Mach die Hausaufgaben!" *Meine Mutter sagt, ich soll die Hausaufgaben machen.*

g. „Nimm deine Schwester mit!" ....

h. „Iss nicht so viel Schokolade!" ....

i. „Komm nicht zu spät nach Hause!" ....

j. „Steh endlich auf!" ....

OTROS VERBOS CON INFINITIVO

• Im Sommer **gehen** wir fast jeden Tag **schwimmen**.	• En verano vamos a nadar casi cada día.
• **Lass** die Kinder nicht zu lange **fernsehen**!	• ¡No dejes ver demasiado rato la tele a los niños!
• Ich **versuche**, Karten für die Oper **zu bekommen**.	• Intento/Intentaré conseguir entradas para la ópera.

Como en español, aparte de los verbos modales, hay otros verbos que aparecen acompañados de un infinitivo. En oraciones principales, éste se coloca al final.

OTROS VERBOS CON INFINITIVO: SIN *ZU*

gehen

• **Gehen** wir zusammen **einkaufen**?	• ¿Vamos a comprar juntos/as?

Mientras que en español el infinitivo va acompañado de la preposición *a*, en alemán aparece el infinitivo sin preposición alguna.

lassen (formas)

		lassen
singular	ich du er, sie, es	lasse lässt lässt

plural	wir ihr sie	lass**en** lass**t** lass**en**
usted/es	Sie	lass**en**

Las dos particularidades de este verbo son: 1) se escribe con diéresis en la segunda y en la tercera persona del singular y 2) estas dos personas tienen la misma forma (como en todos los verbos cuya raíz acaba en **–s**).

lassen (uso)

• Ich **lasse** mir morgen die Haare **schneiden**. • Ich bin sicher, die beiden **lassen** sich bald **scheiden**.	• Mañana me cortaré el pelo/me iré a cortar el pelo. • Estoy seguro/a de que esos dos se divorciarán pronto.

Cuando en español decimos p.e. que *Mañana me cortaré el pelo*, normalmente no queremos decir que lo haremos nosotros mismos, sino que iremos a la peluquería y que quien nos lo cortará será el peluquero o la peluquera. Lo mismo sucede p.e. en enunciados con el verbo *divorciarse*. Dos personas no se pueden (hoy por hoy) divorciar ellas mismas, sino que debe hacerlo un juez. Es por ello que en los enunciados alemanes se utiliza el verbo **lassen**, con el significado de "hacer que alguien haga algo que no queremos o no podemos hacer nosotros mismos".

• Meine Frau **lässt mich** zu Hause nicht **rauchen**.	• Mi mujer no me deja/permite fumar en casa.

Aquí el verbo se utiliza con el significado de "dejar/permitir que alguien haga algo".

• Er lässt **sie** früher nach Hause gehen. • Er lässt **sie** die ganze Arbeit machen.	• La deja irse antes a casa (a ella). • Le hace hacer todo el trabajo (a ella).

En alemán, en casos como los anteriores, la persona a la que se permite o se hace hacer algo aparece siempre en acusativo. En español no sucede lo mismo, lo que se ve muy bien, si la persona en cuestión es femenina.

En el primer ejemplo, en español la persona también aparece como complemento directo (*la*). En cambio, en el segundo lo hace como complemento indirecto (*le*). Esto es debido a que el verbo del segundo ejemplo (*hacer*) ya lleva él mismo un complemento directo (*todo el trabajo*), por lo que la persona debe aparecer como complemento indirecto.

OTROS VERBOS CON INFINITIVO: CON *ZU*

• Hör auf **zu weinen**! • Ich versuche, den Text **zu übersetzen**. • Ich fange an, dich **zu verstehen**.	• ¡Para de llorar! • Intento traducir el texto. • Empiezo a entenderte.

Con la gran mayoría de verbos, el infinitivo aparece precedido de la partícula **zu**.

• Wir haben vor, früh zurück**zu**kommen.	• Tenemos la intención de volver pronto.

En los verbos separables (→ págs. 54 ss.), la partícula **zu** se coloca entre el prefijo separable y la base verbal.

• Morgen musst du nicht kommen.	• Mañana no tienes que venir. / Mañana no hace falta que vengas.
• Morgen **brauchst** du **nicht zu kommen**.	• Mañana no tienes que venir. / Mañana no hace falta que vengas.
• Du musst nur morgen kommen.	• Sólo tienes que venir mañana.
• Du **brauchst nur** morgen **zu kommen**.	• Sólo tienes que venir mañana.

A este grupo de verbos con infinitivo con **zu** pertenece también el verbo **brauchen**. Éste puede usarse en lugar de **müssen** siempre y cuando la expresión contenga elementos negativos como **nicht** *(no)* o elementos restrictivos como **nur** *(sólo)*. Ten en cuenta que este uso de **brauchen** no tiene nada que ver con su uso con el significado de *necesitar algo* o *a alguien*: **Ich brauche einen Computer/Übersetzer.** *(Necesito un ordenador/un traductor.)*.

No se puede utilizar **brauchen** en lugar de **müssen** si no aparecen en la oración elementos como **nicht** o **nur**. Así, para decir en alemán *Mañana tengo que trabajar* siempre deberás utilizar **müssen**, nunca **brauchen**: **Ich muss morgen arbeiten** (→ pág. 70).

OTROS VERBOS CON INFINITIVO: SIN O CON *ZU*

• Ich **helfe** dir **abwaschen**.	(1)	• Te ayudo a lavar los platos.
• Das Kind **lernt schreiben**.	(1)	• El niño aprende a escribir.
• Ich **helfe** dir das Auto **(zu) waschen**.	(2)	• Te ayudo a lavar el coche.
• Das Kind **lernt** seinen Namen **(zu) schreiben**.	(2)	• El niño aprende a escribir su nombre.

(1) Con los verbos **helfen** *(ayudar)* y **lernen** *(aprender)*, el infinitivo aparece siempre sin **zu**, cuando no lleva complementos.

(2) Con estos mismos verbos, el infinitivo puede aparecer sin o con **zu**, cuando sí lleva complementos. Cuanto mayor sea el número de complementos que lo acompañen, mayor es la tendencia a utilizar **zu**.

EJERCICIOS

107. ¿Con *zu* o sin *zu*? [B1]

a. *Es ist verboten, hier zu parken. (parken)*

b. Ich habe leider vergessen, dich .... (anrufen)

c. Ich hoffe, die Prüfung .... (bestehen)

d. Hast du vor, Klaus auch ....? (einladen)

e. Hört ihr bitte auf ....? (schreien)

f. Er lässt sich nicht gern die Haare .... (schneiden)

g. Wir fangen an, ohne ihn .... (essen)

h. Hast du Lust, diesen Film ....? (sehen)

i. Gestern hatte ich keine Zeit, die Hausaufgaben .... (machen)

j. Gehst du allein .... (einkaufen)?

k. Helfen Sie mir bitte ....? (aufräumen)

108. Decide dónde debe ponerse *zu*. [B1]

a. **A** : *Was hast du heute vor?*

B : *Ich habe vor, Anna und Hans ....zu.... besuchen.*

b. **A** : Hast du den Wagen gewaschen?

B : Ich wasche ihn heute nicht selbst, ich lasse ihn ...... waschen.

c. **A** : Hilfst du bitte deinem Vater, den Wagen ...... waschen?

B : Aber ich habe keine Lust, ihm schon wieder ...... helfen!

d. **A** : Hast du versucht, das Fahrrad reparieren ...... lassen?

B : Nein, ich versuche, es selbst ...... machen.

e. **A** : Wie alt ist dein Sohn jetzt?

B : Er ist ein Jahr alt, und er lernt gerade ...... laufen.

f. **A** : Gehen wir morgen zusammen ...... schwimmen?

B : Ich habe keine Lust, schon wieder ...... schwimmen ...... gehen.

109. Traduce las siguientes oraciones. Utiliza primero *müssen* y luego *brauchen*. [B1]

a. Sólo tienes que copiar este texto.

Du .... nur ....

Du .... nur ....

b. No hace falta que vengáis.

Ihr ....

Ihr ....

c. No tienes que esperar.

Du ....

Du ....

d. Sólo tiene que firmar aquí.

Sie .... nur hier .... unterschreiben.

Sie .... nur hier .... unterschreiben.

e. No hace falta que reservemos la habitación.

Wir .... nicht .... reservieren.

Wir .... nicht .... reservieren.

110. ¿Cuáles de las siguientes oraciones con el verbo *brauchen* son incorrectas (x)? [B1]

a. Ich brauche ein neues Handy.	
b. Ich brauche ein neues Handy kaufen.	
c. Ich brauche kein neues Handy.	
d. Ich brauche kein neues Handy zu kaufen.	
e. Braucht er kommen?	
f. Nein, er braucht nicht zu kommen.	
g. Ihr braucht mich nur zu informieren.	
h. Brauchst du zu telefonieren?	
i. Anna braucht für das Examen zu lernen.	X
j. Im August brauche ich nie zu arbeiten.	

LA VOZ PASIVA

• Hier **werden** die Computer **zusammengebaut**.	• Aquí se montan los ordenadores. / Aquí son montados los ordenadores.

Característica común a ambas lenguas: La voz pasiva se utiliza, por lo general, cuando se quiere dar más importancia al hecho en sí que al sujeto que lo realiza.

Sin embargo, hay que tener en cuenta que en alemán la pasiva propiamente dicha (**werden** + **Partizip II**/participio), se utiliza mucho más que en español. En español se acude preferentemente a la denominada pasiva refleja con el verbo conjugado en presente y el pronombre *se*, como en el ejemplo *Aquí **se montan** los ordenadores.*

LA VOZ PASIVA: EL PRESENTE

			operieren	**einladen**
singular	ich du er, sie, es	werde wirst wird	operiert operiert operiert	eingeladen eingeladen eingeladen
plural	wir ihr sie	werden werdet werden	operiert operiert operiert	eingeladen eingeladen eingeladen
usted/es	Sie	werden	operiert	eingeladen

El presente de la voz pasiva se forma con el verbo **werden** conjugado en presente y el **Partizip II** del verbo que en español aparece en participio de pasado (**ich werde operiert** = *soy operado*, **ich werde eingeladen** = *soy invitado*).

• Er **wird** erst in drei Monaten **operiert**.	• No le operarán hasta dentro de tres meses. / No será operado hasta dentro de tres meses.
• Er **wird** überall **eingeladen**.	• Se le invita en todas partes.

El **Partizip II** se coloca al final de la oración.

LA VOZ PASIVA: EL *PRÄTERITUM*

ich du ...	wurde wurdest ...	operiert operiert ...	eingeladen eingeladen ...

El **Präteritum** de la voz pasiva se forma con el verbo **werden** conjugado en **Präteritum** (→ págs. 24 s.) y el **Partizip II**.

• Wir **wurden** nicht davon **informiert**.	• No fuimos informados de ello.

El **Partizip II** se coloca al final de la oración.

LA VOZ PASIVA: EL *PERFEKT*

bin	operiert worden	eingeladen worden
bist	operiert worden	eingeladen worden
...	...	...

El **Perfekt** de la voz pasiva se forma con el verbo **sein** conjugado en presente, el **Partizip II** del verbo principal y la forma **worden**.

• Wir **sind** nicht davon **informiert worden**.	• No fuimos informados de ello. / No hemos sido informados de ello.

El **Partizip II** y **worden** se colocan, en este orden, al final de la oración.

EJERCICIOS

111. Tareas domésticas: ¿Qué se hace? [B1]

a. die Wäsche: waschen	*Die Wäsche wird gewaschen.*
b. die Hemden: bügeln	....
c. die Fenster: putzen	....
d. das Geschirr: spülen	....
e. die Pflanzen: gießen	....
f. der Tisch: decken	....
g. die Küche: aufräumen	....

112. Wie wird deutscher Kartoffelsalat gemacht? (¿Cómo se hace el *Kartoffelsalat* alemán?) [B1]

geschnitten – gebraten – geschält – getan – verrührt – gewürzt – gegessen – ~~gekocht~~

Man braucht: 2 kg Kartoffeln, 5 Eier, 1 große Zwiebel, 2 Gurken, 5 Teelöffel Senf, 1 Glas Majonäse, ein bisschen Butter

a. zuerst: die Kartoffeln kochen

Zuerst werden die Kartoffeln *gekocht*.

b. dann: die Kartoffeln schälen und in Scheiben schneiden

....

c. danach: die Eier kochen und klein schneiden

....

d. auch die Gurken und die Zwiebel in kleine Stücke schneiden

Auch ....

e. dann: die Zwiebel in Butter braten

....

f. die Majonäse mit dem Senf verrühren

....

g. zum Schluss alles zusammen in eine Schüssel tun und mit Salz, Pfeffer und ein bisschen Zucker würzen

....

h. den Kartoffelsalat noch warm essen

....

Guten Appetit!

LOS COMPLEMENTOS DEL VERBO

• **Morgen** fahre ich **mit meinem Freund nach Paris.** (1)	• Mañana me voy con mi novio a París.
• Das ist **mein neuer Freund.** (2)	• Éste es mi nuevo novio.
• Kennst du **meinen neuen Freund**? (3)	• ¿Conoces a mi nuevo novio?
• Ich habe **meinem Freund einen Hund** geschenkt. (4)	• Le he regalado un perro a mi novio.
• Ich habe **von meinem alten Freund** geträumt. (5)	• He soñado con mi antiguo novio.

(1) **morgen**, **mit meinem Freund** y **nach Paris** son complementos circunstanciales.
(2) **mein neuer Freund** actúa como atributo.
(3) **meinen neuen Freund** constituye el complemento acusativo o directo.
(4) **meinem neuen Freund** y **einen Hund** actúan, respectivamente, como complemento dativo o indirecto y como complemento acusativo o directo.
(5) **von meinem alten Freund** actúa como complemento preposicional o de régimen verbal.

Consulta, para más detalles, el capítulo "Los casos" en las págs. 89 ss.

VERBOS IRREGULARES – LISTA

A continuación encontrarás los verbos irregulares cuyas formas del **Präteritum** y del **Perfekt** debes memorizar. Se ofrecen, en este orden, las siguientes formas:

- infinitivo;
- la 3ª persona del singular del presente en aquellos que presentan cambio de vocal temática en la 2ª y en la 3ª persona del singular;
- la 3ª persona del singular del **Präteritum**;
- la 3ª persona del singular del **Perfekt**.

Infinitivo	**Presente**	**Präteritum**	**Perfekt**	
abbiegen		bog ab	ist abgebogen	girar
abfahren	fährt ab	fuhr ab	ist abgefahren	salir, partir
abfliegen		flog ab	ist abgeflogen	salir/partir – en avión
abhängen		hing ab	hat abgehangen	depender
abheben		hob ab	hat abgehoben	coger/descolgar el teléfono
abnehmen	nimmt ab	nahm ab	hat abgenommen	coger/descolgar el teléfono
abschließen		schloss ab	hat abgeschlossen	cerrar con llave

Infinitivo	Presente	Präteritum	Perfekt	
anbieten		bot an	hat angeboten	ofrecer
anfangen	fängt an	fing an	hat angefangen	empezar
anhaben		hatte an	hat angehabt	llevar puesta una prenda de vestir
ankommen		kam an	ist angekommen	llegar
anrufen		rief an	hat angerufen	llamar por teléfono
ansehen	sieht an	sah an	hat angesehen	mirar
(sich) anziehen		zog (sich) an	hat (sich) angezogen	poner(se) una prenda de vestir, vestir a alguien
aufheben		hob auf	hat aufgehoben	recoger del suelo
aufschreiben		schrieb auf	hat aufgeschrieben	anotar
aufstehen		stand auf	ist aufgestanden	levantarse
ausgeben	gibt aus	gab aus	hat ausgegeben	gastar – dinero
ausgehen		ging aus	ist ausgegangen	salir – p.e. a comer fuera
aussehen	sieht aus	sah aus	hat ausgesehen	tener aspecto de, parecerse a
aussteigen		stieg aus	ist ausgestiegen	bajar – de un vehículo
(sich) ausziehen		zog (sich) aus	hat (sich) ausgezogen	quitar(se) una prenda de vestir, desvestir a alguien
ausziehen		zog aus	ist ausgezogen	salir – de una vivienda
backen	bäckt/ backt	backte	hat gebacken	cocer
beginnen		begann	hat begonnen	empezar
behalten	behält	behielt	hat behalten	quedarse alguien algo
beißen		biss	hat gebissen	morder
bekommen		bekam	hat bekommen	recibir
beschreiben		beschrieb	hat beschrieben	describir
bestehen		bestand	hat bestanden	aprobar – un examen
sich bewerben	bewirbt sich	bewarb sich	hat sich beworben	solicitar
binden		band	hat gebunden	atar
bitten		bat	hat gebeten	pedir
blasen	bläst	blies	hat geblasen	soplar
bleiben		blieb	ist geblieben	quedarse
braten	brät	briet	hat gebraten	asar/freír
brennen		brannte	hat gebrannt	arder
bringen		brachte	hat gebracht	traer
denken		dachte	hat gedacht	pensar
dürfen (1)	darf	durfte		poder

Infinitivo	Presente	Präteritum	Perfekt	
einfallen	fällt ein	fiel ein	ist eingefallen	venir algo a la memoria
einladen	lädt ein	lud ein	hat eingeladen	invitar
einschlafen	schläft ein	schlief ein	ist eingeschlafen	dormirse
einsteigen		stieg ein	ist eingestiegen	subir – a un vehículo
einziehen		zog ein	ist eingezogen	entrar – en una vivienda
empfehlen	empfiehlt	empfahl	hat empfohlen	recomendar
(sich) entscheiden		entschied (sich)	hat (sich) entschieden	decidir(se)
(sich) erbrechen	erbricht (sich)	erbrach (sich)	hat (sich) erbrochen)	vomitar
essen	isst	aß	hat gegessen	comer
fahren (2)	fährt	fuhr	ist/hat gefahren	ir/conducir, llevar en coche
fallen	fällt	fiel	ist gefallen	caer
fangen	fängt	fing	hat gefangen	apresar, coger
fernsehen	sieht fern	sah fern	hat ferngesehen	mirar la televisión
feststehen		stand fest	hat festgestanden	ser seguro, constar
finden		fand	hat gefunden	encontrar
fliegen (2)		flog	ist/hat geflogen	volar/pilotar, llevar en avión
fressen	frisst	fraß	hat gefressen	comer – los animales
frieren		fror	hat gefroren	helar/tener mucho frío
geben	gibt	gab	hat gegeben	dar
gefallen	gefällt	gefiel	hat gefallen	gustar
gehen		ging	ist gegangen	ir
gelingen		gelang	ist gelungen	salir bien
gewinnen		gewann	hat gewonnen	ganar
gießen		goss	hat gegossen	regar
haben		hatte	hat gehabt	tener
halten	hält	hielt	hat gehalten	parar/sostener
hängen (3)		hing	hat gehangen	estar colgado
heben		hob	hat gehoben	levantar
heißen		hieß	hat geheißen	llamarse/ordenar
helfen	hilft	half	hat geholfen	ayudar
kennen		kannte	hat gekannt	conocer
kommen		kam	ist gekommen	venir
können (1)	kann	konnte		poder, saber
lassen	lässt	ließ	hat gelassen	dejar, hacer

Infinitivo	Presente	Präteritum	Perfekt	
laufen	läuft	lief	ist gelaufen	correr
leihen		lieh	hat geliehen	prestar
lesen	liest	las	hat gelesen	leer
liegen		lag	hat gelegen	estar en posición horizontal
lügen		log	hat gelogen	mentir
mitbringen		brachte mit	hat mitgebracht	traer
mitgehen		ging mit	ist mitgegangen	ir con alguien
mitkommen		kam mit	ist mitgekommen	venir con alguien
mitnehmen	nimmt mit	nahm mit	hat mitgenommen	llevar consigo
müssen (1)	muss	musste		tener que, deber
nachdenken		dachte nach	hat nachgedacht	reflexionar
nehmen	nimmt	nahm	hat genommen	tomar
nennen		nannte	hat genannt	nombrar, llamar
riechen		roch	hat gerochen	oler
rufen		rief	hat gerufen	llamar
scheinen		schien	hat geschienen	parecer, brillar el sol
schieben		schob	hat geschoben	empujar
schießen		schoss	hat geschossen	disparar
schlafen	schläft	schlief	hat geschlafen	dormir
schließen		schloss	hat geschlossen	cerrar
schneiden		schnitt	hat geschnitten	cortar
schreiben		schrieb	hat geschrieben	escribir
schreien		schrie	hat geschrien	gritar
schweigen		schwieg	hat geschwiegen	callar
schwimmen (4)		schwamm	ist/hat geschwommen	nadar
sehen	sieht	sah	hat gesehen	ver
sein	ist	war	ist gewesen	ser/estar
singen		sang	hat gesungen	cantar
sinken		sank	ist gesunken	hundirse
sitzen		saß	hat gesessen	estar sentado
sollen (1)		sollte		tener que, deber
sprechen	spricht	sprach	hat gesprochen	hablar
stattfinden		fand statt	hat stattgefunden	tener lugar

Infinitivo	Presente	Präteritum	Perfekt	
stechen	sticht	stach	hat gestochen	pinchar, picar
stecken		steckte	hat gesteckt	estar metido
stehen		stand	hat gestanden	estar de pie
stehlen	stiehlt	stahl	hat gestohlen	robar
steigen		stieg	ist gestiegen	subir – a un lugar, subir – p.e. unas acciones
sterben	stirbt	starb	ist gestorben	morir
stinken		stank	hat gestunken	apestar
stoßen (5)	stößt	stieß	hat/ist gestoßen	empujar/chocar
streiten		stritt	hat gestritten	pelear
teilnehmen	nimmt teil	nahm teil	hat teilgenommen	participar
tragen	trägt	trug	hat getragen	llevar
treffen	trifft	traf	hat getroffen	encontrarse con alguien
treten	tritt	trat	hat getreten	pisar, dar una patada
trinken		trank	hat getrunken	beber
tun		tat	hat getan	hacer, poner
überweisen		überwies	hat überwiesen	transferir – dinero
umsteigen		stieg um	ist umgestiegen	hacer transbordo
sich umziehen		zog sich um	hat sich umgezogen	cambiarse de ropa
umziehen		zog um	ist umgezogen	mudarse – p.e. de vivienda
sich unterhalten	unterhält sich	unterhielt sich	hat sich unterhalten	conversar
(sich) unterscheiden		unterschied (sich)	hat (sich) unterschieden	diferenciar(se)
unter-schreiben		unter-schrieb	hat unterschrieben	firmar
verbringen		verbrachte	hat verbracht	pasar – p.e. las vacaciones
vergessen	vergisst	vergaß	hat vergessen	olvidar
vergleichen		verglich	hat verglichen	comparar
verlieren		verlor	hat verloren	perder
verschieben		verschob	hat verschoben	desplazar, aplazar
versprechen	verspricht	versprach	hat versprochen	prometer
verstehen		verstand	hat verstanden	entender
vorhaben		hatte vor	hat vorgehabt	tener la intención
vorschlagen	schlägt vor	schlug vor	hat vorgeschlagen	proponer
wachsen	wächst	wuchs	ist gewachsen	crecer

Infinitivo	Presente	Präteritum	Perfekt	
waschen	wäscht	wusch	hat gewaschen	lavar
weggehen		ging weg	ist weggegangen	irse
wegwerfen	wirft weg	warf weg	hat weggeworfen	tirar/echar
wehtun		tat weh	hat wehgetan	doler
werden	wird	wurde	ist geworden	llegar a ser
werfen	wirft	warf	hat geworfen	lanzar
wissen	weiß	wusste	hat gewusst	saber
wollen (1)	will	wollte		querer, desear
ziehen		zog	hat gezogen	tirar
zurückgeben	gibt zurück	gab zurück	hat zurück-gegeben	devolver
zurück-kommen		kam zurück	ist zurück-gekommen	volver

(1) Con los verbos modales casi siempre se utiliza el **Präteritum**.

(2) Los verbos **fahren** y **fliegen** forman el **Perfekt** con **sein** o con **haben** en función de su significado. Cuando se utilizan como verbos intransitivos con el significado general de *ir*, lo forman con **sein**: **Wir sind am Wochenende nach Frankreich gefahren/geflogen.** *(El fin de semana fuimos a Francia.).* En cambio, cuando se utilizan como transitivos (con complemento directo) con el significado de *conducir* o de *llevar algo/a alguien a algún lugar*, lo forman con **haben**: **Ich habe meine Eltern zum Bahnhof gefahren.** *(He llevado a mis padres a la estación.).*

(3) En el caso de **hängen** debe distinguirse entre el verbo que expresa localización (*estar colgado*) y el que expresa destinación (*colgar algo en algún sitio*). El primero es irregular: **Mein Mantel hing im Schrank.** *(Mi abrigo estaba (colgado) en el armario.).* El segundo es regular: **Er hängte meinen Mantel in den Schrank.** *(Colgó mi abrigo en el armario.).*

(4) Por regla general, **schwimmen** forma el **Perfekt** con **sein**. Sólo puede formarlo también con **haben** cuando se hace referencia a la actividad de nadar en sí: **Ich habe heute zwei Stunden lang geschwommen.** *(Hoy he nadado dos horas).*

(5) El verbo **stoßen** forma el Perfekt con **haben** cuando se usa con el significado de *empujar.* Con el significado de *chocar contra algo* lo forma con **sein**.

2. LOS CASOS

• **Der** neue Direktor heißt Großkopf. • Kennst du **den** neuen Direktor? • **Er** heißt Großkopf. • Kennst du **ihn**?	• El nuevo director se llama Großkopf. • ¿Conoces al nuevo director? • (Él) Se llama Großkopf. • ¿Lo conoces?

Las formas **der** y **den** son, respectivamente, el nominativo y el acusativo del artículo determinado masculino singular. Del mismo modo, **er** e **ihn** son las formas del nominativo y del acusativo del pronombre personal masculino de tercera persona singular (*él*). El nominativo y el acusativo son casos.

La lengua alemana tiene cuatro casos: nominativo, acusativo, dativo y genitivo. A continuación se ejemplifica su uso principalmente mediante las formas del artículo determinado masculino **der**.

EL NOMINATIVO

• **Der neue Direktor** heißt Großkopf. (sujeto) • Herr Großkopf ist **der neue Direktor**. (atributo)	• El nuevo director se llama Großkopf. • El señor Großkopf es el nuevo director.

El nominativo es el caso del sujeto y del atributo.

Los dos principales verbos que llevan un atributo son **sein** *(ser, estar)* y **werden** *(convertirse en, llegar a ser)*.

La gran mayoría de verbos tienen un sujeto. Sin embargo, igual que en español, existen algunos verbos que carecen de él, p.e. **regnen** *(llover)* y **schneien** *(nevar)*. Con ellos el lugar que ocupa el sujeto la ocupa siempre el pronombre **es**: **<u>Es</u> regnet viel** *(Llueve mucho)*, **Hier regnet <u>es</u> viel** *(Aquí llueve mucho)*. (→ pág. 145)

EL ACUSATIVO

• Ich suche **den Direktor**. (CD)	• Busco al director.

Por regla general, el acusativo es el caso del complemento directo (CD).

Son ejemplos de verbos que llevan acusativo (CD en español): **anrufen** *(llamar por teléfono)*, **aufmachen** *(abrir)*, **brauchen** *(necesitar)*, **essen** *(comer)*, **finden** *(encontrar)*, **es gibt** *(hay)*, **haben** *(tener)*, **hören** *(oír)*, **kennen** *(conocer)*, **lesen** *(leer)*, **machen** *(hacer)*, **nehmen** *(coger, tomar)*, **sehen** *(ver)*, **suchen** *(buscar)*, **trinken** *(beber)*, **verstehen** *(entender)*, **wissen** *(saber)*, etc.

Ten en cuenta que hay algún caso en que no se da este paralelismo entre ambas lenguas. Así mientras que *ayudar* lleva un complemento directo en español, su correspondencia alemana **helfen** rige dativo: **Ich helfe ihr** *(Yo la ayudo)*. Lo mismo sucede con **zuhören** *(escuchar a alguien)*: **Ich höre ihr zu** *(La escucho)*.

Consulta en esta misma página el tema "¿Acusativo o dativo?".

EL DATIVO

• Ich zeige **dem Direktor** sein Büro.	(CI) + (CD)	• Le enseño su despacho al director.
• Das Büro gefällt **ihm**.	(CI)	• El despacho le gusta.
• Wie geht es **deinem Bruder**?	(CI)	• ¿Cómo está tu hermano? / ¿Cómo le va a tu hermano?

El dativo suele ser el caso del complemento indirecto (CI).

Son ejemplos de verbos que llevan dativo (CI en español): **gefallen** *(gustar)*, **gehen** *(estar/ir – (¿Cómo estás?))*, **gehören** *(pertenecer)*, **schmecken** *(gustar – de sabor)*, **wehtun** *(doler, hacer daño)*, etc.

Consulta lo dicho sobre **helfen** *(ayudar)* y **zuhören** *(escuchar a alguien)* al final del apartado anterior.

Consulta en esta misma página el tema "¿Acusativo o dativo?".

¿ACUSATIVO O DATIVO?

El uso del dativo en lugar del acusativo es un error frecuente. En general, se produce porque se trata de una distinción que sólo la puede llevar a cabo de forma automática un nativo o alguien que lleve mucho tiempo en situación de inmersión lingüística. Y el hecho de que el complemento acusativo y el complemento dativo se correspondan, por regla general, con los complementos directo e indirecto en español, respectivamente, no siempre sirve de demasiada ayuda. En primer lugar porque no todos los hablantes del español son conscientes de si un elemento es un complemento directo o un complemento indirecto en su propia lengua. En segundo lugar porque quizá no dominan los mecanismos por los que se los puede reconocer. Es aún bastante habitual la explicación de que aquello que constituye la respuesta a *¿a quién?* o *¿para quién?* es un complemento indirecto. Pero esta explicación no es del todo correcta.

Admitiendo que en el enunciado *Pedro ama a María*, esta última representa al complemento directo, debe admitirse que para preguntar por éste, también se hará formulando la pregunta *¿A quién ama Pedro?*

¿Cómo saber, pues, que *María* constituye realmente un complemento directo, si no sirve para ello la pregunta? Muy sencillo:

1) Puedes pasar la oración a la voz pasiva, de lo que resultaría el enunciado *María es amada por Pedro*. La regla dice que aquello que es sujeto en la pasiva es el complemento directo en la voz activa. Por lo tanto debería deducirse que *María* es efectivamente el complemento directo del primer enunciado.

2) Puedes sustituir *a María* por un pronombre personal, lo que daría como resultado *Pedro la ama*. Un complemento femenino que se sustituye mediante el pronombre femenino *la*, siempre será directo, ya que para ser complemento indirecto debería ser sustituido por *le*, lo que no es factible en este caso.

A pesar de que de este modo podría realmente averiguarse qué elemento es complemento directo y cuál complemento indirecto, ciertas particularidades del español complican la tarea. Por una parte, el español no es una lengua demasiado dada al uso de la pasiva, por lo que a menudo el hablante se siente inseguro al construir enunciados en pasiva; por otra, entre los hablantes del español son cada vez más frecuentes los fenómenos conocidos como "laísmo" y "leísmo", por lo que el criterio de la pronominalización tampoco resulta del todo fiable para cualquier hablante. En vistas de eso, puedes acudir a las siguientes reglas "caseras":

• Ich habe **ihm meinen neuen Computer** gezeigt.	• Le he enseñado mi nuevo ordenador.
• Ich habe **ihn meinem Freund** gezeigt.	• Se lo he enseñado a mi amigo.

a) Si un verbo alemán puede llevar los dos complementos, representables cada uno de ellos por pronombres personales, el de persona es dativo (**ihm**) y el de cosa es acusativo (**ihn**). Ten en cuenta que en este caso el género de "la cosa" (**Computer**) es masculino.

Son ejemplos de este tipo – dativo (CI en español) y acusativo (CD en español): **bringen** *(llevar/traer)*, **erzählen** *(contar, explicar)*, **geben** *(dar)*, **schenken** *(regalar)*, **schicken** *(enviar)*, **schreiben** *(escribir)*, **verkaufen** *(vender)*, **zeigen** *(enseñar, mostrar)*, etc.

• Ich sehe **sie** nicht.	• No la veo.

b) Si un verbo alemán sólo lleva un complemento representable mediante un pronombre personal, éste será acusativo, salvo que el verbo rija un complemento dativo.

Esta segunda regla, tan poco científica, tiene sentido ya que la cantidad de verbos con dativo que aprenderás hasta alcanzar el nivel B1 (más o menos durante los primeros tres años) apenas excede normalmente a una docena.

A continuación tienes una lista de los principales verbos que rigen un complemento dativo, en la que podemos distinguir tres grupos principales:

- verbos que también rigen un complemento indirecto en español: **antworten** *(contestar)*, **danken** *(dar las gracias)*, **einfallen** *(ocurrirse, venir a la mente)*, **gefallen** *(gustar)*, **gehen** (*estar/ir - ¿Cómo estás?*), **gehören** *(pertenecer)*, **gelingen** *(salir bien/lograr)*, **passen** *(ir bien)*, **schmecken** *(gustar – de sabor)*, **stehen** *(sentar bien – una prenda de vestir)*, **wehtun** *(doler, hacer daño)*

- verbos que en español rigen un complemento directo: **gratulieren** *(felicitar)*, **helfen** *(ayudar)*, **zuhören** *(escuchar a alguien)*

- verbos que en español llevan un complemento de régimen verbal o complemento preposicional: **begegnen** *(encontrarse con)*, **vertrauen** *(confiar en)*

• Warum fragst du **das**? • Warum fragst du **mich**? • Warum fragst du **mich das**?	• ¿Por qué lo preguntas? • ¿Por qué me preguntas a mí? • ¿Por qué me lo preguntas a mí?

Ten en cuenta que con el verbo español *preguntar*, la cosa preguntada siempre es un complemento directo *(lo)*, mientras que la persona a la que se pregunta se considera complemento indirecto *(a mí)*. Con el verbo alemán **fragen**, ambos van siempre en acusativo, tanto si aparecen juntos como si lo hacen solos. Dicho de otro modo: El verbo **fragen** lleva dos complementos directos.

EJERCICIOS

1. ¿Dativo o acusativo? ¿Cuál es el pronombre personal correcto? [A2]

a. Ich habe	ihn	ihm	geholfen.
b. Dieses Kleid gefällt	mir	mich	nicht.
c. Ich verstehe	dich	dir	nicht.
d. Kennst du	ihr	sie	?
e. Schmeckt	dir	dich	der Salat?
f. Ruf	mich	mir	bitte an.
g. Warum antwortest du	mir	mich	nicht?
h. Kann ich	Ihnen	Sie	etwas fragen?
i. Ich habe	ihm	ihn	gestern gesehen.

2. Añade los pronombres personales en nominativo, dativo o acusativo que faltan. [A1]

a. Willst du mein Auto (n) haben? Ich brauche .... heute nicht.

b. Anna, ich habe .... angerufen, aber .... warst nicht zu Hause.

c. Frau Meier, kann ich .... helfen?

d. Diese Frau ist meine Oma. .... heißt Dora.

e. Hallo, Monika, wie geht es .... ?

f. Herr Schulze, ich möchte .... Ihr neues Büro zeigen.

g. Lieber Thomas, ich gebe am Samstag eine Party und möchte .... einladen.

h. Ich suche meinen Schirm, aber ich kann .... nicht finden.

3. Traduce las siguientes oraciones, utilizando los pronombres personales en nominativo, dativo y acusativo. [A1]

a. A: ¿Cómo estás? – B: Bien, ¿Y tú?	A: Wie geht es ....? – B: Gut, und ....?
b. No me han invitado.	.... haben .... nicht eingeladen.
c. Le he dado los libros (a él).	Ich habe .... die Bücher gegeben.
d. ¿No le/lo conoces?	Kennst du .... nicht?
e. ¿Me has llamado por teléfono?	Hast .... angerufen?
f. No les he dicho nada.	Ich habe .... nichts gesagt.
g. ¿Te gusta la sopa?	Schmeckt .... die Suppe?
h. Le he escrito un mail (a ella).	Ich habe .... eine E-Mail geschrieben.

4. Completa el diálogo, sustituyendo los elementos subrayados por un pronombre personal. [A1]

a. Hast du <u>den Hund</u> gesehen?	- Nein, ich habe .... nicht gesehen.
b. Ich glaube, <u>der neue Kollege</u> ist Franzose.	- Ja, aber .... spricht sehr gut Deutsch.
c. Was schenkst du <u>Katja und Tom</u> zur Hochzeit?	- Ich schenke .... einen Toaster.
d. Wann kommen <u>deine Freunde</u> aus Italien?	- .... kommen im August.
e. Hast du auch <u>Anna und Robert</u> eingeladen?	- Ja, natürlich habe ich .... eingeladen.
f. Warum machst du <u>das Paket</u> nicht auf?	- Ich mache .... erst heute Abend auf.
g. Hat <u>das Geschenk</u> <u>deinem Freund</u> gefallen?	- Ja, ... hat .... sehr gefallen!
h. Zieh <u>die Jacke</u> an, es ist kalt draußen!	- Ich habe .... in der Schule vergessen.
i. Hast du <u>den Film</u> schon gesehen?	- Nein, wir können ...... zusammen sehen.

5. Añade el artículo determinado en nominativo, acusativo o dativo. [A1]

a. Der Wagen gehört .... Chefin (f).

b. Ich nehme .... Regenschirm (m) mit.

c. Das französische Menu hat .... deutschen Gästen (pl) nicht geschmeckt.

d. Funktioniert .... Waschmaschine (f) wieder?

e. Bring bitte .... Koffer (pl) herein.

f. Sind .... Gläser (pl) neu?

g. Wir haben .... Gewinner (m) gratuliert.

h. Er kann .... Lösung (f) nicht finden.

i. Holst du bitte .... Bier (n) aus dem Keller?

6. Añade el artículo indeterminado en nominativo, acusativo o dativo. [A1]

a. Ich habe .... Touristin (f) den Weg erklärt.

b. Paul ist .... guter Freund (m) von mir.

c. Er hat .... Eskimo (m) .... Kühlschrank (m) verkauft.

d. Ich habe Kopfschmerzen. Hast du .... Tablette (f)?

e. Das ist wirklich .... gute Idee (f)!

f. Dieses Haus gehört .... Schauspieler (m).

g. Möchtest du auch .... Glas (n) Wein?

7. Marca el determinante posesivo correcto. [A2]

a. Abends erzählt er	seine	seiner	Tochter immer ein Märchen.
b. Die Wohnung gehört	meiner	meine	Schwester.
c. Heute muss ich	meine	meiner	Chefin anrufen.
d. Kennst du	unserem	unseren	neuen Direktor?
e. Sie hört	ihrem	ihren	Lehrer nie zu.
f. Suchen Sie	Ihre	Ihrer	Brille?
g. Herr Lämpel erklärt	seine	seinen	Schülern den Dativ.
h. Brauchst du heute	deinen	deinem	Wagen?

LOS CASOS: EL GENITIVO

• Das ist das Büro **des Direktors**.	• Éste es el despacho del director.

El genitivo suele corresponderse mayormente con los complementos del nombre españoles introducidos por la preposición *de*. En el ejemplo anterior puedes observar que en genitivo también se declina el nombre (→ págs. 104 s.).

CON PREPOSICIONES

CON PREPOSICIONES EN COMPLEMENTOS CIRCUNSTANCIALES

• Der Teppich ist **für den Flur**.	• La alfombra es para el recibidor.
• Marta will nicht **mit mir** sprechen.	• Marta no quiere hablar conmigo.
• Wir sind **wegen des Regens** nicht gekommen.	• No hemos venido a causa de la lluvia.

Las preposiciones rigen un caso determinado. Así **für** *(para)* rige acusativo, **mit** *(con)* rige dativo y **wegen** *(a causa de/debido a/por culpa de)* rige genitivo. En cuanto al caso que rigen las distintas preposiciones consulta la pág. 232. Ten en cuenta que en los ejemplos anteriores la estructura preposición + nombre/pronombre cumple, como en español, la función de un complemento circunstancial.

• Bring die Stühle **in die Küche**.	• Lleva las sillas a la cocina.
• Die Stühle sind **in der Küche**.	• Las sillas están en la cocina.

Recuerda que hay preposiciones que pueden regir acusativo o dativo. Encontrarás explicaciones más detalladas y ejercicios en las págs. 213 ss.

CON PREPOSICIONES EN COMPLEMENTOS PREPOSICIONALES O DE RÉGIMEN VERBAL

• Wir sprechen **über den Urlaub**.	• Hablamos de las vacaciones.
• Ich lade dich **zu einem Bier** ein.	• Te invito a una cerveza.
• Ich denke oft **an dich**.	• Pienso a menudo en ti.

En estos casos, la combinación de preposición + nombre/pronombre cumple la función de un complemento preposicional o de régimen verbal. Como en español, en estos casos la preposición no tiene un significado definible, por lo que debes memorizarla como una unidad con el verbo.

• Erinnerst du dich **an das Projekt**? (ac.)	• ¿Te acuerdas del proyecto?
• Hast du **an dem Projekt** teilgenommen? (dat.)	• ¿Has participado en el proyecto?

Ten en cuenta que una misma preposición alemana puede equivaler a distintas preposiciones españolas y viceversa.

Cuando participan preposiciones que no sólo pueden regir un único caso (como p.e. **an**), al mismo tiempo que memorizas el verbo y la preposición correspondiente, debes memorizar también el caso.

Van con acusativo: **denken an** *(pensar en)*, **sich erinnern an** *(acordarse de)*, **glauben an** *(creer en)*

Van con dativo: **sterben an** *(morir de)*, **teilnehmen an** *(participar en)*

Van siempre con acusativo: **antworten auf** *(responder a algo)*, **aufpassen auf** *(prestar atención a/ cuidar de)*, **sich freuen auf** *(tener ilusión por algo situado en el futuro)*, **sich konzentrieren auf** *(concentrarse en)*, **sich vorbereiten auf** *(prepararse para)*, **warten auf** *(esperar a)*, **danken für** *(dar las gracias por)*, **sich entschuldigen für** *(disculparse por)*, **sich interessieren für** *(interesarse por)*, **sich ärgern über** *(enfadarse con alguien/por algo)*, **sich beschweren über** *(quejarse de)*, **diskutieren über** *(discutir sobre)*, **sich freuen über** *(alegrarse por)*, **sich informieren über** *(informarse sobre)*, **reden über** *(hablar de/sobre)*, **sprechen über** *(hablar de/sobre)*, **sich kümmern um** *(cuidar de)*

Van siempre con dativo: **helfen bei** *(ayudar en/con)*, **sich treffen mit** *(encontrarse con)*, **vergleichen mit** *(comparar con)*, **fragen nach** *(preguntar por)*, **riechen nach** *(oler a)*, **schmecken nach** *(saber a)*, **träumen von** *(soñar con)*, **einladen zu** *(invitar a algo)*, **gratulieren zu** *(felicitar por)*

• Ich warte am Bahnhof **auf sie**.	• La esperaré en la estación.

Un complemento preposicional o de régimen verbal en alemán no se corresponde siempre con un complemento del mismo tipo en español. Así, mientras que **warten** rige un complemento preposicional, su correspondencia española *esperar* lleva un complemento directo.

EJERCICIOS

8. Realiza la combinación adecuada. [A2]

a. Ich träume oft	1. um die Kinder.
b. Sie denkt immer	2. mit meinen deutschen Freunden.
c. Anna interessiert sich	3. über das Geschenk.
d. Ich gratuliere dir	4. auf euch.
e. Wir warten hier	5. zum Geburtstag.
f. Ich freue mich sehr	6. für Sprachen.
g. Wir kümmern uns	7. von dir.
h. Heute treffe ich mich	8. an das Wochenende.

9. Marca la preposición correcta. [A2]

a. Ich habe nicht	an	in	über	den Termin gedacht.
b. Erinnerst du dich noch	auf	in	an	seinen Namen?
c. Wir haben fast eine Stunde	für	auf	an	dich gewartet!

d. Paul interessiert sich sehr	in	über	für	Mathematik.
e. Ärger dich nicht	über	mit	für	deinen Chef.
f. Träumst du auch	von	mit	an	einem Urlaub in der Karibik?
g. Wir haben uns	von	über	um	den schlechten Service beschwert.

10. Coloca el elemento entre paréntesis en el caso que le corresponda (acusativo o dativo). [A2]

a. Wir gratulieren dir herzlich zu *deinem* Geburtstag. (dein Geburtstag)

b. Ich habe oft an .... gedacht. (er)

c. Herr Fröhlich hat seine Kollegin zu .... eingeladen. (eine Party)

d. Ich glaube nicht an .... der Fußballmannschaft. (der Erfolg)

e. Hast du dich über .... gefreut? (mein Geschenk)

f. Kannst du mir bitte bei .... helfen? (meine Hausaufgaben)

g. Er freut sich schon sehr auf .... (sein Sommerurlaub)

h. Wer kümmert sich um ....? (der Hund)

11. Añade la preposición y coloca el elemento entre paréntesis en el caso que le corresponda (acusativo o dativo). [B1]

an – auf – für – nach – über – von

a. Ich erinnere mich nicht .... (der Titel des Buches)

b. Hast du ihn .... gefragt? (seine Adresse)

c. Wir haben .... im Unterricht gesprochen. (dieses Thema)

d. Hast du lange .... gewartet? (ihre Nachricht)

e. Sie träumt oft .... (eine Karriere als Schauspielerin)

f. Sie haben mir .... nicht geantwortet. (meine E-Mail)

g. Ich danke dir .... (deine Hilfe)

h. Wir haben oft .... diskutiert. (das Problem)

3. LOS NOMBRES

- Der **Mensch**, der **Wal**, die **Maus** und das **Kaninchen** sind **Säugetiere.** (1)
- Die neue **Lampe** ist sehr schön. (2)
- Hast du **Angst**? (3)

- El hombre, la ballena, el ratón y el conejo son mamíferos.
- La lámpara nueva es muy bonita.
- ¿Tienes miedo?

Mediante los nombres podemos designar seres vivos (1) y cosas, ya sean concretas (2) o abstractas (3). En alemán se escriben siempre con mayúscula, tanto los propios como los comunes.

EL GÉNERO

- der Löffel (masculino)
- die Gabel (femenino)
- das Messer (neutro)

- la cuchara
- el tenedor
- el cuchillo

En español los nombres pueden ser masculinos o femeninos; en alemán, en cambio, existen tres géneros: masculino, femenino y neutro. Además, si te fijas en los ejemplos anteriores, verás que no puedes partir de qué genero tiene un nombre en español para deducir cuál tendrá en alemán. Cuando aprendes un nombre debes memorizar al mismo tiempo su género.

No obstante, existen algunas regularidades:

1) El género de los nombres que designan personas coincide habitualmente con el género biológico (**der Bruder** = *el hermano*, **die Schwester** = *la hermana*). Las principales excepciones son **das Kind** *(el niño)*, utilizada de forma genérica, y **das Mädchen** *(la niña)*. En el caso de profesiones, el femenino se construye normalmente añadiendo la terminación **–in** a la forma del masculino: **der Lehrer** *(el maestro)*, **die Lehrer*in*** *(la maestra)*.

2) Son masculinos los nombres de: los puntos cardinales (**der Norden** = *el Norte*), los días (**der Montag** = *el lunes*), las estaciones del año (**der Sommer** = *el verano*), los meses (**der Januar** = *el enero*), las partes del día (**der Nachmittag** = *la tarde*, excepto **die Nacht** = *la noche*) y las marcas de coches (**der Mercedes** = *el Mercedes*).

3) Son femeninos los nombres de los números cardinales (**die Zwei** = *el dos*) y las marcas de motocicletas (**die Yamaha** = la *Yamaha*), así como aquellos que terminan en **–heit** (**die Freiheit** = *la libertad*), **–keit** (**die Möglichkeit** = *la posibilidad*), **–schaft** (**die Mannschaft** = *el equipo*), **–ung** (**die Werbung** = *la publicidad*) e **–ion** (**die Information** = *la información*).

4) Son neutros los nombres de las letras (**das A** = *la a*) así como aquellos que terminan en los sufijos diminutivos **–chen** y **–lein** (**das Gläschen** = *el vasito*, **das Büchlein** = *el librito*).

EJERCICIOS

1. Agrupa los siguientes nombres según su género. [A1]

a. Schwiegermutter	i. Meinung	q. Feuerwehrmann
b. Kindermädchen	j. Baby	r. Einzelkind
c. Süden	k. *Kind*	s. August
d. Morgen	l. Nacht	t. *Sohn*
e. Krankenschwester	m. Dummheit	u. Sechzehn
f. Koalition	n. Kätzchen	v. Möglichkeit
g. Montag	o. *Tochter*	w. Frühling
h. Winter	p. Abend	x. Wiederholung

der Sohn, ...

die Tochter, ...

das Kind, ...

2. Escribe el femenino de los siguientes nombres. [A1]

a. *der Student*	*die Studentin*	i. der Fußballspieler	die ....
b. der Vater	die	j. der Deutschlehrer	die ....
c. der Architekt	die	k. der Sohn	die *Tochter*
d. der König	die	l. der Freund	die ....
e. der Opa	die *Oma*	m. der Präsident	die ....
f. der Schwiegervater	die	n. der Hausmann	die ....
g. der Onkel	die	o. der Neffe	die ....
h. der Philosoph	die	p. der Kellner	die ....

EL GÉNERO DE LOS NOMBRES COMPUESTOS

• **der** Autoschlüssel (das Auto + **der** Schlüssel)	• la llave del coche
• **die** Haustür (das Haus + **die** Tür)	• la puerta de (la) casa
• **das** Weinglas (der Wein + **das** Glas)	• la copa de vino

Cuando dos nombres forman uno compuesto, éste toma el género del segundo, es decir del que en español aparece en primer lugar.

EJERCICIOS

3. Forma los nombres compuestos correspondientes e indica su género. [A1]

a. das Haus + die Frau = *die Hausfrau*

b. das Schach + der Spieler = ...

c. der Computer + die Tastatur = ...

d. die Tür + das Schloss = ...

e. der Zahn + die Ärztin = ...

f. das Wohnzimmer + die Lampe = ...

g. der Mittag + das Essen = ...

EL NÚMERO

LA FORMACIÓN DEL PLURAL

• der Arm	die Arm**e**	• el brazo	los brazos
• der Fuß	die F**ü**ß**e**	• el pie	los pies
• der Junge	die Junge**n**	• el chico	los chicos
• der Herr	die Herr**en**	• el señor	los señores
• der Mann	die M**ä**nn**er**	• el hombre	los hombres
• der Opa	die Opa**s**	• el abuelo	los abuelos
• der Lehrer	die Lehrer	• el profesor	los profesores

Si observas los ejemplos, te darás cuenta de que la formación del plural en alemán es más compleja que en español. En realidad, no se pueden dar reglas exactas al respecto. Así pues, junto al género del nombre, también deberás memorizar su forma del plural. Encontrarás esta información en cualquier diccionario.

No obstante existen algunas regularidades:

1) Se añade siempre **–n**:

A los nombres masculinos y femeninos acabados en **–e** (**der Junge** = *el chico*, **die Flasche** = *la botella*).

2) Se añade siempre **–en**:

A los nombres femeninos terminados en **–ei** (**die Datei** = *el archivo*), –heit (**die Krankheit** = *la enfermedad*), **–keit** (**die Möglichkeit** = *la posibilidad*), **–schaft** (**die Mannschaft** = *el equipo*), **–ung** (**die Lösung** = *la solución*) e **–in** (**die Lehrerin** = *la profesora*). En este último caso se dobla además la **–n** final del singular (**die Lehreri*nn*en** = *las profesoras*).

3) Se añade **–s**:

– A la gran mayoría de nombres (de los tres géneros) procedentes del francés y del inglés (**der Portier** = *el portero, conserje*, **die Saison** = *la temporada*, **das Team** = *el equipo*).

– A los nombres terminados en vocal, excepto **–e** (**der Opa** = *el abuelo*, **die Kamera** = *la cámara*, **das Auto** = *el coche*).

4) No se añade terminación alguna:

– A todos los nombres masculinos y neutros acabados en **–en** (**der Wagen** = *el coche*, **das Kissen** = *la almohada*).

– A todos los neutros y la mayoría de masculinos terminados en **–el** y **–er** (**das Schnitzel** = *el escalope*, **das Fenster** = *la ventana*, **der Schlüssel** = *la llave*, **der Lehrer** = *el profesor*). Algunos de los masculinos con dichas terminaciones añaden diéresis en la vocal del singular (**der Bruder – die Brüder** = *el hermano – los hermanos*).

– A todos los diminutivos acabados en **–chen** o **–lein**, que siempre son neutros (**das Mädchen** = *la chica*, **das Büchlein** = *el librito*).

EJERCICIOS

4. Forma el plural de los siguientes nombres y colócalo en la columna que le corresponda. [A1]

a. *der Affe*	g. das Café	m. *das Mädchen*
b. der Sportler	h. die E-Mail	n. die Freundschaft
c. der Neffe	i. *die Regierung*	o. das Büro
d. der Chat	j. die Dummheit	p. das Foto
e. *die Oma*	k. die Ratte	q. der Kuchen
f. der Politiker	l. der Katalane	r. die Nichte

-n	-en	-s	[sin terminación]
a. *die Affen*	i. *die Regierungen*	e. *die Omas*	m. *die Mädchen*

¿SINGULAR O PLURAL?

- Die **Milch ist** im Kühlschrank.
- Meine **Eltern sind** zu Hause.

- La leche está en la nevera.
- Mis padres están en casa.

No todos los nombres pueden utilizarse tanto en singular como en plural. Los hay que sólo tienen singular y otros que sólo poseen plural.

Son nombres que sólo se utilizan en singular:

– La mayoría de los que designan sustancias o materias: **Zucker** *(azúcar)*, **Salz** *(sal)*, **Butter** *(mantequilla)*, **Kaffee** *(café)*, **Wasser** *(agua)*, **Fleisch** *(carne)*, **Schnee** *(nieve)*, **Wolle** *(lana)*, **Leder** *(piel)*, **Gold** *(oro)*, etc.

– La mayoría de los que designan una colectividad: **Obst** *(fruta)*, **Gemüse** *(verdura)*, **Gepäck** *(equipaje)*, **Polizei** *(policía)*, etc.

– La mayoría de los que designan conceptos abstractos: **Humor** *(humor)*, **Liebe** *(amor)*, **Glück** *(suerte)*, **Ruhe** *(tranquilidad)*, etc.

– La mayoría de nombres masculinos y neutros que designan medidas, cantidades y unidades monetarias, aunque vayan precedidos de un cuantificador plural, como **Grad** *(grado)*, **Gramm** *(gramo)*, **Pfund** *(medio kilo)*, **Kilo** *(kilo)*, **Dutzend** *(docena)*, **Stück** *(trozo)*, **Dollar** *(dólar)*, **Euro** *(euro)*, etc. Observa que en estos casos en español se acude sistemáticamente al plural: **Wir brauchen ein Kilo/zwei Kilo Tomaten** *(Necesitamos un kilo/dos kilos de tomates)*.

Son nombres que se utilizan sólo en plural:

– **Eltern** *(padres)*, **Geschwister** *(hermanos – sin distinción de género)*, **Leute** *(gente)*, **Ferien** *(vacaciones)*, **Lebensmittel** *(víveres)*, etc.

EJERCICIOS

5. Traduce las siguientes expresiones y decide si la palabra subrayada en español debe utilizarse en singular o en plural en alemán. [A1]

a. El niño tiene 39 grados de fiebre. ....

b. Mucha gente no lo entiende. ....

c. Esto vale 200 euros. ....

d. Necesitamos dos quilos de tomates. ....

e. Me he comido dos trozos de tarta. ....

f. Mis padres están en Italia. ....

g. Tengo dos hermanos. Se llaman Mónica y Tomás. ....

LA DECLINACIÓN HABITUAL

• Das **Kind** spielt Ball.	(nominativo sing.)	• El niño juega a la pelota.
• Kennst du das **Kind**?	(acusativo sing.)	• ¿Conoces al niño?
• Gib dem **Kind** den Ball.	(dativo sing.)	• Dale la pelota al niño.
• Das ist die Mutter des **Kindes**.	(genitivo sing.) *	• Ésta es la madre del niño.
• Die **Kinder** spielen Ball.	(nominativo pl.)	• Los niños juegan a la pelota.
• Gib den **Kindern** den Ball.	(dativo pl.) *	• Dales la pelota a los niños.

Si tienes en cuenta las formas que has memorizado al aprender la palabra (sing. **Kind** – pl. **Kinder**), observarás que el nombre no se declina siempre. Así, en los ejemplos anteriores, la palabra sólo se distingue de su forma base en singular y plural en los casos señalados con un asterisco.

La gran mayoría de los nombres sólo se declinan:

– en el genitivo singular: los masculinos y neutros (¡**no** los femeninos!)

– en el dativo plural: todos, excepto los que ya acaban en **–en** o los que acaban en **–s** (**Frauen** = *mujeres*, **Fotos** = *fotos*)

LA DECLINACIÓN HABITUAL – EL GENITIVO SINGULAR

• die Jacke des Kind**es**	(1)	• la chaqueta del niño
• die Jacke des Vater**s**	(2)	• la chaqueta del padre

Aunque existen excepciones, puede establecerse la siguiente regla general:

– Los nombres masculinos y neutros monosílabos añaden la terminación **–es** (1).

– Los nombres masculinos y neutros no monosílabos añaden la terminación **–s** (2).

EJERCICIOS

6. Añade, si es necesario, la terminación del genitivo singular. [A2]

a. Ich kenne den Koch dieses Restaurant.... .

b. Alle Fenster des Haus.... waren geschlossen.

c. Das Kabel der Maus.... ist kaputt.

d. Die Arbeit eines Detektiv.... ist nicht immer interessant.

e. Wer ist der Besitzer dieses Wagen.... ?

f. Der Fahrer des Bus.... ist zu schnell gefahren.

g. Weißt du den Namen dieser Frau....?

LA DECLINACIÓN HABITUAL – EL DATIVO PLURAL

• Sie zeigt ihren Freunde**n** die Stadt. (1)	• Enseña la ciudad a sus amigos.
• Er schenkt seinen Kolleginnen Blumen. (2)	• Regala flores a sus colegas.
• Das Kind spielt mit den Autos. (3)	• El niño juega con los coches.

– En el dativo plural se añade, en todos los géneros, una **–n** a la forma base del plural (**Freunde**) (1).

– No se añade terminación alguna, cuando la forma base del plural ya termina en **–n** (**Kolleginnen**) (2) o en **–s** (**Autos**) (3).

LA DECLINACIÓN EN *–(E)N*

• Kennen Sie den Junge**n**? (1)	• ¿Conoce al chico?
• Was kann ich meinem Neffe**n** schenken? (2)	• ¿Qué puedo regalarle a mi sobrino?

Junge y **Neffe** son nombres que siguen la declinación en **–(e)n**. Estos nombres (casi siempre masculinos) adoptan la terminación **–(n)** o **–(en)** en todos los casos, tanto en singular como en plural, excepto en el nominativo singular.

(1) Adoptan –**(n)**:

– Nombres masculinos acabados en –**e** que designan personas o animales: **Junge** *(chico)*, **Kollege** *(colega)*, **Kunde** *(cliente)*, **Neffe** *(sobrino)*, **Affe** *(mono)*, **Hase** *(liebre)*, **Löwe** *(león)*, etc.

– Gentilicios masculinos acabados en –**e**: **Däne** *(danés)*, **Franzose** *(francés)*, **Pole** *(polaco)*, **Russe** *(ruso)*, etc.

– La palabra **Nachbar** *(vecino)*

(2) Adoptan –**(en)**:

– Extranjerismos masculinos, que designan principalmente a seres vivos, terminados en **–ant**, **–ent**, **–ient** e **–ist**: **Elefant** *(elefante)*, **Student** *(estudiante)*, **Patient** *(paciente)*, **Polizist** *(policía)*, etc.

• Kennen Sie diesen Herr**n**?	(1)	• ¿Conoce a este señor?
• Kennen Sie diese Herr**en**?	(2)	• ¿Conoce a estos señores?

La palabra **Herr** adopta **–n** en todas la formas del singular, excepto en el nominativo, y **–en** en todas las formas del plural.

EJERCICIOS

7. Añade, si lo consideras necesario, la terminación *–n* o *–en*. [B1]

a. Franz arbeitet jetzt mit einem Affe..... im Zirkus.

b. Kennst du diesen jungen Mann..... ?

c. Die Arbeit dieses Student..... ist nicht schlecht.

d. Am Wochenende fahre ich mit meinem Neffe..... Paul ans Meer.

e. Der neue Nachbar..... hat uns zum Abendessen eingeladen.

f. Wie heißt dieser nette Junge..... ?

g. Die Bilder des Katalane..... Joan Miró sind in der ganzen Welt bekannt.

h. Als er den Polizist..... sah, lief er schnell weg.

i. Auf der Safari haben wir viele Löwen und Giraffen, aber nur einen Elefant..... gesehen.

4. LOS DETERMINANTES Y LOS PRONOMBRES

EL ARTÍCULO DETERMINADO

- Wo ist **der** Chef?
- **Die** neue Lampe ist schön.

- ¿Dónde está el jefe?
- La nueva lámpara es bonita.

Der y **die** son formas del artículo determinado. Como sus equivalencias españolas *el* y *la* aparecen, por regla general, delante de un nombre o del adjetivo que lo acompaña.

EL ARTÍCULO DETERMINADO: FORMAS

	singular masculino	**femenino**	**neutro**	**plural m/f/n**
nominativo	der Mann	die Frau	das Kind	die Männer
acusativo	den Mann	die Frau	das Kind	die Männer
dativo	dem Mann	der Frau	dem Kind	den Männern
genitivo	des Mannes	der Frau	des Kindes	der Männer

Como los demás determinantes, el artículo determinado se declina. En el tema "Los casos" encontrarás información detallada sobre el uso de éstos (→ págs. 89 ss.).

EL ARTÍCULO DETERMINADO: USO

- **Der** Schrank ist zu klein. (1)
- **Die** Lampe ist sehr schön. (1)
- **Das** Sofa ist zu groß. (1)
- **Die** Stühle sind sehr bequem. (1)

- El armario es demasiado pequeño.
- La lámpara es muy bonita.
- El sofá es demasiado grande.
- Las sillas son muy cómodas.

- Möchten Sie **den** Schrank kaufen? (2)
- Möchten Sie **die** Lampe kaufen? (2)
- Möchten Sie **das** Sofa kaufen? (2)
- Möchten Sie **die** Stühle kaufen? (2)

- ¿Desea comprar el armario?
- ¿Desea comprar la lámpara?
- ¿Desea comprar el sofá?
- ¿Desea comprar las sillas?

- Die Möbel gefallen **dem** Direktor nicht. (3)
- Die Möbel gefallen **der** Chefin nicht. (3)
- Die Möbel gefallen **dem** Mädchen nicht. (3)
- Die Möbel gefallen **den** Kindern nicht. (3)

- Los muebles no le gustan al director.
- Los muebles no le gustan a la jefa.
- Los muebles no le gustan a la chica/niña.
- Los muebles no les gustan a los niños.

• der Preis **des** Schrankes (4)	• el precio del armario
• der Preis **der** Lampe (4)	• el precio de la lámpara
• der Preis **des** Sofas (4)	• el precio del sofá
• der Preis **der** Stühle (4)	• el precio de las sillas

El artículo determinado equivale a las formas españolas *el, la/s y lo/s* en sus diversas variantes. En cuanto a la terminación **–s** que adoptan los nombres masculinos y neutros en el genitivo singular y a la terminación **–n** que adoptan los nombres en el dativo plural, consulta las págs. 104 ss.

Cuando – junto al nombre – representa al complemento directo (2) o indirecto (3) se corresponde con las formas del artículo español precedido o no de la preposición *a.* Y cuando representa un complemento del nombre, como en el genitivo (4), equivale al artículo español precedido de la preposición *de.*

• Das ist für **den** Chef/**die** Chefin.	• Esto es para el jefe/la jefa.
• Ich möchte mit **dem** Chef/**der** Chefin sprechen.	• Quiero hablar con el jefe/la jefa.
• Der Sessel steht neben **dem** Schrank.	• La butaca está al lado del armario.

Como en español, puede aparecer precedido de una preposición. La forma concreta del artículo depende entonces de qué caso rija la preposición (→ págs. 213 ss.).

• Morgen gehen wir **ins** Kino.	• Mañana vamos al cine.

El artículo determinado es el único determinante que permite establecer contracciones con determinadas preposiciones. En el ejemplo anterior la forma **ins** es en realidad la contracción de **in + das** (→ pág. 215).

EJERCICIOS

1. Completa las oraciones con el artículo determinado en acusativo. [A1]

a. Ich lese gerade *die* Zeitung (f).

b. Möchtest du .... Kleid (n) kaufen?

c. Gibst du mir bitte .... Kuli (m)?

d. Ziehen Sie bitte .... Schuhe (pl) aus!

e. Rufst du bitte .... Kellner (m)?

f. Kennst du .... Schauspielerin (f)?

g. Wir kommen ohne .... Kinder (pl).

h. Ich bezahle .... Essen (n), du kannst .... Getränke (pl) bezahlen.

2. Completa las oraciones colocando los nombres entre paréntesis en dativo y acusativo, respectivamente. [A1]

a. Ich zeige .... (die Touristen (pl.) – der Weg)

b. Bring bitte *der Nachbarin das Paket.* (die Nachbarin – das Paket)

c. Ich erkläre .... (das Kind – die Hausaufgaben (pl.))

d. Zeigen Sie bitte .... (der Chef – das Büro)

e. Der Verkäufer verkauft .... (die Kundin – die Waschmaschine)

f. Der Kellner bringt .... (die Gäste (pl.) – die Karte)

g. Carla holt .... (der Opa – der Mantel)

3. Completa las oraciones con el artículo determinado en acusativo y genitivo, respectivamente. [A2]

a. Ich mag *den* Sohn (m) *des* Chefs (m).

b. Holen Sie bitte .... Koffer (pl) .... Gäste (pl.)!

c. Kennst du .... Vater (m) .... Kindes (n)?

d. Er hat .... Frage (f) .... Lehrerin (f) nicht verstanden.

e. Ich möchte .... Buch (n) .... Schauspielerin (f) lesen.

f. Rufen Sie bitte .... Mutter (f) .... Jungen (m) an.

g. Er korrigiert .... Aufsätze (pl) .... Studenten (pl.).

EL ARTÍCULO INDETERMINADO

• Das ist **ein** Computer. • Ich brauche **eine** Lampe.	• Esto es un ordenador. • Necesito una lámpara.

Ein y **eine** son formas del artículo indeterminado, que tiene sus correspondencias en las formas españolas *un/una*.

EL ARTÍCULO INDETERMINADO: FORMAS

	singular masculino	**femenino**	**neutro**	**plural m/f/n**
nominativo	ein	eine	ein	---
acusativo	einen	eine	ein	---
dativo	einem	einer	einem	---
genitivo	eines	einer	eines	---

Como los demás determinantes, el artículo indeterminado se declina. En el tema "Los casos" encontrarás información detallada sobre el uso de éstos (→ págs. 89 ss.). Ten en cuenta que no tiene formas para el plural.

EL ARTÍCULO INDETERMINADO: USO

• Hier wohnt **ein** berühmter Schauspieler. (nom.)	• Aquí vive un actor famoso.
• Ich kenne **einen** berühmten Schauspieler. (ac.)	• Conozco a una actor famoso.
• Dieses Haus hat **einem** berühmten Schauspieler gehört. (dat.)	• Esta casa perteneció a un actor famoso.
• die Arbeit **eines** Schauspielers (gen.)	• el trabajo de un actor

Como las formas españolas *un* y *una* se coloca delante de un nombre o del adjetivo que lo acompaña.

• Für **einen** Lehrer ist das einfach.	• Para un profesor esto es fácil.
• Ich habe mit **einem** Rechtsanwalt über das Problem gesprochen.	• He hablado con un abogado sobre el problema.

Como las formas españolas puede ir precedido de preposiciones. Su forma concreta depende entonces del caso que rija la preposición (→ pág. 232).

• Du trägst sehr schöne Schuhe.	• Llevas unos zapatos muy bonitos.
• Ich habe **einige** Bücher, die dir nützlich sein können.	• Tengo unos libros que te pueden ser útiles.

No tiene formas para el plural. Así, el plural precedido en español de *unos/as* aparece en alemán sin determinante. Cuando las formas españolas *unos/as* se utilizan con el significado de *algunos/as*, equivalen en alemán a las formas correspondientes de **einig-** (→ pag. 134).

EJERCICIOS

4. Añade el nombre entre paréntesis con el artículo indeterminado en acusativo. [A1]

a. Zieh *einen Mantel* (der Mantel) an!

b. Hast du .... (die Taschenlampe)?

c. Nimm doch .... (der Schirm) mit!

d. Ich möchte .... (das Buch) kaufen.

e. Wir haben gestern .... gemacht. (die Prüfung)

f. Sie arbeitet für .... (das Architekturbüro)

g. Paul hat .... gekauft. (der Computer)

5. Sustituye, si es posible, el artículo determinado entre paréntesis por el artículo indeterminado. [A1]

a. Ich habe *eine* (die) Zeitung gelesen.

b. Der Fußballclub hat schon wieder .... (den) Pokal gewonnen.

c. Timo ist .... (der) Freund von Britta.

d. Peter hat .... (der) Touristin den Weg erklärt.

e. Kommt ihr mit .... (den) Kindern (pl.)?

f. Möchtest du .... (die) Jacke kaufen?

g. Hast du .... (die) Zigaretten (pl.)?

h. Wir wohnen in .... (dem) großen Haus.

i. Das war .... (die) Idee von Anna.

j. Isst du .... (die) Kartoffeln (pl.)?

6. Añade el nombre entre paréntesis con el artículo indeterminado en genitivo. [A2]

a. die Arbeit *eines Politikers* (der Politiker)

b. die Memoiren .... (die Schauspielerin)

c. das Leben .... (der Schriftsteller)

d. die Idee .... (das Konzept)

e. die Probleme .... (das Kind)

f. der Regisseur .... (der Film)

g. die Arbeit .... (die Hausfrau)

¿CON O SIN ARTÍCULO?

- **Der Wal** ist **ein Säugetier**. (1)
- **Herr Schmitt** ist **Ingenieur**. (2)
- Er hat **einen halben Liter** Rotwein getrunken. (3)

- La ballena es un mamífero.
- El señor Schmitt es ingeniero.
- Se ha bebido medio litro de vino tinto.

En (1) en ambas lenguas los dos nombres aparecen precedidos de artículo, el primero del determinado y el segundo del indeterminado. En la mayoría de los casos se da este paralelismo entre el alemán y el español.

En (2) se observa que el paralelismo entre ambas lenguas también se da delante de **Ingenieur** e *ingeniero*, ya que ninguna de las dos palabras aparece precedida de artículo alguno. Sin embargo, en la misma oración vemos que **Herr Schmitt** tampoco lleva artículo, mientras que *señor Schmitt* sí que lo lleva en español.

En (3) en alemán aparece el artículo indeterminado, mientras que en español se prescinde del mismo.

A continuación se detallan los principales casos en que ambas lenguas se diferencian en cuanto a presencia o ausencia de artículo determinado e indeterminado.

ARTÍCULO DETERMINADO EN ESPAÑOL – SIN ARTÍCULO EN ALEMÁN

- **Frau** Maier kommt aus Berlin.

- La señora Maier es de Berlín.

Delante de las formas de tratamiento **Herr** *(señor)* y **Frau** *(señora)*.

- **Russisch** ist eine schwierige Sprache.
- **Rot** ist meine Lieblingsfarbe.

- El ruso es una lengua difícil.
- El rojo es mi color favorito.

Delante de los nombres de las lenguas y de los colores.

- **Alkohol** ist schädlich für die Leber.

- El alcohol es perjudicial para el hígado.

En generalizaciones con nombres de sustancias en singular cuando son sujeto.

- **Hunde** sind treue Tiere.

- Los perros son animales fieles.

En generalizaciones con cualquier nombre en plural cuando es sujeto.

• Ich hasse **Unordnung**. • Magst du **Fisch**?	• Odio el desorden. • ¿Te gusta el pescado?

En generalizaciones cuando los nombres son el complemento directo (acusativo) de verbos que expresan agrado (**mögen**) o desagrado (**hassen**).

• Spielst du **Gitarre/Schach**?	• ¿Tocas la guitarra?/¿Juegas al ajedrez?

Delante de nombres que constituyen el complemento directo (acusativo) del verbo **spielen**, tanto si se utiliza con el significado de *tocar* como con el de *jugar*. Esto también se da en la combinación de **hören** *(escuchar)* y **Radio** *(radio)*: **Ich höre gern Radio.** *(Me gusta escuchar la radio.)*.

• **20 %** der Schüler sind Ausländer.	• El 20% de los alumnos son extranjeros.

Delante de la palabra **Prozent**.

ARTÍCULO INDETERMINADO EN ALEMÁN – SIN ARTÍCULO EN ESPAÑOL

• Ich bleibe nur **eine** halbe Stunde. • Können Sie mir **ein** anderes Hemd zeigen? • Hast du **ein** Auto?	• Sólo me quedaré media hora. • ¿Puede enseñarme otra camisa? • ¿Tienes coche?

Delante de **halb-** *(medio/a)* y **ander-** *(otro/a)*; delante de ciertos nombres en singular en función de complemento acusativo de **haben** *(tener)*, con los que en español se suele omitir el artículo indeterminado.

ARTÍCULO INDETERMINADO EN ESPAÑOL – SIN ARTÍCULO EN ALEMÁN

• Du trägst sehr schöne Schuhe.	• Llevas unos zapatos muy bonitos.

Cuando en español se utiliza el plural del artículo indeterminado, ya que éste no tiene formas para el plural en alemán.

EJERCICIOS

7. Decide si debe añadirse (en su forma correspondiente) el artículo determinado. [A2]

a. .... Frau Müller (f) kommt heute später.

b. .... Katalanisch (n) und .... Italienisch (n) sind romanische Sprachen.

c. .... Winter (m) ist in Deutschland sehr lang.

d. Ich höre abends oft .... Radio (n).

e. Magst du .... Katzen (pl.)?

f. .... Freund (m) von Anna ist Deutscher.

g. .... Fahrrad (n) ist ein praktisches Transportmittel.

h. .... Gold (n) ist im Moment sehr teuer.

i. Christina spielt .... Klavier (n) und Paul .... Klarinette (f).

j. Legst du .... Schlüssel (m) bitte auf den Tisch?

8. Decide si debe añadirse (en su forma correspondiente) el artículo indeterminado. [A2]

a. **A**: Hast du .... Freund (m)? - **B**: Nein, leider nicht.

b. Ich habe .... sehr nette Kollegen (pl).

c. Bringen Sie mir bitte .... halbe Flasche (f) Rotwein.

d. Max spielt gern .... Fußball (n).

e. Er hat sich .... Motorrad (n) gekauft.

f. Ich möchte .... anderen Computer (m) haben.

g. Hast du .... Geschwister (pl.)?

EL ARTÍCULO NEGATIVO *KEIN-*

• Das ist **nicht** mein Computer.	• Este no es mi ordenador.
• Ich habe **keinen** Computer.	• No tengo ordenador.

Para expresar una negación, en determinados casos, en lugar de **nicht** debe utilizarse el artículo negativo **kein-**.

EL ARTÍCULO NEGATIVO *KEIN-*: FORMAS

	singular masculino	femenino	neutro	plural m/f/n
nominativo	kein	keine	kein	keine
acusativo	keinen	keine	kein	keine
dativo	keinem	keiner	keinem	keinen
genitivo	keines	keiner	keines	keiner

El uso del genitivo es rarísimo y el del dativo se limita a expresiones más o menos fijas como **Ich werde es keinem Menschen sagen.** *(No se lo diré a nadie.)*

EL ARTÍCULO NEGATIVO *KEIN-*: USO

• Das ist **kein** Handy. • Wir haben **keine** Kartoffeln. • Wir haben **keinen** Roman von diesem Autor.	• Esto no es un móvil. • No tenemos patatas. • No tenemos ninguna novela de este autor.

Sirve para expresar una negación y se corresponde en español con el simple *no* o con el determinante indefinido *ningún/ninguna/ningunos/as*. Se utiliza, como se explica a continuación, en lugar de **nicht** en unos casos muy concretos. ⓍⒹ

¿*KEIN-* O *NICHT*?

• Ich kann **nicht** tanzen. • Ich brauche deine Hilfe **nicht**.	• No sé bailar. • No necesito tu ayuda.

En principio, en alemán la negación se realiza habitualmente mediante **nicht** (→ pág. 188).

• Das ist **ein Handy**. / Das ist **kein Handy**. (1)	• Esto es un móvil. / Esto no es un móvil.
• Er trinkt **Wein**. / Er trinkt **keinen Wein**. (2)	• Él bebe vino. / Él no bebe vino.

Sólo hay dos excepciones, en las que debe utilizarse **kein-**: Cuando se trata de negar un nombre precedido de un artículo indeterminado (**ein**) (1) o un nombre sin determinante alguno (2). Para más detalles, consulta las págs. 247 s.

En cuanto a la colocación de **nicht**, consulta las págs. 188 s.

EJERCICIOS

9. Transforma las siguientes expresiones en negativas añadiendo las formas del determinante negativo *kein-*. [A1]

a. Marta hat .... Zeit (f).

b. Ist das .... Bier (n)?

c. Nein danke, ich möchte .... Suppe (f).

d. Sie isst .... Gemüse (n).

e. Haben Sie .... Kinder (pl)?

f. Max trinkt .... Alkohol (m).

g. Das sind .... Äpfel (pl).

h. Er ist .... guter Fußballspieler (m).

i. Sie mag .... Fisch (m).

10. Añade *nicht* o *kein-*. [A1]

a. Ich möchte heute .... fernsehen.

b. Ich habe .... Geschwister.

c. Max ist .... zu Hause.

d. Sie kommt .... aus Deutschland, sondern aus der Schweiz.

e. Jonas ist Vegetarier, er isst .... Fleisch.

f. Willst du .... Wein?

g. Er hat .... Motorrad, sondern ein Fahrrad gekauft.

h. Liechtenstein ist .... groß.

LOS PRONOMBRES INDEFINIDOS *EIN-*, *KEIN-* Y *WELCH-*

• A: Ich brauche **ein** Wörterbuch. Hast du **eins**?	• Necesito un diccionario. ¿Tienes uno?
• B: Nein, ich habe auch **keins**.	• No, yo tampoco tengo (ninguno).

Ein y **eins** *(un, uno)* hacen referencia a lo mismo. Sin embargo, el primero funciona como artículo determinado delante de un nombre (**Wörterbuch**), mientras que el segundo actúa como pronombre. Como tal sustituye a la combinación **ein Wörterbuch**, nombrada anteriormente.

También la sustituye la forma pronominal **keins**, en esta ocasión en forma negativa (equivalente a la combinación de artículo negativo + nombre **kein Wörterbuch**).

Si te fijas en la respuesta de B, verás que en español en ocasiones no es necesaria la presencia de pronombre alguno. En alemán no puede prescindirse del mismo en ningún caso.

	singular masculino	**femenino**	**neutro**	**plural m/f/n**
nominativo	(k)ein**er**	(k)ein**e**	(k)ein**s**	kein**e** / ---
acusativo	(k)ein**en**	(k)ein**e**	(k)ein**s**	kein**e** / ---
dativo	(k)ein**em**	(k)ein**er**	(k)ein**em**	kein**en** / ---

Las formas de **ein-** y **kein-** como pronombres sólo se distinguen de las que tienen el artículo indeterminado y el artículo negativo en el masculino singular nominativo y en el neutro singular masculino y acusativo. Las formas del genitivo se utilizan raramente y las del dativo tampoco son muy habituales.

• A: Ich habe keinen **Zucker**. Hast du **welchen**? (1)	• A: No tengo azúcar. ¿Tienes tú?
• B: Nein, ich habe auch **keinen**. (2)	• B: No, yo tampoco tengo.
• A: Ich habe keine Briefmarken. Hast du **welche**? (3)	• A: No tengo sellos. ¿Tienes tú?
• B: Nein, ich habe auch **keine**. (4)	• B: No, yo tampoco tengo.

(1-2) **Zucker** es un nombre incontable, como también lo son p.e. **Brot** *(pan)* y **Bier** *(cerveza)*. Este tipo de nombres no pueden ser sustituidos por el pronombre indefinido **ein-**. En su lugar se utiliza el indefinido **welch-** en formulaciones no negativas (1). En las negaciones, estos nombres son sustituidos, igual que los contables, por **kein-** (2). Ten en cuenta que en español es habitual que no aparezca pronombre alguno.

(3-4) Lo mismo sucede en el plural de cualquier nombre.

	singular masculino	**femenino**	**neutro**	**plural m/f/n**
nominativo	welch**er**	welch**e**	welch**es**	welch**e**
acusativo	welch**en**	welch**e**	welch**es**	welch**e**

El pronombre indefinido **welch-** sólo tiene formas para el nominativo y el acusativo singular y plural.

EJERCICIOS

11. Añade las terminaciones de *ein-*, *kein-* o *welch-* en las respuestas. [A1-A2]

a. Hast du Zigaretten (pl)?	Ja, in meiner Jackentasche sind ....
b. Ich suche ein Kochbuch.	Ich habe ...., das kann ich dir leihen.
c. Hast du alle eingeladen?	Ja, aber .... ist gekommen.
d. Kannst du mir ein bisschen Geld (n) geben?	Tut mir leid, aber ich habe auch ....!
e. Wem gehört der Hund?	Herrn Meier, ... meiner Kollegen.
f. Brauchen wir Bier (n)?	Nein, wir haben noch ....
g. Haben wir noch Butter (f)?	Nein, wir haben .... mehr.
h. Wir haben keinen Kaffee (m) mehr.	Kein Problem, ich kaufe ....

EL PRONOMBRE INDEFINIDO *MAN*

• In Österreich spricht **man** Deutsch. • Darf **man** hier rauchen?	• En Austria se habla alemán. • ¿Se puede fumar aquí?

El pronombre **man** se utiliza principalmente, como el *se* español, para referirse a un sujeto totalmente genérico. El verbo aparece siempre en la tercera persona del singular.

• **Man** hat es mir gestern gesagt.	• Me lo dijeron ayer.

En ocasiones en español se prefiere otra estructura. Si bien podría decirse también *Se me dijo ayer*, resulta más natural la traducción dada, en la que el sujeto plural elíptico (*ellos*) garantiza igualmente la indefinición.

EJERCICIOS

12. Traduce la siguientes oraciones utilizando el pronombre *man* como sujeto. [A1-B1]

a. No se oye nada.	.... nichts.
b. ¿Cómo se va a la estación?	.... zum Bahnhof?
c. En Austria se come muy bien.	In Österreich ....
d. Te han informado mal.	.... dich .... informiert.

e. No se le puede decir nada. .... ihm nichts sagen.

f. Aquí se habla alemán. Hier ....

LOS PRONOMBRES INDEFINIDOS *JEMAND-*, *NIEMAND-* E *IRGENDJEMAND-*

• A: Spricht hier **jemand** Chinesisch? • B: Nein, **niemand**.	• A: ¿Habla alguien chino aquí? • B: No, nadie.

Por regla general, **jemand** y **niemand** se utilizan con el mismo significado que *alguien* y *nadie*.

• Hat **irgendjemand** etwas gesehen?	• ¿Alguien ha visto algo?

Jemand puede aparecer prefijado por **irgend-**. La forma resultante (**irgendjemand**) se utiliza a fin de remarcar aún más la indefinición.

• Kennst du hier jemand(**en**)? (1) • Hast du es (irgend)jemand(**em**) gesagt? (2)	• ¿Conoces a alguien aquí? • ¿Se lo has dicho a alguien?

En el acusativo (1) y en el dativo (2) pueden aparecer declinados o sin terminación alguna.

EJERCICIOS

13. Añade las formas de *jemand-* o *niemand-*. [B1]

a. Sie hat alle gefragt, aber .... wusste die korrekte Antwort.

b. Kennst du vielleicht ...., der mir helfen kann?

c. Kann mir bitte .... sagen, wie spät es ist?

d. Leider kenne ich ...., der gut Deutsch spricht.

e. Ich habe drei mal angerufen, aber .... war zu Hause.

LOS PRONOMBRES PERSONALES

• A: **Ich** wohne in Sevilla. Wo wohnt **ihr**? • B: Auch in Sevilla. Aber **wir** sind aus Granada.	• Yo vivo en Sevilla. ¿Dónde vivís vosotros? • También en Sevilla. Pero somos de Granada.

Ich, **ihr** y **wir** son pronombres personales, como lo son en español *yo*, *vosotros* y *nosotros*.

En la respuesta de B, en español se suele prescindir del pronombre personal (en este caso *nosotros*) que hace de sujeto. Esto no es posible en alemán.

	persona	**nominativo**		**acusativo**		**dativo**	
singular	1ª	ich	*(yo)*	mich	*(me)*	mir	*(me)*
	2ª	du	*(tú)*	dich	*(te)*	dir	*(te)*
	3ª (m)	er	*(él)*	ihn	*(le, lo)*	ihm	*(le, se)*
	3ª (f)	sie	*(ella)*	sie	*(la)*	ihr	*(le, se)*
	3ª (n)	es	*(...)*	es	*(...)*	ihm	*(...)*
plural	1ª	wir	*(nosotros/as)*	uns	*(nos)*	uns	*(nos)*
	2ª	ihr	*(vosotros/as)*	euch	*(os)*	euch	*(os)*
	3ª	sie	*(ellos/as)*	sie	*(les, los, las)*	ihnen	*(les)*
forma de	cortesía	Sie	*(usted/es)*	Sie	*(le/s, lo/s, la/s)*	Ihnen	*(le/s)*

El tuteo es mucho más habitual en España. En Alemania, excepto en el caso de niños, adolescentes, amigos y familiares entre sí, se suele utilizar sistemáticamente la forma de cortesía.

- Er hat **mich** eingeladen. (1)
- Er hat **mir** (einen Brief) geschrieben. (2)

- Me ha invitado.
- Me ha escrito (una carta).

La lengua alemana realiza ciertas distinciones que no se dan en español. Así p.e., mientras que en español aparece la forma *me* tanto para el complemento directo como para el indirecto, en alemán aparecen, respectivamente, **mich** (1) y **mir** (2).

- **Mich** hat er nicht eingeladen.

- A mí no me ha invitado.

Ten en cuenta también que en español se realiza a menudo una doble representación de un mismo complemento (en este caso *a mí* y *me*). Esto no es posible en alemán.

En cuanto al orden en que aparecen estos complementos consulta la pág. 258.

EJERCICIOS

14. Completa la tabla con los pronombres personales. [A1]

	nominativo	acusativo	dativo
singular			
1ª	*ich*		

2ª			
3ª (m)	*er*		
3ª (f)		*sie*	
3ª (n)			*ihm*
plural			
1ª		*uns*	
2ª	*ihr*		*euch*
3ª			
Forma de cortesía		*Sie*	

15. Sustituye los elementos subrayados por un pronombre personal en acusativo. [A1]

a. Trinkst du den Wein? ....

b. Ich esse die Suppe. ....

c. Wir besuchen unsere Freunde. ....

d. Der Brief ist für Maria. ....

e. Siehst du Monika? ....

f. Ich hole das Kind ab. ....

g. Carla liebt ihren Freund. ....

h. Setz dich neben Paul. ....

i. Wir laden Anna und Peter ein. ....

j. Elsa geht ohne Michael ins Kino. ....

16. Sustituye los elementos subrayados por un pronombre personal en dativo. [A1]

a. Kannst du der Frau bitte helfen? ....

b. Der Mann neben Alex ist mein Cousin. ....

c. Das Essen hat den Gästen nicht geschmeckt. ....

d. Heute mache ich mit Maria einen Ausflug. ....

e. Ich habe deutschen Touristen den Weg erklärt. ....

f. Hast du Klaus schon gratuliert? ....

g. Meine Oma hat meiner Schwester und mir eine Reise geschenkt. ....

h. Hannes wohnt immer noch bei seinen Eltern. ....

17. Sustituye los elementos subrayados por un pronombre personal en nominativo, acusativo o dativo. [A1]

a. Paul liebt Anna. ....

b. Paul gibt Anna einen Kuss ....

c. Bring das Buch bitte in die Bibliothek. ....

d. Monika hat den Hund auf der Straße gefunden. ....

e. Kommst du mit deinem Freund? ....

f. Das Mädchen heißt Elsa. ....

g. Hast du die Kinder gesehen? ....

h. Ihre Freunde wohnen nicht in Barcelona. ....

i. Suchst du deine Brille? ....

j. Berta hat Klaus ein Buch geschenkt. ....

k. Äpfel sind gesund. ....

l. Ich habe meinen Geschwistern nichts geschenkt. ....

m. Der Tisch ist von IDEA. ....

18. Añade los pronombres personales que faltan. [A2]

a. Ich suche meine Handschuhe (pl). Hast du .... gesehen?

b. Der Mann auf dem Foto ist mein Cousin (m). Kennst ....?

c. Ich habe zwei Kilo Tomaten (pl) gekauft. .... waren sehr billig.

d. Anna und Klaus fahren heute in Urlaub. .... bringe .... zum Flughafen.

e. Mein Fahrrad (n) ist kaputt. Ich muss .... reparieren.

f. Albert kann heute nicht kommen. .... ist krank.

g. Kommt ihr auch zur Party? Ich kann .... mit dem Auto abholen.

h. Hallo Anna, hallo Martin, ich habe .... gestern im Konzert gesehen!

i. Carla und Boris haben geheiratet. Ich habe .... ein Kochbuch geschenkt.

19. Traduce las siguientes oraciones. [A1]

a. ¿De dónde son ustedes? .... ?

b. ¿De dónde es usted? .... ?

c. Nosotros iremos al cine. .... ins Kino.

d. Nosotras iremos al teatro. .... ins Theater.

e. Le he regalado un libro (a él). Ich habe .... geschenkt.

f. Le he regalado una rosa (a ella). Ich habe .... geschenkt.

g. ¿Vosotros sois de Barcelona? .... aus Barcelona?

h. ¿Y de dónde sois vosotras? Und woher .... ?

20. Traduce las siguientes oraciones. Ten en cuenta que la mayoría tienen diversas equivalencias en español. [A1]

a. Wo ist sie? .... ?

b. Wo sind sie? .... ?

c. Wo sind Sie? .... ?

d. Ich kenne Sie. .... ?

e. Ich kenne sie. .... ?

f. Sie sind sehr elegant. .... ?

LOS PRONOMBRES REFLEXIVOS

• Sie hat **sich** entschuldigt.	(1)	• (Ella) Se ha disculpado.
• Er rasiert **sich** jeden Tag.	(2)	• (Él) Se afeita cada día.
• Monika und Klaus lieben **sich**.	(3)	• Mónica y Klaus se quieren.
• Haben Sie **sich** geschnitten?	(4)	• ¿Se ha/han cortado (usted/es)?

Sich es un pronombre reflexivo, que como la forma española *se* siempre hace referencia a una tercera persona del singular (1) (2) o del plural (3) o a la forma de cortesía (4). Participa en oraciones con verbos pronominales (1), reflexivos (2) (4) y recíprocos (3) (→ págs. 60 ss.).

• Du musst **dich** entscheiden.	(1)	• Tienes que decidirte.
• Kannst du **dir** das vorstellen?	(2)	• ¿Te lo puedes imaginar?

En realidad, **sich** es la única forma específica de pronombre reflexivo. Cuando dicho pronombre hace referencia a otras personas que las descritas en la primera tabla, las formas reflexivas son las mismas que las del pronombres personal, tanto en el acusativo (1), como en el dativo (2). Consúltalas en la pág. 120.
Consulta también las págs. 61-63, donde también encontrarás ejercicios.

LOS POSESIVOS

• A: Ist das **deine Tasche**? • B: Nein, das ist nicht **meine**.	• A: ¿Es ésta tu cartera? • B: No, no es (la) mía.

Los determinantes y pronombres posesivos sirven para expresar una relación de pertenencia.

En el ejemplo, **deine** *(tu)* y **meine** *((la) mía)* hacen referencia a lo mismo. Sin embargo, el primero funciona como determinante delante de un nombre (**Tasche**), mientras que el segundo actúa como pronombre. Como tal sustituye a la combinación **meine Tasche** (*mi cartera*).

LOS POSESIVOS: COMO DETERMINANTES

	persona	**pronombre personal**		**determinante posesivo**	
singular	1ª	ich	*(yo)*	**mein**	*(mi)*
	2ª	du	*(tú)*	**dein**	*(tu)*
	3ª (m)	er	*(él)*	**sein**	*(su – de él)*
	3ª (f)	sie	*(ella)*	**ihr**	*(su – de ella)*
	3ª (n)	es	*(...)*	**sein**	*(su – de él/ella)*
plural	1ª	wir	*(nosotros/as)*	**unser**	*(nuestro/a)*
	2ª	ihr	*(vosotros/as)*	**euer**	*(vuestro/a)*
	3ª	sie	*(ellos/as)*	**ihr**	*(su – de ellos/as)*
forma de	cortesía	Sie	*(usted/es)*	**Ihr**	*(su – de usted/es)*

La elección de un determinante posesivo concreto depende, como en español, del poseedor, por lo que hay que tener en cuenta a qué pronombre personal se refiere (**Er hat einen Sohn. Sein Sohn heißt Paul.** = *(Él) Tiene un hijo. Su (de él) hijo se llama Pablo.* / **Sie hat einen Sohn. Ihr Sohn heißt Paul.** = *(Ella) tiene un hijo. Su (de ella) hijo se llama Pablo.*).

Ten en cuenta que la forma española *su* tiene tres equivalencias distintas en alemán: **sein** para el masculino y neutro singular, **ihr** para el femenino singular y para el plural de los tres géneros e **Ihr** para la forma de cortesía (singular o plural).

	singular **masculino**	**femenino**	**neutro**	**plural** **m/f/n**
nominativo	mein	meine	mein	meine
acusativo	mein**en**	mein**e**	mein	mein**e**
dativo	mein**em**	mein**er**	mein**em**	mein**en**
genitivo	mein**es**	mein**er**	mein**es**	mein**er**

Una vez elegido el determinante posesivo apropiado, hay que declinarlo. La terminación que debe añadirse depende del género, del número y del caso del elemento poseído al que precede el determinante posesivo.

• Das ist mein**e** Schwester. (1) • Ich kenne dein**e** Schwester nicht. (2) • Maria kommt mit ihr**er** Schwester. (3) • Ist Herr Schmitt der Mann Ihr**er** Schwester? (4)	• Ésta es mi hermana. • No conozco a tu hermana. • María vendrá con su hermana. • ¿Es el Sr. Schmitt el marido de su hermana?

(1) Poseedor: **ich** *(yo)*; elemento "poseído" (**Schwester**): femenino singular en nominativo

(2) Poseedor: **du** *(tú)*; elemento "poseído": femenino singular en acusativo

(3) Poseedor: **sie** *(ella)*: elemento "poseído": femenino singular en dativo

(4) Poseedor: **Sie** *(usted)*: elemento "poseído": femenino singular en genitivo

• **Uns(e)re** Wohnung ist sehr schön. (1) • Seid ihr mit **eurer** neuen Wohnung zufrieden? (2)	• Nuestro piso es muy bonito. • ¿Estáis satisfechos con vuestro nuevo piso?

(1) **Unser-** puede perder la **e** de su forma base cuando se le añade una terminación.

(2) **Euer-** pierde siempre la **e** de su forma base cuando se le añade una terminación.

EJERCICIOS

21. Relaciones familiares. Añade las formas del nominativo de los determinantes posesivos. [A1]

Meine Mutter

a. *Ihre* Schwester ist *meine* Tante.

b. .... Vater ist .... Opa.

c. .... Nichte ist .... Cousine.

d. .... Neffe ist .... Cousin.

e. .... Eltern sind .... Großeltern.

Mein Bruder

f. .... Sohn ist .... Neffe.

g. *Seine* Schwester ist auch .... Schwester.

h. .... Kinder sind .... Neffen und Nichten.

i. .... Frau ist *meine* Schwägerin.

Meine Großeltern

j.	Sohn	ist	*mein*	Vater.
k. *Ihre*	Enkel	sind	....	Geschwister.
l.	Kinder	sind	....	Eltern.
m.	Urenkel	sind	....	Kinder.

22. Todos van a la fiesta. Añade los determinantes posesivos. [A1]

a. mi cuñado	*mein*	Schwager
b. vuestros padres	....	Eltern
c. su padre (de él)	....	Vater
d. tus hermanos	*deine*	Geschwister
e. su sobrina (de ella)	....	Nichte
f. nuestro jefe	....	Chef
g. vuestra tía	....	Tante
h. su novio (de ella)	....	Freund
i. vuestro vecino	....	Nachbar
j. tu hermano	....	Bruder
k. sus hermanas (de ellos)	....	Schwestern
l. nuestros abuelos	*unsere*	Großeltern
m. su novia (de él)	....	Freundin
n. tus primos	....	Cousins
o. su tío (de ellas)	....	Onkel

23. ¿A quién pertenece qué? Añade el determinante posesivo. [A1]

a. Koffer (m) – Anna (f)	Das ist *ihr* Koffer.
b. Gitarre (f) – Michael (m)	Das ist .... Gitarre.
c. Rolls-Royce (m) – der Bankdirektor (m)	Das ist .... Rolls-Royce.
d. Jacke (f) – Olga (f)	Das ist .... Jacke.
e. Haus (n) – meine Eltern (pl)	Das ist .... Haus.
f. Schirm (m) – Frau Poppins (f)	Das ist .... Schirm.
g. Motorrad (n) – Herr Schumacher (m)	Das ist .... Motorrad.
h. Haus (n) – Nikolaus (m)	Das ist .... Haus.
i. Hund (m) – die Kinder (pl)	Das ist .... Hund.

24. Equivalencias de las formas "su/sus":
Añade el determinante posesivo en acusativo referido al sujeto de la oración. [A1]

a. Ohne .... Brille (f) kann sie fast nichts sehen.

b. Herr Müller, Sie können .... Paket (n) morgen abholen.

c. Olga hat .... Schlüssel (pl) verloren.

d. Meine Großeltern wollen .... Haus (n) vermieten.

e. Frau Proper möchte .... Waschmaschine (f) verkaufen.

f. Er hat .... Freunde (pl) zum Essen eingeladen.

g. Klaus hat .... Wagen (m) in die Werkstatt gebracht.

25. Equivalencias de las formas "su/sus":
Añade el determinante posesivo en dativo referido al sujeto de la oración. [A1]

a. Die Kollegen haben .... Chef (m) zum Jubiläum ein Geschenk gemacht.

b. Kommt Paul mit .... Wagen (m)?

c. Herr Schuhmacher, Sie sollen bitte .... Frau (f) anrufen.

d. Der Direktor sitzt schon den ganzen Tag in .... Büro (n).

e. Viele Studenten fahren am Wochenende zu .... Eltern (pl).

26. Regalos de Navidad (I). Añade el determinante posesivo *mein-* en acusativo. [A1]

a. Das Handy ist für .... Vater.

b. Das Parfüm ist für .... Frau.

c. Das Fotoalbum ist für .... Eltern.

d. Der Hut ist für .... Schwiegermutter.

e. Die Kekse sind für .... Kinder.

f. Die CD ist für .... Schwager.

27. Regalos de Navidad (II). Añade el determinante posesivo *mein-* en dativo. [A1]

a. Ich schenke .... Eltern ein Fotoalbum.

b. .... Frau schenke ich Parfüm.

c. Ich schenke .... Vater ein Handy.

d. .... Schwager schenke ich eine CD.

e. Ich schenke .... Kindern Kekse.

f. .... Schwiegermutter schenke ich einen Hut.

28. Y ahora de memoria: ¿Te acuerdas? ¿A quién le has regalado qué? [A1]

a. Das Handy habe ich *meinem Vater* geschenkt.

b. Das Fotoalbum habe ich .... geschenkt.

c. Die Kekse habe ich .... geschenkt.

d. Die CD habe ich .... geschenkt.

e. Den Hut habe ich .... geschenkt.

f. Das Parfüm habe ich .... geschenkt.

LOS POSESIVOS: COMO PRONOMBRES

	nom. masculino sing.	**nom. neutro/ac. neutro sing.**
ich	mein**er**	mein**(e)s**
du	dein**er**	dein**(e)s**
er	sein**er**	sein**(e)s**
sie	ihr**er**	ihr**es**
es	sein**er**	sein**(e)s**
wir	uns(e)r**er**	unser**(e)s**
ihr	eur**er**	eur**es**
sie/Sie	ihr**er**/Ihr**er**	ihr**es**/Ihr**es**

Como pronombres, los posesivos tienen las mismas terminaciones que como determinantes, excepto en el singular del nominativo masculino y del nominativo y acusativo neutros. (**Das ist mein Computer. – Das ist meiner.** = *Éste es mi ordenador. – Éste es (el) mío.* / **Ist das dein Auto? – Ist das deins?** = *¿Éste es tu coche? – ¿Éste es (el) tuyo?*).

• A: Ich habe mein Handy vergessen.	• A: He olvidado mi móvil.
• B: Du kannst **meins** benutzen. (1)	• B: Puedes utilizar el mío.
• Die Bücher auf dem Tisch, sind das **eure**? (2)	• Los libros de encima de la mesa, ¿son (los) vuestros?

El pronombre alemán, en ocasiones equivale a las formas españolas precedidas de un artículo determinado (**meins** = *el mío*, **eure** = *los vuestros*).

Lo dicho en cuanto a la pérdida de la **e** de la forma base en **unser-** y **euer-** como determinantes también es válido cuando actúan como pronombres (2) (→ pág. 125).

EJERCICIOS

29. Añade las formas de los pronombres posesivos en las respuestas. [B1]

a. **A** : Gehört dieser Regenschirm (m) Ihnen? - **B** : Ja, ich glaube, das ist ....

b. **A** : Das ist mein Wörterbuch (n), oder? – **B** : Ja, das ist ....

c. **A** : Ist das euer Wagen (m)? - **B** : Nein, das ist nicht ....

d. **A** : Sind das die Kinder (pl) von euren Nachbarn? - **B** : Ja, das sind ....

e. **A** : Ist das Michaels Fahrrad (n)? - **B** : Nein, dieses hier ist ....

f. **A** : Das ist Marias Handy (n), nicht? - **B** : Ja, das ist ....

g. **A** : Ist das deine Jacke (f)? - **B** : Nein, das ist nicht ....

LOS DEMOSTRATIVOS *DER, DIE, DAS*

• Ich möchte **den Computer**, nicht den anderen.	• Quiero ese ordenador, no el otro.
• Ich brauche einen Mantel. Können Sie mir **den** da vorne zeigen?	• Necesito un abrigo. ¿Me puede enseñar éste de ahí delante?

En ambos casos, **den** hace referencia a la misma cosa. Pero en el primero lo hace como determinante al preceder a un nombre (**Mantel**), mientras que en el segundo lo hace como pronombre.

Siempre son tónicos y se corresponden con las formas españolas *éste/a/os/as, ése/a/os/as, aquél/aquélla/os/as*.

Como determinantes tienen las mismas formas que el artículo determinado, pero son tónicos. Las formas del genitivo no se utilizan.

• Unsere Maschinen sind zu alt. Mit **denen** hier kann man besser arbeiten.	• Nuestras máquinas son demasiado viejas. Con éstas de aquí se puede trabajar mejor.

Como pronombres presentan también las mismas formas que el artículo determinado, excepto en el dativo plural (**denen**).

LOS DEMOSTRATIVOS *DER*, *DIE*, *DAS* COMO ALTERNATIVA A LOS PRONOMBRES PERSONALES

• A: Hast du das Notebook gekauft? • B: Nein, **es/das** ist zu teuer. • B: Nein, ich finde **es** zu teuer. Nein, **das** finde ich zu teuer.	• A: ¿Has comprado el portátil? • B: No, es demasiado caro. • B: No, lo encuentro demasiado caro.

Pueden utilizarse en lugar de los pronombres personales correspondientes. En tal caso son átonos. Mientras que los pronombres personales, cuando no hacen de sujeto, suelen colocarse después del verbo conjugado en las oraciones enunciativas, estos pronombres suelen colocarse al inicio de la oración.

EJERCICIOS

30. Añade las formas de *der, die, das* como pronombre demostrativo. [B1]

a. Diese Kirschen (pl) sind zu teuer. .... kaufen wir nicht.

b. Herr Unterberg? .... kenne ich nicht.

c. Kennst du Frau Ehrlich aus der Verkaufsabteilung? .... ist eine wirklich tolle Kollegin.

d. Ja, ich kenne Hans und Franz. Mit .... habe ich schön öfter ein Bier getrunken.

e. Der Mann auf dem Foto ist Direktor Großkopf. .... gehört die Firma.

f. Kennst du das Märchen (n) vom Froschkönig? ...... hat mir meine Oma immer vorgelesen.

g. Dieser blaue Pullover (m) gefällt mir nicht. Ich nehme lieber den grünen aus dem Schaufenster, ... ist schöner.

LOS DEMOSTRATIVOS *DIESER, DIESE, DIESES*

• A: **Dieses Buch** ist toll. • B: Ja, aber ich finde **dieses** besser.	• A: Este libro es fantástico. • B: Sí, pero yo encuentro mejor éste.

En ambos casos, **dieses** hace referencia a la misma cosa. Pero en el primero lo hace como determinante al preceder a un nombre (**Buch**), mientras que en el segundo lo hace como pronombre.

Pueden ser átonos o tónicos y equivalen a las formas españolas *este/a/os/as, ese/a/os/as, aquel/aquella/os/as*. A diferencia de **der, die, das**, tratados en el apartado anterior, no pueden utilizarse como alternativa a los pronombres personales.

	singular masculino	femenino	neutro	plural m/f/n
nominativo	dies**er**	dies**e**	dies**es**	dies**e**
acusativo	dies**en**	dies**e**	dies**es**	dies**e**
dativo	dies**em**	dies**er**	dies**em**	dies**en**
genitivo	dies**es**	dies**er**	dies**es**	dies**er**

Tienen las mismas formas como determinantes y como pronombres.

EJERCICIOS

31. Añade las terminaciones de *dies-*. [B1]

a. Dies........ Bluse (f) möchte ich kaufen.

b. In dies........ Haus (n) ist Goethe geboren.

c. Gehört dies........ Regenschirm (m) dir?

d. Verstehst du dies........ Text (m)?

e. Mit dies........ Jacke (f) kannst du nicht zur Arbeit gehen.

f. Was willst du mit dies........ alten Kassetten (pl) machen?

g. Woher kommt dies........ Bier (n)?

h. Dies........ Wörterbuch (n) kann ich dir empfehlen.

LOS DEMOSTRATIVOS *DERSELBE, DIESELBE, DASSELBE*

- A: Ich habe **dieselben Lehrer wie** voriges Jahr. Und du?
- B: Ich habe auch **dieselben**.

- A: Tengo los mismos profesores que el año pasado. ¿Y tú?
- B: Yo también tengo los mismos.

En ambos casos **dieselben** hace referencia a lo mismo, en el primero como determinante delante de un nombre (**Lehrer**), en el segundo como pronombre. Estos elementos se corresponden con las formas españolas *el mismo, la misma, los mismos, las mismas*.

Si se quiere concretar la identidad con otro elemento, se coloca a continuación la partícula comparativa **wie**, que en estos casos equivale a la forma española *que*.

	singular masculino	femenino	neutro	plural m/f/n
nominativo	derselbe	dieselbe	dasselbe	dieselben
acusativo	denselben	dieselbe	dasselbe	dieselben
dativo	demselben	derselben	demselben	denselben
genitivo	desselben	derselben	desselben	derselben

En cuanto a las formas, no hay diferencia alguna entre determinantes y pronombres. La primera parte (**der, die, das**) presenta las mismas formas que el artículo determinado. La segunda (**selb-**) se declina como si fuese un adjetivo (→ pág. 159).

EJERCICIOS

32. Añade las formas de *der-/die-/dasselb-*. [B1]

a. Habt ihr wieder .... Lehrer (m) wie im letzten Jahr?

b. Wir leben in .... Stadt (f).

c. Sie trifft sich immer mit .... Freunden (pl).

d. Erik sagt immer ....

e. Sprechen wir von .... Leuten (f)?

f. Herr Augstein trägt immer noch .... Brille (f) wie vor zehn Jahren.

g. Ist das nicht .... Schauspieler (m)?

h. Er hat wieder .... alten Geschichten (pl) wie immer erzählt.

LOS INDEFINIDOS *JEDER, JEDE, JEDES*

• **Jeder neue Kunde** bekommt ein Geschenk.	• Cada nuevo cliente recibirá un regalo.
• Der neue Chef gab **jedem** die Hand.	• El nuevo jefe dio la mano a cada uno.

Jeder y **jedem** se refieren ambos a lo mismo. El primero lo hace como determinante, el segundo como pronombre. Estos elementos se utilizan normalmente para referirse a personas o cosas de un grupo consideradas de una en una.

Como determinantes se corresponden con la forma española *cada*. Como pronombres con las formas españolas *cada uno*, *cada una*.

• **Jeder Teilnehmer** sollte das wissen.	• Todo/Cualquier participante debería saber esto.
• Das weiß doch **jeder**.	• Esto lo sabe cualquiera/todo el mundo.

Usados con carácter colectivo se corresponden con *todo/a* o *cualquier* cuando actúan como determinante, y con *cualquiera* o *todo el mundo* cuando lo hacen como pronombres.

	singular **masculino**	**femenino**	**neutro**
nominativo	jed**er**	jed**e**	jed**es**
acusativo	jed**en**	jed**e**	jed**es**
dativo	jed**em**	jed**er**	jed**em**
genitivo	jed**es**	jed**er**	jed**es**

Sólo existen formas para el singular. Como pronombre, carece de formas para el genitivo.

EJERCICIOS

33. Traduce las siguientes oraciones, utilizando el determinante/pronombre *jed-* como correspondencia de los elementos subrayados. [B1]

a. Esto lo puede decir <u>cualquiera</u>. Das kann ....

b. Paul va <u>cada</u> día en bicicleta a la universidad. Paul fährt ....

c. <u>Cada</u> portátil cuesta 500 euros. .... Laptop kostet 500 Euro.

d. Quiero hablar con los padres de <u>cada</u> alumno. ....

e. Han regalado a <u>cada una</u> una flor. Sie haben .... geschenkt.

f. <u>Cada uno</u> de vosotros tiene que pagar 20 euros. .... von euch ....

LOS INDEFINIDOS *ALLE, EINIGE, MANCHE*

• A: Fast **alle Schüler** sind aus Italien. • B: Ja, und **einige/manche** sind aus Spanien.	• A: Casi todos los alumnos son de Italia. • B: Sí, y algunos son de España.

Se trata de determinantes o pronombres que se utilizan para expresar totalidad (**alle** = *todos/as*) o cantidad limitada (**einige/manche** = *algunos/as*).

	plural		
nominativo	alle	einige	manche
acusativo	alle	einige	manche
dativo	allen	einigen	manchen
genitivo	aller	einiger	mancher

Por regla general se utilizan en plural.

- Ist **alles** im Koffer?
- Wir müssen gehen. Habt ihr **alles**?

- ¿Está todo en la maleta?
- Tenemos que irnos. ¿Lo tenéis todo?

La forma singular **alles** equivale a la forma española *todo*.

- Ich habe **einige** Bücher zu diesem Thema. (1)
- Ich habe **drei** Bücher zu diesem Thema. (2)

- Tengo unos cuantos libros sobre este tema.
- Tengo tres libros sobre este tema.

La diferencia entre **einige** y **manche** no resulta fácil de explicar. Sin embargo puedes tener en cuenta lo siguiente: **einige** expresa simplemente cantidad indefinida (1) en contextos en los que también podría hacerse referencia a una cantidad específica (2).

- Ich habe mit vielen Kollegen gesprochen. **Einige/Manche** von ihnen haben sich beschwert.

- He hablado con muchos colegas. Algunos de ellos se han quejado.

Einige y **manche** son intercambiables al hacer referencia a una cantidad indefinida respecto de una totalidad nombrada previamente.

- **Manche** Leute kennen keine Skrupel.

- Algunas personas no tienen escrúpulos. Hay gente que no tiene escrúpulos.

Se utiliza preferentemente **manche** al expresar generalizaciones. En estos casos, en español se puede optar por la formulación *hay ... que*.

EJERCICIOS

34. Completa los siguientes enunciados utilizando el determinante/pronombre *all-*. [B1]

a. Todo está preparado. .... ist fertig.

b. Anna es la más inteligente de todos. Anna ist am intelligentesten von ....

c. He hablado con todos los alumnos. Ich habe mit .... gesprochen.

d.	Todos los clientes son de Alemania.	.... Gäste kommen aus Deutschland.
e.	¿Funcionan todos los ordenadores?	Funktionieren ....?
f.	Ella siempre lo olvida todo.	Sie vergisst immer ....

35. Añade las terminaciones de *manch-* y *einig-*. [B1]

a. Einig........ Passagiere haben wegen des Streiks protestiert.

b. Manch........ Schüler kommen immer zu spät zum Unterricht.

c. Ich habe einig .... interessante Bücher (pl) gelesen.

d. Mit manch..... Kollegen spricht er nicht gern.

e. Für dieses Rezept brauchst du einig...... Tomaten und Karotten.

f. Manch........ Bücher habe ich zweimal gelesen.

g. Das war eine Party mit einig........ Überraschungen!

h. Im August machen wir einig..... Tage Urlaub.

LOS INDEFINIDOS *VIEL-* Y *WENIG-*

• Ich habe **viel** Arbeit und **wenig** Zeit.	(1)	• Tengo mucho trabajo y poco tiempo.
• Heute habe ich **viel** zu tun.	(2)	• Hoy tengo mucho que hacer.

Viel y **wenig** hacen referencia, respectivamente, a una cantidad grande o pequeña de algo. En el singular suelen utilizarse sin declinar, ya sea como determinantes (1) o como pronombres (2). En estos casos se corresponden sistemáticamente con las formas españolas *mucho/a* y *poco/a*.

• Hier habe ich **wenige** Freunde, aber in Italien habe ich **viele**.	• Aquí tengo pocos amigos, pero en Italia tengo muchos.
• Er ist mit **vielen** Freunden gekommen.	• Ha venido con muchos amigos.
• Ich erwarte den Besuch **vieler** Freunde.	• Espero la visita de muchos amigos.

En el plural se declinan.

	plural
nominativo	viel**e**/wenig**e**
acusativo	viel**e**/wenig**e**
dativo	viel**en**/wenig**en**
genitivo	viel**er**/wenig**er**

Equivalen a las formas españolas *muchos/as* y *pocos/as*.

LOS INDEFINIDOS *ETWAS, NICHTS* Y *EIN PAAR*

• A: Ich habe noch **etwas Geld**. (1) • B: Prima, kannst du mir **etwas** leihen? (2)	• A: Yo aún tengo algo/un poco de dinero. • B: Estupendo, ¿me puedes prestar algo?

La forma invariable **etwas** *(algo/un poco)* puede utilizarse como determinante (1) o como pronombre (2).

• A: Möchtest du etwas trinken? • B: Nein, danke, ich möchte **nichts**.	• A: ¿Quieres beber algo? • B: No gracias, no quiero nada.

La forma invariable **nichts** *(nada)* sólo actúa como pronombre.

• Ich habe **ein paar Bücher** über das Thema. • Ich habe keine Bücher mitgenommen. Kannst du mir **ein paar** leihen?	• Tengo unos/unos cuantos libros sobre el tema. • No me he traído libros. ¿Me puedes dejar algunos/unos cuantos?

La forma invariable **ein paar** puede actuar como determinante (*unos/as, unos/as cuantos/as*) o como pronombre (*algunos/as, unos/as cuantos/as*).

EJERCICIOS

36. Añade *ein paar*, *etwas*, *nichts*, *viel-* o *wenig-*. Ten en cuenta que en ocasiones puede haber diversas posibilidades. [B1]

a. In seinem neuen Job verdient er sehr .... Geld (n), aber leider hat er jetzt .... Zeit (f).

b. Möchtest du .... Zucker (m) in den Kaffee?

c. Er braucht nur .... Tage (pl) für diese Arbeit.

d. Ich habe .... verstanden. Kannst du das bitte nochmal sagen?

e. Wie viele Eier (pl) muss ich für den Kuchen nehmen? – Nicht ...., nur ....

f. Wir haben noch .... Flaschen (pl) Wein. Wir müssen keine neuen kaufen.

g. Hast du .... Zeit (f) für mich? Vielleicht fünf Minuten?

EL INDEFINIDO *WIE VIEL-*

• A: **Wie viel Geld** hast du? (1) • B: Nicht viel. **Wie viel** brauchst du? (2)	• A: ¿Cuánto dinero tienes? • B: No mucho. ¿Cuánto necesitas?

Con **wie viel** *(cuánto/a)* se pregunta por una cantidad. Tanto como determinante (1) como en función de pronombre (2), en el singular se suele utilizar sin declinar en cualquier caso.

• A: **Wie viel(e) Anzüge** hast du? (1) • B: Nicht **viele**. (2)	• A: ¿Cuántos trajes tienes? • B: No muchos.

En el plural debe distinguirse entre su uso como determinante y como pronombre. En el primer caso se puede utilizar sin declinar, mientras que como pronombre debe declinarse. Consulta la declinación de **viel-** en la pág. 135.

LOS INTERROGATIVOS *WELCH-* Y *WAS FÜR EIN-*

• A: Mit **welchem Zug** kommst du? (1) • B: Ich weiß noch nicht, **welchen** ich nehme. (2)	• A: ¿En qué tren vendrás? • B: Aún no sé cuál cogeré.

Con **welch-** se pregunta por un elemento concreto. Puede actuar como determinante (1) o como pronombre (2).

Como determinante equivale a la forma española *qué* seguida de un nombre. Como pronombre, su correspondencia en español es *cuál/es*.

Ten en cuenta que no puedes utilizar **was** *(qué)*, que sólo actúa como pronombre (→ págs. 235 s.), en lugar de **welch-** como determinante *(qué + nombre)*.

	singular **masculino**	**femenino**	**neutro**	**plural** **m/f/n**
nominativo	welch**er**	welch**e**	welch**es**	welch**e**
acusativo	welch**en**	welch**e**	welch**es**	welch**e**
dativo	welch**em**	welch**er**	welch**em**	welch**en**

Las formas son las mismas para el determinante y para el pronombre.

- A: **Was für ein Apparat** ist das? (1)
- B: Ein Waffeleisen.
- A: Ich will mir einen Computer kaufen.
- B: **Was für einen**? (2)
- A: Ein Notebook.

- A: ¿Qué (clase de) aparato és éste?
- B: Una gofrera.
- A: Me quiero comprar un ordenador.
- B: ¿De qué tipo?
- A: Un portátil.

Con **was für ein-**, que se declina como el artículo indeterminado **ein-**, se pregunta por un rasgo característico de un elemento en singular. Puede actuar como determinante (1) o como pronombre (2). En la respuesta aparece siempre un elemento indefinido como el artículo indeterminado **ein-**.

Como determinante equivale a la formulación española *qué (clase/tipo de)*. Como pronombre tiene correspondencias diversas en español.

- A: **Was für Apparate** sind das? (1)
- B: Waffeleisen.
- A: Ich habe zu Hause viele Bücher.
- B: **Was für welche**? (2)
- A: Romane und Biografien.

- A: ¿Qué (clase de) aparatos son?
- B: Gofreras.
- A: En casa tengo muchos libros.
- B: ¿De qué tipo?
- A: Novelas y biografías.

Como sea que **ein-** no tiene formas para el plural, delante de nombres en plural se utiliza la forma invariable **was für** (1). Como pronombre, para referirse a un plural se acude a la forma **was für welch-** (2) (consulta las formas de **welch-** en la pág. 137). En las respuestas aparecen nombres en plural, generalmente sin determinante.

- A: **Welches** Buch liest du gerade?
- B: Harry Potter und der Feuerkelch. (1)
- A: **Was für ein** Buch liest du gerade?
- B: Eine Biografie. (2)

- A: ¿Qué libro estás leyendo?
- B: Harry Potter y el cáliz de fuego.
- A: ¿Qué (clase de) libro estás leyendo?
- B: Una biografía.

Para distinguir entre **welch-** y **was für ein-**, debes tener en cuenta lo siguiente: la respuesta a una pregunta con el primero suele ser muy concreta (1). En cambio, la respuesta a la segunda será más imprecisa (2). Por eso normalmente podrá ir con artículo indeterminado en el singular o sin determinante en el plural.

EJERCICIOS

37. Añade las formas de los determinantes *wie viel-, was für ein-* o *welch-*. [A2]

a. .... Wein (m) trinkst du gern? Weißwein.

b. .... Computer (m) möchtest du? Einen großen Laptop.

c. .... Studenten (pl) sind in deinem Kurs? Zwanzig.

d. Mit .... Zug (m) kommt ihr an? — Mit dem Intercity um 12.30 Uhr.

e. .... Koffer (m) nimmst du mit? — Den mit Rollen.

f. .... Filme (pl) siehst du am liebsten? — Science-fiction-Filme.

g. .... Geld (f) hast du noch? — Fünfzig Euro.

h. .... Käse (m) brauchen wir? — Ungefähr 500 Gramm.

38. Añade las formas de los determinantes *wie viel-*, *was für ein-* o *welch-* en los siguientes diálogos. [A2]

a. Kannst du mich vom Bahnhof abholen? — Mit .... Zug kommst du denn?

b. Ich habe mir ein neues Handy gekauft. — ....? Eins mit Touchscreen?

c. Wir brauchen noch ein paar Tomaten. — .... möchtest du? Spanische oder holländische?

d. .... Jacke soll ich anziehen? Die braune oder die schwarze? — Ich finde die braune besser.

e. .... Zeit hast du noch? — Ungefähr eine halbe Stunde.

f. Bringst du bitte Kartoffeln mit? — .... brauchst du denn? Sind zwei Kilo genug?

LOS PRONOMBRES INTERROGATIVOS *WAS* Y *WER*

Consulta las págs. 235 ss., donde también encontrarás ejercicios.

LOS PRONOMBRES RELATIVOS *DER, DIE, DAS*

• Wer war der Mann, **der** die Relativitätstheorie erfunden hat?	• ¿Quién fue el hombre que inventó la teoría de la relatividad?
• Ist das die Lampe, **die** du kaufen wolltest?	• ¿Es ésta la lámpara que querías comprar?

En los ejemplos anteriores aparecen dos veces las formas **der** y **die**. No debes confundirlas. Las que aparecen en primer lugar (**der Mann, die Lampe**) son artículos determinados. En cambio, las que aparecen a continuación, detrás de la coma, son pronombres relativos. Estos sirven para introducir una oración de relativo que da información sobre un nombre que se ha mencionado previamente (**Mann, Lampe**). A dicho nombre se le llama antecedente.

Como en las oraciones subordinadas en general, en las oraciones de relativo, el verbo conjugado ocupa el último lugar.

	singular			plural
	masculino	**femenino**	**neutro**	**m/f/n**
nominativo	der	die	das	die
acusativo	den	die	das	die
dativo	dem	der	dem	denen
genitivo	dessen	deren	dessen	deren

Las formas de los pronombres relativos son las mismas que las del artículo determinado, excepto en el dativo plural y en el genitivo. Estas dos últimas formas pertenecen ya a un nivel superior a B1.

La dificultad que representa el uso de los pronombres relativos para un hablante del español se debe a que en español se puede usar siempre la forma invariable *que*.

La forma concreta del pronombre relativo depende:

1) del antecedente; éste determina género y número;

2) de la función del propio pronombre en la oración de relativo (sujeto, complemento directo, complemento indirecto, ...); ésta determina el caso (nominativo, acusativo, dativo).

• Kennst du den **Autor, der** diesen Artikel geschrieben hat?	• ¿Conoces al autor que ha escrito este artículo?

Antecedente: masculino, singular / Función: sujeto (nominativo)

• Ist das der **Wagen, den** du verkaufen willst?	• ¿Éste es el coche que quieres vender?

Antecedente: masculino, singular / Función: complemento directo (acusativo)

• Kennst du die **Frau, mit der** ich gesprochen habe?	• ¿Conoces a la mujer con la que hablaba?

Antecedente: femenino, singular / Función: complemento preposicional (dativo, ya que es el caso que rige la preposición)

EJERCICIOS

39. Realiza la combinación adecuada. [A2]

a. Das ist meine Freundin Anna,	1. das direkt an der Ecke steht.
b. Ich kaufe immer den Wein,	2. den ich dir empfohlen habe?

c. Wir haben viele Studenten, — 3. mit der ich zusammen studiere.

d. Hast du den Film gesehen, — 4. die aus Italien und Spanien kommen.

e. Das sind die Bücher, — 5. der im Regal vorne links steht.

f. Sie wohnen in dem Haus, — 6. die wir lesen müssen.

40. Fotos de familia. Añade el pronombre relativo en nominativo. [B1]

a. Das ist mein Bruder, ... jetzt in Amerika wohnt.

b. Hier ist meine Cousine Maria, ... mit einem Italiener verheiratet ist.

c. Und hier sind meine Großeltern, ... in einem kleinen Dorf leben.

d. Das hier ist mein Neffe Tom, ... Tiere liebt.

e. Hier siehst du meine Tante Mia, ... im Zoo arbeitet.

f. Das sind die Kinder von Onkel Michael, ... so gut Klavier spielen.

41. Añade la oración de relativo con el pronombre relativo en nominativo. [B1]

Mein Onkel Michael:

Er spielt gern Schach. Er ist mit einer Italienerin verheiratet. Er hat früher viele Reisen gemacht. Er möchte jetzt eine Weltreise machen.

a. Das ist mein Onkel Michael, *der gern Schach spielt.*

b. Das ist mein Onkel Michael, ...

c. Das ist mein Onkel Michael, ...

d. Das ist mein Onkel Michael, ...

Meine Cousine Maria:

Sie kocht gut Spaghetti. Sie ist oft in Italien gewesen. Sie hat Italienisch gelernt. Sie würde am liebsten in Italien leben.

e. Das ist meine Cousine Maria, ...

f. Das ist meine Cousine Maria, ...

g. Das ist meine Cousine Maria, ...

h. Das ist meine Cousine Maria, ...

42. Añade el pronombre relativo en acusativo. [B1]

a. Das ist Matilda, ... ich in Frankreich kennen gelernt habe.

b. Wo sind die Äpfel, ... du gekauft hast?

c. Der Schal ist aus einem Material (n), ... man nicht waschen kann.

d. Wie heißt der Kollege, ... du gerade gegrüßt hast?

e. Hast du die E-Mails bekommen, ... ich dir geschickt habe?

f. Carolina war eine Frau, ... man nicht vergisst.

g. Ist das der Mann, ... sie geheiratet hat?

43. Completa el enunciado con el pronombre relativo en acusativo. [B1]

Das ist/sind ...

a. das Buch – ich habe es noch nicht gelesen

Das ist das Buch, das ich noch nicht gelesen habe.

b. der Film – wir möchten ihn sehen

....

c. die Torte – Anna hat sie gebacken

....

d. der neue Computer – ich habe ihn gestern gekauft

....

e. die Katze – er hat sie auf der Straße gefunden

....

f. das elegante Kleid – Marta hat es im Internet bestellt

....

g. die Fotos – Oliver hat sie gemacht

....

44. Añade el pronombre relativo en dativo. [B1]

a. Wer ist die Dame, ... du die Rosen geschenkt hast?

b. Du bist der erste Mann, ... mein Essen nicht schmeckt!

c. Das ist das junge Paar, ... ich die Wohnung gezeigt habe.

d. Sind Sie der Mann, ... man den Koffer gestohlen hat?

e. Wo ist das Mädchen, ... dieses Fahrrad gehört?

f. Da hinten sind die Touristen, ... ich geholfen habe.

45. Añade el pronombre relativo en nominativo, dativo o acusativo. [B1]

a. Die Studentin, ... mit mir zusammen Spanisch lernt, kommt aus München.

b. Wie heißt das Märchen, ... ich dir vorlesen soll?

c. Wo sind die Briefe, ... ich vorhin auf den Tisch gelegt hatte?

d. Kennst du den Vermieter, ... das Haus gehört?

e. Heute kommt ein Film im Kino, ... ich schon lange sehen wollte.

f. Kennst du schon die neuen Nachbarn, ... in die Wohnung über uns gezogen sind?

g. Die Frau, ... ich den Weg erklärt habe, hat sich sehr bedankt.

h. Mein Onkel, ... seit 20 Jahren in den USA lebt, kommt zu Besuch.

i. Die Pizza, ... wir gestern gegessen haben, war sehr gut.

j. Ich kann dir ein gutes Buch empfehlen, ... ich gerade gelesen habe.

46. Realiza las combinaciones apropiadas. [B1]

a. Das ist mein Freund Oliver,	1. mit der seit zwei Jahren zusammen bin.
b. Mathematik ist ein Thema,	2. an die ich mich nicht erinnere.
c. Das ist die Frau,	3. von dem ich dir schon viel erzählt habe.
d. Barcelona ist eine Stadt,	4. in dem es immer warm ist.
e. Ich möchte in einem Land leben,	5. für das ich mich überhaupt nicht interessiere.
f. Ich habe viele Passwörter,	6. in der ich gern Urlaub machen würde.

47. Añade el pronombre relativo teniendo en cuenta que el caso del pronombre viene determinado por el régimen concreto de la preposición. [B1]

a. Wie heißt der Mann, von .... das Penizillin entdeckt wurde?

b. Ein Land, in .... ich gerne reisen würde, ist Japan.

c. Kennst du eine Schule, in .... man Arabisch lernen kann?

d. Informatik ist ein Studienfach, für .... er sich sehr interessiert.

e. Erinnerst du dich an den Frisör, von .... ich dir erzählt habe?

f. Heute kommt der Film im Fernsehen, auf .... ich mich schon lange freue.

g. Der Lehrer, über .... ich mich immer geärgert habe, ist jetzt an einer anderen Schule.

h. Er nahm seinen Hut, ohne .... er nie aus dem Haus ging.

48. Convierte las oraciones simples en oraciones subordinadas de relativo, como en el ejemplo. [B1]

Das ist der Mann ...

a. Er hat keine Kinder. *..., der keine Kinder hat.*

b. Ich habe dir gestern von ihm erzählt. ....

c. Wir haben ihm schon oft geholfen. ....

d. Ich kenne ihn gut. ....

e. Ich erinnere mich gern an ihn. ....

Das ist die Frau ...

f. Ihr gefällt klassische Musik. ....

g. Ich gehe manchmal mit ihr ins Kino. ....

h. Klaus interessiert sich für sie. ....

i. Sie kommt aus Italien. ....

j. Ich liebe sie. ....

EL PRONOMBRE RELATIVO *WAS*

• **Das**, **was** du gesagt hast, stimmt nicht. • Er glaubt **alles**, **was** du sagst.	• Esto que has dicho no es cierto. • Se cree todo lo que dices.

El pronombre relativo **was** debe usarse cuando el antecedente lo constituye el pronombre demostrativo neutro **das** *(esto)* o el indefinido neutro singular **alles** *(todo)*.

EL PRONOMBRE *ES* Y SUS FUNCIONES

• A: Wo ist das Wörterbuch? • B: **Es** steht im Regal. (1) • B: Ich habe **es** Monika gegeben. (2)	• A: ¿Dónde está el diccionario? • B: Está en la estantería. • B: Se lo he dado a Mónica.

La forma **es** actúa principalmente como pronombre personal que sustituye a un nombre neutro singular (**Wörterbuch**), ya sea como sujeto (1) o como complemento directo (2). Como complemento directo no puede aparecer nunca en el primer lugar de una oración enunciativa.

• Wir haben viele Schüler aus Italien in unserer Klasse. Insgesamt sind **es** 18. • Siehst du den Mann und die Frau da vorne? **Es** sind die Eltern von Silvia.	• Tenemos muchos alumnos de Italia en nuestra clase. En total son 18. • ¿Ves al hombre y a la mujer de ahí delante? Son los padres de Silvia.

También puede sustituir (sólo en función de sujeto) a nombres en plural o a singulares coordinados (*al hombre y a la mujer*).

• **Es** regnet. • In Deutschland regnet **es** viel.	• Llueve./Está lloviendo. • En Alemania llueve mucho.

Aparece con verbos que expresan fenómenos climáticos, como **regnen** *(llover)*, **schneien** *(nevar)*, **blitzen** *(relampaguear)* o **donnern** *(tronar)*. Con ellos ocupa el lugar que ocuparía el sujeto pronominal con cualquier otro verbo en función del tipo de oración.

• **Es** ist kalt. • **Es** wird dunkel. • Jetzt ist **es** zu spät. • **Es** ist zehn Uhr.	• Hace frío. • Está oscureciendo. • Ahora es demasiado tarde. • Son las diez.

También aparece con los verbos **sein** y **werden** seguidos de expresiones que describen fenómenos de la naturaleza o circunstancias temporales. De ahí que también aparezca en la formulación típica para preguntar la hora: **Wie spät ist es?/Wie viel Uhr ist es?** *(¿Qué hora és?)*.

• **Es** gibt keine Sportzeitungen an diesem Kiosk. • Hier gibt **es** nur deutsche Zeitungen.	• No hay periódicos deportivos en este quiosco. • Aquí sólo hay periódicos alemanes.

Aparece obligatoriamente con la forma impersonal e invariable **es gibt** *(hay)*.

• **Es** freut mich sehr, dass du kommen kannst. (1)	• Me alegra mucho que puedas venir.
• Dass du kommen kannst, freut mich sehr. (2)	• Que puedas venir me alegra mucho.
• **Es** ist interessant, an diesem Projekt zu arbeiten. (3)	• Es interesante trabajar en este proyecto.
• An diesem Projekt zu arbeiten, ist interessant. (4)	• Trabajar en este proyecto es interesante.

Cuando el sujeto lo constituye una oración subordinada pospuesta (1) y (3), el pronombre **es** ocupa obligatoriamente el primer lugar de la oración principal (siempre y cuando éste no lo ocupe ya otro elemento).

Si la subordinada (de sujeto) se antepone a la principal (2) y (4), el pronombre **es** desaparece obligatoriamente.

EJERCICIOS

49. Decide si debe añadirse el pronombre *es* o no. [B1]

a. Wann kommt der Zug an? Weißt du ....?

b. Dass ihr daran gedacht habt, ... ist schön.

c. Ich habe dir das Buch auf den Tisch gelegt. Du kannst .... lesen.

d. .... ärgert mich, dass du nie pünktlich bist.

e. Hier zu rauchen, ist .... verboten.

f. **A**: Ist dein Auto schon wieder kaputt? – **B**: Ja, ich habe .... in die Werkstatt gebracht.

g. Weißt du, ob .... hier deutsche Zeitungen gibt?

h. **A**: Wie spät ist .... ? – **B**: Gleich 9, ... wird schon dunkel.

i. Hier zu leben, gefällt .... mir.

j. Im letzten Sommer war .... sehr warm.

k. .... ist gesund, viel Obst zu essen.

l. Viel Obst zu essen, ist .... gesund.

5. LOS ADJETIVOS

• A: Sieh mal! Dieses Wörterbuch ist **billig**. (1)	• A: ¡Mira! Este diccionario es barato.
• B: Ja, aber ich brauche ein sehr **gutes** Wörterbuch. (2)	• B: Sí, pero necesito un diccionario muy bueno.

La función principal de los adjetivos es la de expresar una cualidad, ya sea como atributo con verbos copulativos (1) o como complemento de un nombre (2).

LA COLOCACIÓN

• Mein Wagen ist **schnell**. (1)	• Mi coche es rápido.
• Ich habe einen **schnellen** Wagen. (2)	• Tengo un coche rápido.

Cuando actúa como atributo (1), el adjetivo se coloca casi siempre al final de la oración. Cuando lo hace como complemento del nombre (2), debe colocarse siempre delante del nombre.

LA DECLINACIÓN

• Der Wagen ist **klein**.	• El coche es pequeño.
• Die Wohnung ist **klein**.	• El piso es pequeño.
• Das Zimmer ist **klein**.	• La habitación es pequeña.
• Die Wagen/Wohnungen/Zimmer sind **klein**.	• Los coches/Los pisos/Las habitaciones son pequeños/as.

Utilizado como atributo con un verbo copulativo (**ist/sind**), el adjetivo aparece en su forma base, es decir tal y como lo aprendes como correspondencia del adjetivo español pertinente. A diferencia de lo que sucede en español, es invariable, tanto en cuanto al género como al número.

• Er hat einen klein**en** Wagen.	• (Él) Tiene un coche pequeño.
• Er hat eine klein**e** Wohnung.	• (Él) Tiene un piso pequeño.
• Er hat ein klein**es** Zimmer.	• (Él) Tiene una habitación pequeña.
• Die Wohnung hat drei klein**e** Zimmer.	• El piso tiene tres habitaciones pequeñas.

Aquí la forma base adopta diferentes terminaciones. Esto es debido a que los adjetivos se declinan siempre cuando actúan como complemento de un nombre, es decir cuando aparecen delante de éste.

Consulta las págs. 89 ss. en cuanto al uso de los diferentes casos.

Las terminaciones que adopta el adjetivo al declinarse dependen:

- del género y del número del nombre al que complementan,
- de la función que dicho nombre cumple en la oración (sujeto, complemento directo, etc.),
- de la preposición que precede al propio adjetivo,
- de que el nombre vaya precedido de un determinante o no y de qué tipo de determinante se trate.

EJERCICIOS

1. Decide si debe declinarse el adjetivo o no. Subraya la forma correcta. [A2]

a. Der *klein/kleine* Hund heißt Bello.

b. Das Wetter in Berlin war nicht *schlecht/schlechte*.

c. Wir haben einen *nett/netten* Chef.

d. Sein *elegant/eleganter* Anzug war *unmodern/unmoderner*.

e. Annas Deutsch ist sehr *gut/gute*.

f. Deine Freundin sieht *sympathisch/sympathische* aus.

g. Haben Sie *italienisch/italienische* Tomaten?

h. Ich finde sie wirklich sehr *nett/nette*.

i. Ist dieses *deutsch/deutsche* Buch wirklich *interessant/interessantes*?

DECLINACIÓN SIN DETERMINANTE

	singular masculino	**femenino**	**neutro**	**plural m/f/n**
nominativo	spanisch**er**	spanisch**e**	spanisch**es**	spanisch**e**
acusativo	spanisch**en**	spanisch**e**	spanisch**es**	spanisch**e**
dativo	spanisch**em**	spanisch**er**	spanisch**em**	spanisch**en**
genitivo	spanisch**en**	spanisch**er**	spanisch**en**	spanisch**er**

Observa que las terminaciones son las mismas que adopta el artículo determinado (en el neutro singular nominativo y acusativo, la **–as** de **das**, se convierte en **–es** en el adjetivo).

• Das ist spanisch**er** Wein. nom.-m-s	• Esto es vino español.
• Er trinkt nur spanisch**en** Wein. ac.-m-s	• Sólo bebe vino español.
• Sie stoßen mit spanisch**em** Wein an. dat.-m-s	• Brindan con vino español.

Se declina del mismo modo detrás de determinantes invariables como **ein bisschen/ein wenig** *(un poco)*, **ein paar** *(uno cuantos)*, **etwas** *(algo)*, **genug** *(suficiente)* y **nichts** *(nada)* y detrás del plural de **einig-** *(algunos)*, **manch-** *(algunos)*, **wenig-** *(pocos)* y **viel-** *(muchos)*.

EJERCICIOS

2. ¡Buen provecho! Añade las terminaciones del adjetivo en nominativo o acusativo. [A2]

a. Wir haben heiß..... Glühwein (m) getrunken.

b. Sind das neu..... Kartoffeln (pl)?

c. Russisch..... Kaviar (m) ist teuer.

d. Ich möchte gern sechs klein..... Brötchen (pl).

e. Er trinkt oft deutsch..... Bier (n).

f. Isst du gern kalt..... Gemüsesuppe (f)?

g. Frisch..... Obst (n) ist gesund.

h. Das ist süß..... Sahne (f).

3. Internacional. Añade las terminaciones del adjetivo en nominativo o acusativo. [A2]

Das ist/sind	Kaufst du oft ..... ?
a. *neapolitanische Pizza (f)*	*neapolitanische Pizza (f)*
b. deutsch..... Bier (n)	deutsch..... Bier (n)
c. italienisch..... Tomaten (pl)	italienisch..... Tomaten (pl)
d. katalanisch..... Sekt (m)	katalanisch..... Sekt (m)
e. holländisch..... Gemüse (n)	holländisch..... Gemüse (n)
f. englisch..... Butter (f)	englisch..... Butter (f)
g. spanisch..... Zitronen (pl)	spanisch..... Zitronen (pl)
h. französisch..... Wein (m)	französisch..... Wein (m)

4. Anuncios. Añade las terminaciones del adjetivo en nominativo, acusativo o dativo. [A2]

a. Jung..... Schauspieler (m) sucht seriös..... Agentur (f) mit interessant..... Projekt (n).
b. Deutsch..... Touristen (pl) suchen schön..... Haus (n) mit groß..... Terrasse (f).
c. Ruhig..... Studentin (f) sucht billig..... Zimmer (n) mit klein..... Balkon (m).
d. Spanisch..... Fußballclub (m) sucht neu ..... Trainer (m) mit innovativ..... Ideen (pl).
e. Italienisch..... Mädchen (n) sucht deutsch..... Brieffreunde (pl) mit interessant..... Beruf (m).
f. Sportlich..... Frau (f) sucht nett..... Mann (m) mit toll..... Plänen (pl).
g. Amerikanisch..... Investoren (pl) suchen spanisch..... Partner (pl) mit groß..... Kapital (n).
h. Jung..... Kätzchen (n) sucht lieb..... Familie (f) mit groß..... Wohnung (f).

5. Ir de compras. Añade las terminaciones del adjetivo en acusativo. [A2]

a. Geben Sie mir bitte etwas italienisch.... Salami (f).
b. Ich hätte gern ein bisschen spanisch..... Schinken (m).
c. Ich nehme ein paar reif..... Bananen (pl).
d. Ich möchte bitte ein wenig frisch..... Obst (n).
e. Und geben Sie mir bitte noch einig..... holländisch..... Tomaten (pl.).

DECLINACIÓN DETRÁS DEL ARTICULO DETERMINADO

	singular **masculino**	**femenino**	**neutro**	**plural** **m/f/n**
nominativo	der neue	die neue	das neue	die neu**en**
acusativo	den neu**en**	die neue	das neue	die neu**en**
dativo	dem neu**en**	der neu**en**	dem neu**en**	den neu**en**
genitivo	des neu**en**	der neu**en**	des neu**en**	der neu**en**

Sólo se dan las terminaciones **–e** y **–en**.

• Wo ist **der** neue Lehrer? nom.-m-s	• ¿Dónde está el nuevo profesor?
• Kennst du **den** neu**en** Lehrer? ac.-m-s	• ¿Conoces al nuevo profesor?
• Sie sprechen mit **dem** neu**en** Lehrer. dat.-m-s	• Están hablando con el nuevo profesor.
• das Büro **des** neu**en** Lehrers gen.-m-s	• el despacho del nuevo profesor

También se declina de este modo detrás de los determinantes **dies-** *(este/a/os/as)*, **derselb-** *(el mismo)*, **jed-** *(cada)*, **all-** *(todo)* y el interrogativo **welch-** *(qué)*.

EJERCICIOS

6. Traduce las oraciones utilizando los siguientes adjetivos (sin declinar o declinados). [A2]

alt – blond – groß – krank – müde – neu

a. Thomas es alto.	....
b. El chico alto se llama Thomas.	.... Junge heißt Thomas.
c. Ella está enferma.	....
d. La chica enferma se queda en casa.	.... Mädchen bleibt zu Hause.
e. Él parece muy mayor.	Er sieht .... aus.
f. El hombre mayor es mi abuelo.	....
g. El móvil es nuevo.	Das Handy ....
h. El móvil nuevo ya está averiado.	.... ist schon kaputt.
i. Es rubia.	....
j. ¿Quién es la mujer rubia?	.... ?
k. ¿Estáis cansados?	Seid ihr .... ?
l. Los alumnos cansados están durmiendo.	.... schlafen.

7. Subraya la forma correcta del adjetivo. [A2]

a. Nimmst du	die	*blaue*	blauen	Bluse (f)?
b. Sind das	die	alten	alte	Schuhe (pl)?
c. Ist das	der	deutschen	deutsche	Kollege (m)?
d. Kaufst du	das	grünen	grüne	Kleid (n)?
e. Sind Sie	die	neue	neuen	Lehrerin (f)?
f. Wo ist	das	italienisch	italienische	Restaurant (n)?
g. Ich möchte	den	roten	rote	Rock (m).

8. Añade las terminaciones del adjetivo en nominativo o acusativo. [A2]

a. Ist das die neu..... Nachbarin (f)?

b. Ich nehme die italienisch..... Spaghetti (pl) mit Tomatensauce.

c. Hast du den deutsch..... Text (m) schon gelesen?

d. Das englisch..... Bier (n) schmeckt sehr gut.

e. Wer hat das interessant..... Foto (n) gemacht?

f. Der nett..... Verkäufer (m) hat mir geholfen.

g. Die frisch..... Erdbeeren (pl) sind sehr teuer.

h. Die grün..... Jacke (f) kaufe ich nicht.

9. ¿Qué me pongo? Añade las terminaciones del adjetivo en nominativo, acusativo o dativo. [A2]

der Anzug - die Bluse - das Hemd - die Jacke - der Rock - das T-Shirt - die Schuhe (pl) - die Strümpfe (pl)

a. A: Zieh doch die grün..... Jacke mit der rot..... Bluse an.
   B: Was? Aber die grün..... Jacke und die rot..... Bluse passen doch nicht zusammen!

b. A: Zieh doch die rot..... Schuhe mit den weiß..... Strümpfen an.
   B: Was? Aber die rot.... Schuhe und die weiß..... Strümpfe passen doch nicht zusammen!

c. A: Zieh doch den braun..... Anzug mit dem schwarz..... Hemd an.
   B: Was? Aber der braun.... Anzug und das schwarz.... Hemd passen doch nicht zusammen!

d. A: Zieh doch das gelb..... T-Shirt mit dem blau..... Rock an.
   B: Was? Aber das gelb..... T-Shirt und der blau..... Rock passen doch nicht zusammen!

10. Añade las terminaciones del adjetivo en nominativo, acusativo o dativo. [A2]

a. Hast du dieses interessant..... Buch (n) schon gelesen?

b. Wir haben alle amerikanisch..... Studenten (pl) eingeladen.

c. Ich möchte diese blau..... Bluse (f) kaufen.

d. Jeder neu..... Kunde (m) bekommt ein Geschenk.

e. Mit diesem alt..... Pullover (m) kannst du nicht zur Arbeit gehen.

f. Alle klein..... Kinder (pl) müssen jetzt schlafen gehen.

g. Der Lehrer hat jeden neu..... Schüler (m) persönlich begrüßt.

DECLINACIÓN DETRÁS DEL ARTÍCULO INDETERMINADO

	singular masculino	**femenino**	**neutro**	**plural m/f/n**
nominativo	ein neu**er**	eine neu**e**	ein neu**es**	------------
acusativo	einen neu**en**	eine neu**e**	ein neu**es**	------------
dativo	einem neu**en**	einer neu**en**	einem neu**en**	------------
genitivo	eines neu**en**	einer neu**en**	eines neu**en**	------------

Esta declinación se diferencia de la anterior (que sólo presentaba las terminaciones –**e** y –**en**), por lo siguiente: Presenta terminaciones diferentes cuando el propio determinante (**ein-**) no es suficiente para identificar el caso, al no poseer terminación (nominativo masculino singular y nominativo y acusativo neutro singular).

Recuerda, por otra parte, que el artículo indeterminado no tiene formas para el plural.

• Das ist **ein** neu**er** Computer. nom.-m-s	• Éste es un ordenador nuevo.
• Hast du **einen** neu**en** Computer? ac.-m-s	• ¿Tienes un ordenador nuevo?
• Ich arbeite mit **einem** neu**en** Computer. dat.-m-s	• Trabajo con un ordenador nuevo.
• der Preis **eines** neu**en** Computers gen.-m-s	• el precio de un ordenador nuevo

---

EJERCICIOS

11. Subraya la forma correcta. [A2]

a. Nimmst du	eine	*warme*	warmen	Suppe (f)?
b. Ich möchte	einen	gemischter	gemischten	Salat (m).
c. Haben Sie		biologische	biologischen	Kartoffeln (pl)?
d. Er bestellt	ein	leckeres	lecker	Hähnchen (n).
e. Das war	ein	schöne	schönes	Abendessen (n).
f. Hier sind		billigen	billige	Bananen (pl).
g. Ist das	ein	deutscher	deutschen	Wein (m)?

12. En el rastro, 1ª parte. [A2]

En el rastro he visto cosas interesantes (ten en cuenta que debes utilizar el acusativo):

Auf dem Flohmarkt habe ich interessante Sachen gesehen:

a. eine *antike* Uhr

b. einen altmodisch..... Sessel

c. alt.... Vinyl-Platten

d. ein schön..... Weinglas

e. einen neu.... Kühlschrank

f. eine billig..... Gitarre

g. ein toll..... Fahrrad

h. interessant..... Bücher

Allí hay (ten en cuenta que con *ist/sind* debes utilizar el nominativo):

Da ist/sind:

i. eine *antik<u>e</u>* Uhr

j. ein altmodisch..... Sessel

k. alt.... Vinyl-Platten

l. ein schön..... Weinglas

m. ein neu.... Kühlschrank

n. eine billig..... Gitarre

o. ein toll..... Fahrrad

p. interessant..... Bücher

13. Deseos. Añade la terminación del adjetivo en acusativo. [A2]

Ich möchte ein (a) neu..... Handy, einen (b) leicht..... Koffer, ein (c) schnell..... Fahrrad, eine (d) groß..... Tasche, einen (e) elegant..... Wagen, eine (f) modern..... Digitalkamera, (g) bequem..... Schuhe und (h) interessant..... Bücher.

DECLINACIÓN DETRÁS DEL DETERMINANTE POSESIVO

	singular masculino	**femenino**	**neutro**	**plural m/f/n**
nominativo	mein neu**er**	meine neu**e**	mein neu**es**	meine neu**en**
acusativo	meinen neu**en**	meine neu**e**	mein neu**es**	meine neu**en**
dativo	meinem neu**en**	meiner neu**en**	meinem neu**en**	meinen neu**en**
genitivo	meines neu**en**	meiner neu**en**	meines neu**en**	meiner neu**en**

Esta declinación sólo se diferencia de la anterior por lo siguiente: tiene formas para el plural.

• Das ist **mein** neu**er** Computer. nom.-m-s	• Éste es mi nuevo ordenador.
• Wie findest du **meinen** neu**en** Computer? ac.-m-s	• ¿Qué te parece mi nuevo ordenador?
• Ich arbeite mit **meinem** neu**en** Computer. dat.-m-s	• Trabajo con mi ordenador nuevo.

• der Preis **meines** neu**en** Computers gen.-m-s	• el precio de mi ordenador nuevo

DECLINACIÓN DETRÁS DEL ARTÍCULO NEGATIVO *KEIN-*

• Ich brauche **keinen** schnell**en** Computer.	• No necesito un ordenador rápido.

Se declina igual que detrás del determinante posesivo (apartado anterior).

EJERCICIOS

14. En el rastro, 2ª parte. [A2]

Vendedor:

Heute habe ich kleine Tische, lange Kleider, sportliche Blusen, alte Computer, große Sofas und blaue Tassen!

Cliente:

Ich brauche keine (a) klein..... Tische, keine (b) lang...... Kleider, keine (c) sportlich..... Blusen, keine (d) alt..... Computer, keine (e) groß..... Sofas und keine (f) blau..... Tassen.

Ich brauche einen (g) groß..... Tisch, ein (h) kurz..... Kleid, eine (i) elegant..... Bluse, einen (j) neu..... Computer, ein (k) klein..... Sofa und (l) rot..... Tassen.

15. Añade las terminaciones del adjetivo en nominativo o acusativo. [A2]

a. Frau Schön ist eine elegant..... Dame (f).
b. Das sind keine groß..... Probleme (pl).
c. Nimmst du deine neu..... Kamera (f) mit?
d. Mein groß..... Bruder (m) studiert in den USA.
e. Kannst du mir ein spannend..... Buch (n) empfehlen?
f. Er trägt ein weiß..... Hemd (n).
g. Möchtest du ein heiß..... Bad (n) nehmen?
h. Ich hatte mit dieser Übung keine groß..... Probleme (pl).

16. Añade las terminaciones del adjetivo en nominativo, acusativo o dativo. [A2]

a. Das ist meine neu..... Kamera (f). Ich habe meine neu..... Kamera gestern gekauft.
   Mit meiner neu..... Kamera bin ich sehr zufrieden.

b. Das ist sein neu..... Handy (n). Er hat sein neu..... Handy gestern gekauft.
   Mit seinem neu..... Handy ist er sehr zufrieden.

c. Das sind ihre neu..... Schuhe (pl). Sie hat ihre neu..... Schuhe gestern gekauft.
   Mit ihren neu..... Schuhen ist sie sehr zufrieden.

d. Das ist sein neu..... Computer (m). Er hat seinen neu..... Computer gestern gekauft.
   Mit seinem neu..... Computer ist er sehr zufrieden.

17. Títulos de películas. Añade, si es necesario, la terminación del adjetivo. [B1]

a. Sissi, die *jung***e** Kaiserin
b. Der weiß..... Hai
c. Die fabelhaft..... Welt der Amelie
d. Das Leben ist schön.....
e. Das weiß..... Band
f. Eine verhängnisvoll..... Affäre
g. Der amerikanisch..... Freund
h. Ist sie nicht wunderbar.....?
i. Der Club der tot..... Dichter
j. Grün..... Tomaten
k. Balzac und die klein..... chinesisch..... Schneiderin
l. Hachiko – eine wunderbar..... Freundschaft
m. Echt..... Frauen haben Kurven
n. Meine verrückt..... griechisch..... Hochzeit

18. En la tienda. Añade, si es necesario, las terminaciones del adjetivo en nominativo o acusativo. [A2]

a. Ich suche einen großen Topf.	– Tut mir Leid, wir haben nur klein.... Töpfe.
b. Haben Sie frisches Gemüse?	– Ja, natürlich, unser Gemüse ist immer frisch.... .
c. Ich hätte gern ein kleines Huhn.	– Heute habe ich nur groß.... Hühner.
d. Geben Sie mir bitte eine italienisch.... Gurke.	– Italienisch..... Gurken habe ich nicht.

e. Ich möchte einen roten Kuli. – Bitte schön, hier ist ein rot..... Kuli.

f. Haben Sie spanisch..... Tomaten? – Ja, unsere spanisch.... Tomaten sind sehr gut... .

g. Ich hätte gern saur.... Äpfel. – Leider habe ich keine saur.... Äpfel.

19. Traduce, utilizando el nominativo. Ten en cuenta si el nombre lleva determinante o no, así como el tipo de determinante. [A2]

a. una pizza italiana (italienisch) - *eine italienische Pizza*

b. un niño enfermo (krank) - ....

c. ordenadores averiados (kaputt) - ....

d. verdura fresca (frisch) - ....

e. una mujer interesante (interessant) - ....

f. cava catalán (katalanisch) - ....

g. el amigo americano (amerikanisch) - ....

h. la mujer elegante (elegant) - ....

i. las películas nuevas (neu) - ....

j. un hombre simpático (nett) - ....

k. el niño pequeño (klein) - ....

l. la moto rápida (schnell) - ....

20. ¿Quién ha visto a este hombre? Añade, si es necesario, la terminación del adjetivo. [A2]

das Auge – die Haare (pl) – das Hemd – die Hose – die Jacke – die Kapuze – der Mund - die Nase – das Ohr – der Ohrring – die Ratte – der Rucksack – der Schuh

Er hat (a) lang..... (b) rot..... Haare, (c) grün..... Augen, eine (d) groß..... Nase und einen (e) breit..... Mund. Seine Ohren sind (f) klein....., und im linken Ohr hat er einen (g) rund..... Ohrring. Er trägt eine (h) kurz..... (i) blau..... Hose, ein (j) rot..... Hemd und eine (k) gelb..... Jacke mit einer (l) grün..... Kapuze. Seine (m) schmutzig..... (n) braun..... Schuhe sind (o) kaputt..... . Auf dem Rücken trägt er einen (p) alt..... Rucksack und auf der rechten Schulter hat er eine (q) groß..... (r) weiß..... Ratte.

21. Un trabajo interesante. Añade, si es necesario, la terminación del adjetivo. [A2]

Max hat wirklich einen (a) interessant..... Job. In seiner (b) interessant..... Firma sitzt er von morgens bis abends an einem (c) interessant..... Computer und macht (d) interessant..... Sachen: Er surft im (e) interessant..... Internet, schreibt (f) interessant..... E-Mails, googelt

(g) interessant..... Informationen und kommuniziert mit seinen (h) interessant..... Geschäftspartnern in (i) interessant..... Video-Konferenzen. In der Pause chattet er mit seinen (j) interessant..... Freunden im (k) interessant..... Facebook, liest (l) interessant..... Artikel in den (m) interessant..... Online-Zeitungen und bestellt sein (n) interessant..... Abendessen in einem (o) interessant..... Online-Supermarkt. Wenn er abends seinen (p) interessant..... Computer ausschaltet, freut er sich schon auf den nächsten (q) interessant..... Tag und denkt zufrieden: Wie (r) interessant..... ist doch mein Leben!

DECLINACIÓN DE LOS ADJETIVOS TERMINADOS EN *-EL* Y *-ER*

• dunk**e**l (oscuro) • teu**e**r (caro)	Er trägt ein dun**kl**es Hemd. Sie trägt einen te**ur**en Mantel.	Lleva una camisa oscura. Lleva un abrigo caro.

Cuando los adjetivos terminados en **–el** se declinan, pierden siempre la **–e** de dicha terminación. Esto también sucede en los terminados en diptongo + **–er**.

DECLINACIÓN DE OTROS ADJETIVOS "ESPECIALES"

• hoch (alto)	Er lebt in einem sehr **hohen** Gebäude.	(Él) Vive en un edificio muy alto.

El adjetivo **hoch** pierde la **c** cuando se declina.

EJERCICIOS

22. Añade el adjetivo declinado. [A2]

a. Das war kein .... (rentabel) Projekt.

b. Wir haben eine sehr .... (teuer) Reise gebucht.

c. Zieh dir ein .... (sauber) Hemd an.

d. Das ist eine .... (akzeptabel) Lösung.

e. Isst du auch so gern .... (sauer) Äpfel?

f. Ich habe einen sehr .... (flexibel) Kollegen.

g. Gibt es kein Licht in dem .... (dunkel) Keller?

LA GRADACIÓN Y LA COMPARACIÓN

• Mein Wagen ist **schnell.**	(1)	• Mi coche es rápido.
• Dein Wagen ist **schneller.**	(2)	• Tu coche es más rápido.
• Sein Wagen ist **am schnellsten.**	(3)	• Su coche es el más rápido.

El adjetivo tiene tres grados. En (1) aparece el adjetivo como lo aprendes al principio. Éste es el grado positivo. En (2) aparece la forma del grado comparativo, que sirve para establecer comparaciones de superioridad entre dos elementos. Y en (3) aparece el grado superlativo, que sirve para expresar el grado máximo de una cualidad, cuando se comparan más de dos elementos entre sí.

LA GRADACIÓN Y LA COMPARACIÓN – EL GRADO POSITIVO

• Michael ist **schnell.**	(1)	• Michael es rápido.
• Michael hat einen **schnellen** Wagen.	(2)	• Michael tiene un coche rápido.

El grado positivo sirve en primer lugar para expresar, sin más, una cualidad, ya sea como atributo (1) o como complemento del nombre (2).

• Michael lernt **schnell.**	• Michael aprende rápido/rápidamente.

La mayoría de adjetivos pueden actuar también como si fuesen adverbios.

• Michael ist **(nicht) so schnell wie** ich.	• Michael (no) es tan rápido como yo.

El grado positivo sirve también para expresar comparaciones de igualdad o su negación. En tales casos, aparece precedido de **so** *(tan)* y seguido de **wie** *(como).*

• Michael ist **weniger schnell** als ich.	• Michael es menos rápido que yo.

Finalmente también sirve para expresar comparaciones de inferioridad. En este caso aparece precedido de **weniger** *(menos)*, mientras que el segundo término de la comparación aparece precedido de **als** *(que).*

LA GRADACIÓN Y LA COMPARACIÓN – EL GRADO COMPARATIVO

• Michael ist **(nicht) schneller als** ich.	• Michael (no) es más rápido que yo.

El grado comparativo sirve para expresar comparaciones de superioridad o su negación. Si se explicita el segundo término de la comparación, éste aparece precedido de **als** *(que)*.

En español, salvo excepciones, este tipo de comparación se realiza mediante la combinación *más* + adjetivo. En alemán debe utilizarse la forma del comparativo del adjetivo, que se construye como se explica a continuación.

Las formas regulares del comparativo

positivo	**comparativo**		
schnell	schnel**ler**	rápido	más rápido
intelligent	intelligent**er**	inteligente	más inteligente

El comparativo se forma añadiendo la terminación **–er** a la forma del grado positivo.

kalt	**kälter**	frío	más frío

Algunos adjetivos, además de la terminación **–er**, adoptan diéresis en la vocal del grado positivo.

Se trata – entre otros – de los siguientes: **alt** *(viejo)*, **arm** *(pobre)*, **gesund** *(sano)*, **hart** *(duro)*, **kalt** *(frío)*, **krank** *(enfermo)*, **lang** *(largo)*, **scharf** *(picante)*, **schwach** *(débil)*, **stark** *(fuerte)*, **warm** *(caliente)*, **groß** *(grande, alto)*, **dumm** *(tonto)*, **jung** *(joven)* y **kurz** *(corto)*.

nass	nass**er**/**nässer**	mojado	más mojado

Los adjetivos **nass** *(mojado)* y **schmal** *(estrecho)* pueden formar su grado comparativo sin diéresis en su vocal base o con ella.

dunkel (1)	dun**kler**	oscuro	más oscuro
teuer (2)	te**urer**	caro	más caro

Los adjetivos terminados en **–el** (1) o diptongo + **–er** pierden la **e** del grado positivo.

Formas irregulares del comparativo

positivo	**comparativo**		
gut	besser	bueno	mejor
hoch	höher	alto	más alto

EJERCICIOS

23. Construye el comparativo de los siguientes adjetivos. [A2]

a. arm ....
b. gut ....
c. langsam ....
d. sensibel ....
e. schnell ....
f. sauber ....
g. schlecht ....
h. reich ....
i. warm ....
j. interessant ....

24. Añade la forma del comparativo. [A2]

a. Läuft der Leopard .... (schnell) als der Löwe?
b. Was ist .... (teuer), Platin oder Gold?
c. Ich finde Anna .... (sympathisch) als Katrin.
d. Das Empire State Building ist .... (hoch) als der Eiffelturm.
e. Auf dem Notebook kann ich .... (gut) schreiben als auf dem Tablet.
f. Paul ist .... (groß) als Erik.
g. Welchen Pulli findest du .... (schön), den blauen oder den grünen?

25. ¿*als* o *wie*? [A2]

a. Silke ist so alt .... ihre Schwester, sie sind Zwillinge.
b. Paul ist älter .... sein Bruder.
c. Ich finde Deutsch weniger schwierig .... Finnisch.
d. Kannst du so schnell .... ich laufen?
e. Der Ficus ist genauso groß .... die Palme.
f. Die Palme ist ein bisschen größer .... der Ficus.
g. Ich glaube, du sprichst besser Deutsch .... ich.
h. Die Jacke ist nicht so teuer .... der Mantel.

La declinación del comparativo

• Ich habe mir ein schnelleres Auto gekauft.	• Me he comprado un coche más rápido.

El grado comparativo se declina de la misma manera que el grado positivo (→ págs. 148 ss.).

EJERCICIOS

26. Deseos. Utiliza el comparativo. [B1]

Ich möchte ...

a. (Kamera: modern) eine *modernere* Kamera

b. (Bücher: interessant) ....

c. (Computer: gut) einen ....

d. (Sofa: schön) ein ....

e. (Fahrrad: schnell) ein ....

f. (Koffer: groß) einen ....

g. (Wagen: elegant) einen ....

h. (Schuhe: bequem) ....

i. (Wohnung: billig) eine ....

27. Añade la forma del comparativo. [B1]

a. Meine Schwester hat ein .... (klein) Zimmer als ich.

b. Klaus ist ein .... (gut) Fußballspieler als Michael.

c. Wir haben eine .... (teuer) Wohnung als ihr.

d. Ich möchte einen Computer mit einem .... (stark) Prozessor.

e. Anna hatte die .... (interessant) Idee.

f. Indische Elefanten haben .... (klein) Ohren als afrikanische.

g. Ich hoffe, du hattest ein .... (ruhig) Wochenende als ich.

h. Der liberale Politiker hatte die .... (gut) Argumente.

LA GRADACIÓN Y LA COMPARACIÓN – EL GRADO SUPERLATIVO

• Martin ist (nicht) **am schnellsten.**	• Martín (no) es el más rápido (de todos).
• Martin ist (nicht) **der schnellste.**	• Martín (no) es el más rápido (de todos).
• **Der schnellste** Läufer ist Martin.	• El corredor más rápido es Martín.

El grado superlativo sirve para expresar comparaciones de superioridad en grado absoluto o su negación. Mientras que en la comparación de dos elementos hay que utilizar el comparativo, siempre que la comparación se realice entre más de dos elementos, debe utilizarse obligatoriamente el superlativo.

Ten en cuenta que en español no existe una forma específica para este grado, que en ejemplos como los anteriores es la misma que se usa en el comparativo (*más* + adjetivo en grado positivo).

El grado superlativo con *am*: Formas y uso

positivo		**comparativo**		
schnell	(1)	am schnell**sten**	rápido	más rápido (de todos)
breit	(2)	am breit**esten**	ancho	más ancho (de todos)

Esta forma del superlativo es invariable y se construye añadiendo la terminación **–sten** (1) o **–esten** (2) al grado positivo y colocando delante **am**.

La terminación **–esten** se añade a los adjetivos terminados en **–d**, **–t**, **–s**, **–ß**, **–sch**, y **–z**, cuando son monosílabos o cuando la última sílaba es tónica: **wild** *(salvaje)*, **breit** *(ancho)*, **nervös** *(nervioso)*, **heiß** *(caliente)*, **hübsch** *(guapo, bonito)*, **kurz** *(corto)*.

También es habitual (aunque no obligatoria) en los adjetivos terminados en diptongo o en vocal + **h**: **genau** *(exacto)*, **neu** *(nuevo)*, **früh** *(pronto, temprano)*.

warm	am wärmsten	caliente	más caliente (de todos)

Todos aquellos adjetivos que adoptan o pueden adoptar diéresis en el comparativo lo hacen también en el superlativo (→ pág. 160).

groß	am größ**ten**	grande/alto	más grande/alto (de todos/que nadie)

El adjetivo **groß** debe considerarse irregular ya que, a pesar de acabar en **–ß**, sólo añade **–ten**.

gut	am **besten**	bueno/bien	mejor (de todos/que nadie)

El adjetivo **gut** tiene, igual que en el comparativo, una forma irregular en el superlativo.

• Mein Freund ist **am schnellsten**. (1) • Mein Freund läuft **am schnellsten**. (2)	• Mi amigo es el más rápido (de todos). • Mi amigo corre más rapido que nadie./ Mi amigo es el que corre más rápido (de todos).

Esta forma invariable con **am** únicamente puede utilizarse en función de atributo con verbos copulativos (1) o en función adverbial como complemento de cualquier otro verbo (2).

EJERCICIOS

28. Añade la forma adecuada del superlativo con *am*. [A2]

a. Ich finde alle Geschenke schön, aber *am schönsten* finde ich dein Geschenk.

b. Sie spricht gut Englisch und Deutsch, aber Französisch spricht sie ....

c. Anna und Inga sind groß, aber .... ist Berta.

d. In Barcelona und in Madrid war es heiß, aber .... war es in Sevilla.

e. Hans und Eduard sind intelligent, aber ich glaube, Paul ist ....

f. In Nordeuropa ist es im Winter kalt, aber in Sibirien ist es ....

g. Im Urlaub war alles sehr teuer, aber .... war das Hotel.

29. Añade la forma adecuada del superlativo con *am*. [A2]

a. Welcher Sportler läuft *am schnellsten* (schnell)?

b. Welches Buch findest du .... (interessant)?

c. Welche Sprache findest du .... (schwer)?

d. Welche Kollegen findest du .... (nett)?

e. Welche Schauspielerin findest du .... (gut)?

f. Welches Handy ist .... (billig)?

g. Wo sind die Nächte im Sommer .... (kurz)?

El grado superlativo con determinante: Formas y uso

positivo		comparativo		
schnell	(1)	der/die/das/die schnellst-	rápido	el/la/los/las más rápido/a/os/as (de todos)
breit	(2)	der/die/das/die breitest-	ancho	el/la/los/las más ancho/a/os/as (de todos)
warm	(3)	der/die/das/die wärmst-	caliente	el/la/los/las más caliente/es (de todos)
groß	(4)	der/die/das/die größt-	grande	el/la/los/las más grande/es (de todos)
gut	(5)	der/die/das/die best-	bueno	el/la/los/las mejor/es (de todos)

(1) En la mayoría de adjetivos, el superlativo con determinante se forma añadiendo la terminación **–st** al grado positivo.

(2) Se añade **–est** a los mismos adjetivos en los que se añade **–esten** en la forma con **am** (→ págs. 163 s.).

(3) Los adjetivos que adoptan diéresis en el comparativo, la adoptan también aquí.

(4) (5) Los adjetivos **groß** y **gut** tienen una forma irregular.

• Lukas ist mein best**er** Freund.	(1)	• Lukas es mi mejor amigo.
• Lukas ist der best**e**.	(2)	• Lukas es el mejor.

Igual que el grado positivo y el grado comparativo, la forma del superlativo debe declinarse según el determinante que lleve delante (→ págs. 148 ss.).

Por regla general, esta forma del superlativo actúa como complemento del nombre (1). Pero en ocasiones aparece también sin él (2).

EJERCICIOS

30. Añade la forma de superlativo del adjetivo. Ten en cuenta que debes declinarla. [B1]

a. Wie heißt das *kleinste* (klein) Land der Welt?

b. Er ist auf den .... (hoch) Berg gestiegen.

c. Wir haben die .... (billig) Eintrittskarten gekauft.

d. Wo steht die .... (lang) Mauer der Welt?

e. Der .... (kurz) Weg ist nicht immer der .... (schnell).

f. Ich finde, die .... (nett) Kollegin von allen ist Frau Rose.

g. Wir haben den .... (groß) Vulkan der Erde gesehen.

h. Wo stehen die .... (alt) Bäume der Welt?

31. Traduce las siguientes oraciones utilizando el superlativo de los adjetivos entre paréntesis. [B1]

a. Michael es el mayor de mis hijos. (alt)

.... meiner Söhne.

b. He comprado el portátil más barato. (billig)

.... das .... Notebook gekauft.

c. Anna es la estudiante más jóven. (jung)

....

d. Subieron a la montaña más alta. (hoch)

.... gestiegen.

e. Los móviles más caros no siempre son los mejores. (teuer/gut)

.... Handys ....

32. ¿Comparativo o superlativo? ¿Qué forma es la correcta? [B1]

a. Tengo dos hermanas. La mayor tiene 22 años.

Ich habe zwei Schwestern. .... ist 22 Jahre alt.

(Die älteste – Die ältere – Am ältesten)

b. El mayor de mis cuatro hermanos tiene 30 años.

.... meiner vier Brüder ist 30 Jahre alt.

(Der älteste – Der ältere – Am ältesten)

c. Monika es muy guapa. Pero su hermana es la más simpática de las dos.

Monika ist sehr hübsch. Aber ihre Schwester ist .... von beiden.

(die netteste – die nettere – am nettesten)

d. Hemos recibido dos ofertas. La más interesante es ésta.

Wir haben zwei Angebote bekommen. .... ist dieses.

(Das interessanteste – Das interessantere – Am interessantesten)

e. ¿Cuál de estos dos modelos es el más barato?

Welches von diesen beiden/zwei Modellen ist .... ?

(das billigste – das billigere – am billigsten)

ADJETIVOS FRECUENTES CON FORMAS IRREGULARES O ESPECIALES EN LA COMPARACIÓN

positivo	comparativo	superlativo	
alt	älter	am ältesten	viejo
arm	ärmer	am ärmsten	pobre
bekannt	bekannter	am bekanntesten	conocido
breit	breiter	am breitesten	ancho
dumm	dümmer	am dümmsten	tonto
dunkel	dunkler	am dunkelsten	oscuro
fett	fetter	am fettesten	graso
fit	fitter	am fittesten	en forma
frisch	frischer	am frischesten	fresco
früh	früher	am früh(e)sten	temprano
genau	genauer	am genau(e)sten	exacto
gesund	gesünder	am gesündesten	sano, saludable
groß	größer	am größten	grande, alto
gut	**besser**	am **besten**	bueno
hart	härter	am härtesten	duro
heiß	heißer	am heißesten	muy caliente
hoch	höher	am höchsten	alto
hübsch	hübscher	am hübschesten	guapo
intelligent	intelligenter	am intelligentesten	inteligente
interessant	interessanter	am interessantesten	interesante
jung	jünger	am jüngsten	joven
kalt	kälter	am kältesten	frío
krank	kränker	am kränksten	enfermo
kurz	kürzer	am kürzesten	corto
lang	länger	am längsten	largo
laut	lauter	am lautesten	ruidoso, alto
leicht	leichter	am leichtesten	ligero, fácil
nass	nasser (nässer)	am nassesten (nässesten)	mojado
nervös	nervöser	am nervösesten	nervioso
nett	netter	am nettesten	simpático, amable
neu	neuer	am neu(e)sten	nuevo
preiswert	preiswerter	am preiswertesten	económico
sauer	saurer	am sauersten	ácido, agrio
scharf	schärfer	am schärfsten	picante, afilado
schlecht	schlechter	am schlechtesten	malo
schmal	schmaler (schmäler)	am schmalsten (am schmälsten)	estrecho
schwach	schwächer	am schwächsten	débil
stark	stärker	am stärksten	fuerte
süß	süßer	am süßesten	dulce

positivo	comparativo	superlativo	
teuer	teur**er**	am teuer**sten**	caro
verrückt	verrückt**er**	am verrückt**esten**	loco
warm	w**ä**rm**er**	am w**ä**rm**sten**	caliente, cálido
weit	weit**er**	am weit**esten**	lejos, ancho

LA COMPARACIÓN (RESUMEN)

• Er ist **so stark wie** du.	• Es tan fuerte como tú.

so + grado positivo + **wie** = *tan* + adjetivo + *como*

• Er ist **weniger stark als** du.	• Es menos fuerte que tú.

weniger + grado positivo + **als** = *menos* + adjetivo + *que*

• Er ist **stärker als** du.	• Es más fuerte que tú.

grado comparativo + **als** = *más* + adjetivo + *que*

• Er ist **viel stärker als** du.	• Es mucho más fuerte que tú.

viel + grado comparativo + **als** = *mucho* + *más* + adjetivo + *que*

• Er hat jetzt **mehr/weniger Zeit als** früher.	• Ahora tiene más/menos tiempo que antes.

mehr/weniger + nombre + **als** = *más/menos* + nombre + *que*

• Es werden **mehr/weniger als 20 Leute** kommen.	• Vendrán más/menos de 20 personas.

mehr/weniger + **als** + indicación de cantidad = *más/menos de* + indicación de cantidad

• Er macht es **am schnellsten**.	• Él lo hace más rápido que nadie.

superlativo con **am** en función adverbial = *más* + adjetivo + *que nadie*

• Er ist **am stärksten/der stärkste**.	• Él es el más fuerte (de todos).

superlativo con **am** en función de atributo = *el/la/los/las* + *más* + adjetivo
superlativo con determinante sin nombre en función de atributo = *el/la/los/las* + *más* + adjetivo

• Er hat **den schnellsten Wagen.**	• Él tiene el coche más rápido (de todos).

superlativo con determinante + nombre en otras funciones = determinante + nombre + adjetivo

Recuerda que en las comparaciones entre dos elementos debes utilizar obligatoriamente el comparativo. En cambio, si comparas más de dos elementos entre sí, tendrás que utilizar el superlativo.

EJERCICIOS

33. Añade las formas que faltan (positivo – comparativo – superlativo). [A2]

a. jung		
b. frisch		
c.	*hübscher*	
d.		*am dunkelsten*
e. sauer		
f. hoch		
g.	*sympathischer*	
h. leicht		
i.	*interessanter*	
j.		*am größten*

34. Completa las siguientes oraciones con los adjetivos correspondientes en su grado positivo, comparativo y superlativo. [A2]

alt – groß – hoch – langsam – schnell – teuer

a. Das Auto ist ...., der Zug ist ....,
und das Flugzeug ist am ....

b. Silber ist ...., Gold ist ....,
und Platin ist am ....

c. Die Ente ist ...., die Schildkröte ist ....,
und die Schnecke ist am ....

d. Mein Vater ist ...., mein Großvater ist ....,
und mein Urgroßvater ist am ....

e. New York ist ...., Tokio ist ....,
und Mexico City ist am ....

f. Der Monte Rosa ist ...., der Montblanc ist ....,
und der Kilimandscharo ist am ....

35. Transforma el superlativo precedido de *am* del ejercicio anterior en un superlativo en función de complemento del nombre. [B1]

a. Das Flugzeug ist das .... Verkehrsmittel.

b. Platin ist das .... Edelmetall.

c. Die Schnecke ist das .... Tier.

d. Mein Urgroßvater ist mein .... Verwandter.

e. Mexico City ist die .... Stadt.

f. Der Kilimandscharo ist der .... Berg.

LA NOMINALIZACIÓN

• Der Krank**e** musste drei Tage im Bett bleiben.	• El enfermo tuvo que quedarse tres días en cama.
• Der Arzt spricht mit dem Krank**en**.	• El médico habla con el enfermo.
• Wir brachten die Verletzt**en** ins Krankenhaus.	• Llevamos a los heridos al hospital.
• Hier werde ich immer ein Fremd**er** sein.	• Aquí siempre seré un extraño.

Como en español, los adjetivos pueden nominalizarse, es decir convertirse en nombres. En tal caso se escriben siempre con mayúscula, como los nombres, pero deben ser declinados como adjetivos.

• Das ist **das Negative** an dieser Arbeit.	• Esto es lo negativo de este trabajo.

Los adjetivos nominalizados, cuando expresan conceptos abstractos son del género neutro.

EJERCICIOS

36. Transforma los siguientes adjetivos en nombres que designan personas. [B1]

a. *verwandt*	*der Verwandte*	*ein Verwandter*
b. arbeitslos	die	eine ....
c bekannt	der	ein ....
d. deutsch	die	eine ....
e. freiwillig	der	ein ....
f. fremd	die	eine ....

37. Añade las terminaciones de los adjetivos nominalizados. [B1]

a. Fast alle meine Verwandt....... wohnen in Berlin.

b. Zu diesem Fest kamen nur die Reich....... und Schön........ .

c. Wir haben für diese Arbeit leider keinen Freiwillig....... gefunden.

d. Ein Angestellt....... der Bank hat mir geholfen.

e. Studenten und Arbeitslos....... müssen nur die Hälfte zahlen.

COMPLEMENTOS

• Ich bin **an dem Haus** interessiert.	• Estoy interesado en la casa.

An dem Haus *(en la casa)* depende del adjetivo **interessiert** *(interesado)*. Es, pues, un complemento del mismo, en este caso un complemento preposicional.

ADJETIVOS CON COMPLEMENTO PREPOSICIONAL

• Ich bin **mit deiner Arbeit** zufrieden. • Ich bin zufrieden **mit deiner Arbeit**.	• Estoy satisfecho con tu trabajo. • Estoy satisfecho con tu trabajo.

Cuando aprendas un adjetivo con complemento preposicional, debes memorizar la preposición y el caso que rige. Ten en cuenta que hay preposiciones que siempre rigen el mismo caso (→ pág. 232).

Cuando el adjetivo actúa como atributo, su complemento preposicional puede ir delante del mismo o detrás.

Son adjetivos con complemento preposicional:

con acusativo: **typisch für** *(típico de)*, **gut/schlecht für** *(bueno/malo para)*, **gut/schlecht gegen** *(bueno/malo contra)*, **froh über** *(contento de)*, **traurig über** *(triste por)*

con dativo: **interessiert an** *(interesado en)*, **verabredet mit** *(citado con)*, **verwandt mit** *(emparentado con)*, **zufrieden mit** *(satisfecho con)*, **enttäuscht von** *(desengañado con/de)*

ADJETIVOS CON COMPLEMENTO ACUSATIVO

• Ich bin **17 Jahre alt**.	(1)	• Tengo 17 años.
• Das Baby ist **einen Monat alt**.	(2)	• El bebé tiene un mes.
• Der Tisch ist **einen Meter breit**.	(3)	• La mesa tiene un metro de ancho.

Los adjetivos **alt** (1) (2) y **breit** (3) pueden aparecen con expresiones cuantitativas. La construida con el primero la conoces perfectamente, pues es la forma de expresar la edad. Las indicaciones cuantitativas que aparecen con estos adjetivos suelen ser plurales, por lo que no se nota el caso (1). Sin embargo, cuando en dicha indicación participa el numeral **ein-** *(un)*, éste debe realizarse en acusativo (2) (3).

Son otros adjetivos de este tipo: **schwer** (referido a peso), **groß** (referido a altura de seres vivos), **hoch** (referido a altura de cosas), **lang** (referido a longitud) y **tief** (referido a profundidad).

ADJETIVOS CON COMPLEMENTO DATIVO

• Es ist **mir egal**.	• Me da igual.
• **Mir** ist **warm/heiß/kalt.**	• Tengo calor/mucho calor/frío.
• **Mir** ist **schlecht.**	• Estoy mareado.
• Er ist **seinem Vater ähnlich.**	• Se parece/Es parecido a su padre.

EJERCICIOS

38. Añade la preposición. [B1]

für – gegen – mit – von

a. Sind Karotten wirklich gut .... die Augen?

b. Luise ist .... einem bekannten Politiker verwandt.

c. Ich bin wirklich enttäuscht .... dir!

d. Was ist typisch .... afrikanische Elefanten?

e. Man sagt, dass Salbei gut .... Halsschmerzen ist.

f. Warst du .... dem Geschenk zufrieden?

g. Heute Abend bin ich .... einem alten Freund verabredet.

h. Rauchen ist schlecht .... die Gesundheit.

39. ¿Acusativo o dativo? Marca la forma correcta. [B1]

a. Das ist mir/mich egal.

b. Die Fans waren traurig über die/der Niederlage ihrer Mannschaft.

c. Ich war über deinem/deinen Anruf wirklich froh.

d. Der Chef ist sehr interessiert an dem/den Auftrag.

e. Mich/Mir ist kalt!

40. Hablando de medidas. Traduce las siguientes oraciones utilizando el adjetivo correspondiente. [B1]

alt - breit - dick - groß - hoch - lang - schwer - tief

a. Harald mide casi dos metros. ....

b. La torre tiene 100 metros de altura. ....

c. La mesa tiene un metro de ancho. ....

d. La cama mide dos metros de largo. ....

e. El muro tiene un grosor de un metro. ....

f. Helmut pesa 95 kilos. ....

g. Mi hijo ya tiene un mes. ....

h. El lago tenía cinco metros de profundidad. ....

6. LOS NUMERALES

• Das Buch kostet **zehn** Euro. (1)	• El libro vale diez euros.
• Heute ist der **zehnte** Januar. (2)	• Hoy es (el) diez de enero.

Zehn y **zehnte** son numerales. Los numerales son palabras que sirven en general para expresar cantidad. Los principales tipos de numerales son los cardinales (1) y los ordinales (2).

CARDINALES – FORMAS

- 0 null
- 1 eins
- 2 zwei
- 3 drei
- 4 vier
- 5 fünf
- 6 sechs
- 7 sieben
- 8 acht
- 9 neun
- 10 zehn
- 11 elf
- 12 zwölf

Del 0 al 12 tienen formas simples.

- 13 dreizehn
- 14 vierzehn
- 15 fünfzehn
- 16 **sechzehn**
- 17 **siebzehn**
- 18 achtzehn
- 19 neunzehn

Del 13 al 19 se forman posponiendo **zehn** al nombre de la unidad correspondiente. Ten en cuenta que **sechs** y **sieben** pierden, respectivamente, la **–s** y la **–en** final.

- 20 **zwanzig**
- 30 **dreißig**
- 40 vierzig
- 50 fünfzig
- 60 **sechzig**
- 70 **siebzig**
- 80 achtzig
- 90 neunzig

Las decenas se forman añadiendo al nombre de la unidad la terminación **–zig** (en el caso de 30: **–ßig**). Como ves, **sechs** y **sieben** también pierden aquí sus terminaciones **–s** y **–en**. En el caso de 20 la forma es totalmente irregular.

- 21 einundzwanzig
- 36 sechsunddreißig
- 54 vierundfünfzig
- 77 siebenundsiebzig

La unión de decenas y unidades se forma al revés que en español: unidad + **und** + decena. Recuerda que la unidad **eins** pierde la **–s** final.

- 100 (ein)hundert
- 200 zweihundert
- 1000 (ein)tausend
- 101 (ein)hunderteins
- 212 zweihundertzwölf
- 2012 zweitausendzwölf
- 189 (ein)hundertneunundachtzig
- 293 zweihundertdreiundneunzig
- 2293 zweitausendzweihundert-dreiundneunzig

Las centenas y los millares se forman anteponiendo el número correspondiente a las palabras **hundert** *(cien)* y **tausend** *(mil)*.

En el caso de 100 y 1000, el uso de la unidad **ein-** (que pierde la **–s** final) es opcional.

La unión de centenas y millares con números menores se realiza del siguiente modo: centena/millar + número menor. Al reproducirse con letras (p.e. en cheques), se escribe todo junto.

- 1.999.999 eine Million neunhundertneunundneunzigtausendneunhundertneunundneunzig
- 3.245.788 drei Millionen zweihundertfünfundvierzigtausendsiebenhundertachtundachtzig

La palabra **Million/Millionen** se escribe separada tanto del número que la precede como del que la sigue.

EJERCICIOS

1. Escribe los números correspondientes. [A1]

a. dreizehn 13

b. zwölf ....

c. sechzehn.....................

d. null ....

e. elf ....

f. dreißig ....

g. siebzehn ....

2. Apunta los siguientes números de teléfono. [A1]

a. fünfundneunzig einundvierzig sechzig 95 41 60

b. sechsundsiebzig einundzwanzig vierzehn ....

c. zwanzig fünfzig siebenundsiebzig ....

d. fünfundfünfzig fünfzehn vierunddreißig ....

e. einundachtzig achtundneunzig achtzehn ....

f. zweiundvierzig vierundzwanzig siebzig ....

g. sechsundneunzig neunzehn neunzig ....

3. Escribe los números correspondientes. [A1]

a. neunhundertdreizehn 913

b. sechshundertzwanzig ....

c. zweihundertzwei ....

d. dreitausendvierhundertfünfzig ....

e. eintausenddreihundertneunzehn ....

f. fünfhundertdreiundzwanzigtausendvierhundertsiebzig ....

g. zwei Millionen dreihundertachtundneunzigtausendsiebenhundertsechsundvierzig

....

4. Escribe el resultado numérico en la primera columna.
Después escribe en la segunda la fórmula correspondiente. [A1]

a. dreiundzwanzig minus zehn ist dreizehn	*(23 – 10 = 13)*
b. fünfunddreißig plus zwanzig ist	....
c. achtzehn plus sieben ist	....
d. fünfundfünfzig minus vierundzwanzig ist	....
e. zweiundachtzig plus elf ist	(82 + 11 =)
f. zweiundsechzig minus zwölf ist	....
g. sechsunddreißig minus achtzehn ist	....

5. Escribe los números siguientes con letras. [A1]

a. 53 dreiundfünfzig

b. 67 ....

c. 76 ....

d. 41 ....

e. 16 ....

f. 30 ....

g. 17 ....

6. Expresa con letras las siguientes cantidades, tal y como lo harías en un cheque. [A1]

a. 513,- € fünfhundertdreizehn Euro

b. 720,- € ....

c. 216,- € ....

d. 4.576,- € ....

e. 7.770,- € ....

f. 26.616,- € ....

g. 670.211,- € ....

CARDINALES – USO

- Die CD kostet dreiundzwanzig Euro.
- Es ist **sieben (Uhr)**.
- Das Kind ist **zweitausendeins** geboren.

- El CD vale veintitrés euros.
- Son las siete.
- El niño nació en dos mil uno.

Al igual que en español, los cardinales se usan p.e. para indicar los precios, la hora y los años.

EN LAS INDICACIONES DE PRECIOS

- A: Wie viel kostet das?
- B: Zwei Euro (und) zehn (Cent).

- ¿Cuánto vale esto?
- B: Dos euros (con) diez (céntimos).

Diferencias con el español: 1) Las palabras **Euro** y **Cent** siempre aparecen en su forma singular; 2) delante del número referido a los céntimos no aparece ninguna preposición.

- Das kostet/macht **einen** Euro.
- Ich habe nur **einen** Dollar bezahlt.

- A: Esto vale un euro.
- B: Sólo he pagado un dólar.

Con **kosten**, **machen** y **bezahlen**, el precio aparece en acusativo. Como es lógico, esto sólo resulta evidente cuando el precio lo constituye, como en los ejemplos, la cifra "**ein**/*un*" cuando la moneda en cuestión es masculina o cuando dicha unidad forma parte del final de una cifra con una moneda del género masculino: **Das kostet einhunderteinen Euro.** *(Esto vale ciento un euros.)*.

Se escribe:

- 0,90 € / -,90 €
- 2,30 €
- 8,00 € / 8,- €

Se dice:

- neunzig Cent
- zwei Euro dreißig
- acht Euro

EJERCICIOS

7. Estás en una tienda de informática y te apuntas aquellos precios que te parecen interesantes. [A1]

a. *dvd-Player: Nur neununddreißig Euro fünfzig!* *39,50 €*
b. Notebook: Nur sechshundertfünfundzwanzig Euro! ....
c. Drucker: Nur siebenundfünfzig Euro! ....
d. 50 dvds: Nur einundzwanzig Euro achtundneunzig! ....
e. mp3-Player: Nur fünfundvierzig Euro achtzig! ....
f. Digitalkamera: Nur neunundneunzig Euro! 99,- €
g. Handy: Nur achtundzwanzig Euro neunzig! ....

8. Estás comprobando en voz alta el tíquet de la compra. ¿Cómo dirías el precio? [A1]

a. *Der Käse kostet 2,20 €.* *zwei Euro zwanzig*
b. Das Brot kostet 0,95 €. ....
c. Die Kartoffeln kosten 1,55 €. ....
d. Die Bratwürste kosten 2,10 €. ....
e. Die Eier kosten 1,30 €. ....
f. Das Wasser kostet 0,65 €. *fünfundsechzig Cent*
g. Der Kaffee kostet 3,95 €. ....

EN LAS INDICACIONES HORARIAS

• Es ist neun (Uhr).	(1)	• Son las nueve.
• Es ist ein Uhr/Es ist eins.	(2)	• Es la una.

La palabra **Uhr** sólo se utiliza para expresar la hora en punto (1), sin que sea obligatorio su uso. El verbo siempre aparece en singular y hay dos maneras de expresar "la una en punto" (2): con **Uhr** detrás de **ein** o sin **Uhr** detrás de **eins**.

• Es ist **halb** elf.	• Son las diez y media.

Para la media se coloca **halb** delante de la hora que sigue.

• Es ist Viertel **nach/vor** neun. (1) • Es ist zehn (Minuten) **nach/vor** neun. (2) • Es ist fünf (Minuten) **vor** halb neun. (3) • Es ist fünf (Minuten) **nach** halb neun. (4)	• Son las nueve y/menos cuarto. • Son las nueve y/menos diez. • Son las ocho y 25. • Son las nueve menos 25.

En los demás casos se toma la hora en punto o la media como referencia, indicando el tiempo que falta (con **vor**) o el que ha pasado (con **nach**). La media se toma como referencia desde la hora y 20 a la hora menos 20.

El orden es: **Viertel** *(cuarto)* o los minutos + **vor/nach** + la hora (1) (2) o los minutos + **vor/nach** + **halb** (3) (4).

• Es ist **vierzehn Uhr fünfzehn**.	• Son las catorce (horas) quince (minutos).

Para anunciar la hora p.e. en contextos más formales, en estaciones de tren o en aeropuertos, se utilizan los numerales del 0 al 24. Como en español, se nombra primero la hora y después los minutos, aunque añadiendo la palabra **Uhr** entre ambos. En su forma escrita con números, la hora del ejemplo aparece como **14.15 Uhr**.

• Wie spät ist es? • Wie viel Uhr ist es?	• ¿Qué hora es? • ¿Qué hora es?

Ten en cuenta que para preguntar la hora puedes utilizar dos fórmulas distintas.

• A: **Wann/Um wie viel Uhr** beginnt der Film? • B: **Um** halb neun.	• A: ¿Cuándo/A qué hora empieza la película? • B: A las ocho y media.

Cuando se pregunta por la hora en que sucede algo se pueden utilizar las fórmulas **wann** *(cuándo)* o **um wie viel Uhr**. En tal caso, en la respuesta la hora aparece precedida de **um**.

EJERCICIOS

9. ¿Qué respuesta es la correcta? [A1]

a. Es ist 16.45 Uhr.	❑ *Viertel nach fünf*	☒ *Viertel vor fünf*	❑ *Viertel vor vier*
b. Es ist 07.06 Uhr.	❑ sechs vor sieben	❑ sieben nach sechs	❑ sechs nach sieben
c. Es ist 19.30 Uhr.	❑ halb acht	❑ halb sieben	❑ halb neun
d. Es ist 12.15 Uhr.	❑ Viertel nach zwölf	❑ zwölf nach drei	❑ Viertel vor zwölf
e. Es ist 18.54 Uhr.	❑ sechs nach sechs	❑ sechs vor sieben	❑ sechs vor sechs

f. Es ist 19.19 Uhr. ❑ sieben nach sieben ❑ sieben nach siebzehn ❑ neunzehn nach sieben

g. Es ist 13.37 Uhr. ❑ sieben nach halb eins ❑ sieben nach halb zwei ❑ sieben nach halb drei

10. Escribe la hora en formato numérico. [A1]

a. *Es ist zehn vor drei. 2.50 Uhr / 14.50 Uhr*

b. Es ist Viertel nach fünf. ....

c. Es ist acht Uhr. ....

d. Es ist sechs vor halb eins. ....

e. Es ist dreizehn nach sieben. ....

f. Es ist zwanzig vor neun. ....

g. Es ist halb zwölf. ....

h. Es ist Viertel vor vier. ....

i. Es ist zwei nach halb zwei. ....

11. ¿Qué hora es? Exprésalo, como en el ejemplo, en el formato "no oficial". [A1]

a. *16.05 Uhr Es ist fünf nach vier.*

b. 11.45 Uhr ....

c. 13.00 Uhr ....

d. 20.15 Uhr ....

e. 14.30 Uhr ....

f. 19.35 Uhr ....

g. 08.07 Uhr ....

h. 15.25 Uhr ....

i. 17.00 Uhr ....

12. Traduce las siguientes indicaciones horarias. [A1]

a. *Son las ocho y diez. Es ist zehn nach acht.*

b. Es la una y media. ....

c. Son las diez menos diez. ....

d. Son las nueve. ....

e. Son las cuatro y cuarto. ....

f. Son las cinco y veinticinco. ....

g. Son las ocho menos veintidós. ....

h. Es la una. ....

i. Son las once menos cuarto. ....

13. ¿A qué hora sale el tren? Contesta a la pregunta utilizando la forma "oficial". [A1]

a. 16.05 Uhr Der Zug fährt um *sechzehn Uhr fünf* *ab.*

b. 03.30 Uhr ....

c. 23.29 Uhr ....

d. 19.45 Uhr ....

e. 24.00 Uhr ....

f. 06.40 Uhr ....

g. 15.55 Uhr ....

h. 22.15 Uhr ....

i. 13.20 Uhr ....

EN LA NUMERACIÓN DE LOS AÑOS

• Konstantin der Große starb 337 (**dreihundertsiebenunddreißig**).	• Constantino el Grande murió en 337.
• Ich bin 1975 (**neunzehnhundertfünfund-siebzig**) geboren.	• Nací en 1975.
• Die Firma existiert seit 2002 (**zweitausend(und)zwei**).	• La empresa existe desde 2002.

Del 1100 al 1999 no se utiliza la palabra **tausend** *(mil)*, sino la palabra **hundert** *(cien)* precedida de los números 11 al 19 (**neunzehnhundert**). Los numeros finales del 1 al 99 se expresan tal cual (**fünfundsiebzig**).

A partir del 2000, entre éste y el número siguiente puede aparecer la conjunción **und**.

A diferencia de lo que sucede en español, el número del año aparece sin preposición alguna.

EJERCICIOS

14. ¿Cuándo nacieron estas personas? Escribe también el año en letras. [A1]

742 – 1136 – 1564 – 1749 – ~~1867~~ – 1879 – 1910 – 1926

a. Marie Curie 1867 achtzehnhundertsiebenundsechzig

b. Galileo Galilei ....

c. Mutter Teresa ....

d. Karl der Große ....

e. Petronella von Aragón ....

f. Johann Wolfgang von Goethe ....

g. Albert Einstein ....

h. Marilyn Monroe ....

ORDINALES – FORMAS

- zweit**-**
- zwanzig**st-**
- vier**t-**
- hundert**st-**
- elf**t-**
- tausend**st-**

Los ordinales se forman añadiendo **–t** o **–st** a los cardinales. Se añade **–t** a los cardinales 1 a 19 y **–st** a los demás.

- erst-
- siebt-
- dritt-
- acht-

Los ordinales correspondientes a los cardinales 1, 3, 7 y 8 tienen formas especiales.

Las formas mencionadas de los ordinales no pueden aparecer nunca tal cual, ya que deben ser declinadas como un adjetivo (**der zweit*e*, den zweit*en***, etc.) (págs. 148 ss.).

ORDINALES – USO

• Heute ist der **zweite** März. • Philipp der **Zweite** war ein spanischer König, und Ludwig der **Vierzehnte** war König von Frankreich. • Fernando Alonso ist in Singapur **Erster** geworden.	• Hoy es el dos de marzo. • Felipe Segundo fue un rey español y Luís Catorce fue rey de Francia. • Fernando Alonso ha sido primero en Singapur.

Los ordinales expresan el lugar que ocupa algo o alguien en una serie ordenada numéricamente.

A diferencia del español, en alemán también se usan sistemáticamente en las fechas (véase a continuación) y detrás de nombres de monarcas. En este último caso, en su forma escrita aparecen como números romanos seguidos de un punto (**Philipp II.**, **Ludwig XIV.**).

EN LAS FECHAS

• Heute ist **der vierte fünfte**. (1) • **Der erste** Mai ist Feiertag. (2)	• Hoy es el cuatro del cinco. • El uno/primero de mayo es día festivo.

En expresiones como **Heute ist .../Gestern war ...** *(Hoy es .../Ayer fue ...)*, etc. (1) o cuando la fecha hace de sujeto (2), el ordinal siempre aparece con el artículo determinado **der** *(el)* y termina en **–e**. El número del mes también aparece en forma de ordinal (1).

• Der Wievielte ist heute? • Den Wievielten haben wir heute? • Welches Datum ist heute?	• ¿Qué día es hoy? • ¿A qué día estamos hoy? • ¿Qué fecha es hoy?

Para preguntar por la fecha puedes utilizar varias fórmulas.

Se escribe:	Se lee:
• Berlin, 4.5.2012	• Berlin, vier**ter** fünf**ter** zweitausend(und) zwölf

Así es como se suele poner la fecha en las cartas, con puntos entre los números. Al leerlo, los ordinales tienen la terminación **–er**.

• Der Kurs beginnt **am** vier**ten** fünf**ten**. (1) • Wir bleiben bis **zum** ers**ten** Mai. (2)	• El curso empieza el cuatro del cinco. • Nos quedaremos hasta el uno/primero de mayo.

En la respuesta a una pregunta con **wann** *(cuándo)*, el ordinal termina en –**en** (dativo). Cuando en español no se utiliza preposición alguna, en alemán se utiliza **am** (1). En los demás casos se usa la preposición correspondiente (2).

EJERCICIOS

15. Escribe la fecha con letras. [A1]

a. *Heute ist der 5.8.* *Heute ist der fünfte achte.*
b. Heute ist der 1.9. ....
c. Heute ist der 13.8. ....
d. Heute ist der 3.5. ....
e. Heute ist der 31.1. ....
f. Heute ist der 21.2. ....
g. Heute ist der 28.7. ....
h. Heute ist der 15.5. ....
i. Heute ist der 8.10. ....

16. ¿Qué día es hoy? [A1]

a. *Hoy es el cinco de marzo. Heute ist der fünfte März. / Heute ist der 5.3.*
b. Hoy es el veintidós de mayo. ....
c. Hoy es el siete de septiembre. ....
d. Hoy es el uno de enero. ....
e. Hoy es el quince de febrero. ....
f. Hoy es el treinta de agosto. ....
g. Hoy es el dieciocho de noviembre. ....
h. Hoy es el tres de diciembre. ....
i. Hoy es el dieciséis de abril. ....

17. ¿Cuándo sucedió esto? Consulta las palabras que no entiendas en el diccionario. [A2]

27.1.1756 – ~~14.3.1879~~ – 20.7.1969 – 1.1.2001 – 20.1.2009 – 11.7.2010

a. *Wann ist Albert Einstein geboren?*

Am 14.3.1879 Am vierzehnten dritten achtzehnhundertneunundsiebzig.

b. Wann hat Spanien die Fußballweltmeisterschaft gewonnen?

....

c. Wann sind die ersten Menschen auf dem Mond gelandet?

....

d. Wann ist Barack Obama zum ersten Mal Präsident der USA geworden?

....

e. Wann ist Wolfgang Amadeus Mozart geboren?

....

f. Wann hat das 21. Jahrhundert begonnen?

....

18. Escribe con números y con letras las fechas indicadas en el encabezamiento de una carta. [A1]

a. *Berlín, cuatro de mayo de mil novecientos noventa y nueve*

Berlin, 4.5.1999 / Berlin, vierter fünfter neunzehnhundertneunundneunzig

b. Colonia, diecisiete de octubre de dos mil seis

Köln, ...

c. Hamburgo, siete de abril de mil ochocientos setenta y seis

Hamburg, ...

d. Fráncfort, veintitrés de enero de dos mil diez

Frankfurt, ...

e. Maguncia, nueve de agosto de mil quinientos cincuenta y cinco

Mainz, ...

f. Viena, veintisiete de diciembre de dos mil uno

Wien, ...

7. LOS ADVERBIOS

LOS ADVERBIOS DE AFIRMACIÓN Y NEGACIÓN *JA, DOCH, NEIN*

• A: Wohnst du in Berlin? • B: **Ja** (, ich wohne in Berlin). • B: **Nein** (, ich wohne nicht in Berlin).	• A: ¿Vives en Berlín? • B: Sí (, vivo en Berlín). • B: No (, no vivo en Berlín).

Como sus correspondencias españolas *sí* y *no*, **ja** y **nein** sirven para contestar afirmativamente o negativamente a una pregunta. Como respuesta, estos adverbios pueden aparecer solos.

• A: Wohnst du **nicht** in Berlin? • B: **Doch** (, ich wohne in Berlin). • A: Hast du **kein** Wörterbuch? • B: **Doch** (, aber ich habe es vergessen).	• A: ¿No vives en Berlín? • B: Sí (, vivo en Berlín). • A: ¿No tienes diccionario? • B: Sí (, pero lo he olvidado).

Cuando la pregunta tiene carácter negativo, para contestar afirmativamente no puedes utilizar **ja**, sino que deberás acudir a **doch**.
En cuanto al uso de **doch** y **ja** como partículas modales, consulta las págs. 243 s.

EJERCICIOS

1. Contesta con *ja, doch* o *nein.* [A2]

a. *A: Trinkst du kein Bier?* — *B: Doch, ich trinke gern Bier.*
b. A: Möchtest du ein Bier? — B: .... danke, lieber einen Wein.
c. A: Kommt ihr nicht aus Spanien? — B: ...., aus Argentinien.
d. A: Möchten Sie noch etwas essen? — B: ...., gern!
e. A: Bist du nicht Andrea? — B: ...., das bin ich!
f. A: Kannst du mir bitte helfen? — B: ...., natürlich!
g. A: Hat sie kein Geld mehr? — B: ...., sie hat noch 20 Euro.
h. A: Isst du nie Spinat? — B: ...., nie, ich hasse Spinat.
i. A: Haben Sie keine Kinder? — B: ...., zwei.

EL ADVERBIO DE NEGACIÓN *NICHT*

• Ich wohne **nicht** in Berlin.	• No vivo en Berlín.
• Am Freitag arbeite ich **nicht**.	• El viernes no trabajo.
• Ich kenne Frau Murkel **nicht**.	• No conozco a la señora Murkel.

Nicht es la correspondencia más habitual del adverbio español *no*, cuando no se utiliza como única respuesta a una pregunta, sino que forma parte de una oración.

En ocasiones, en lugar de ***nicht*** debe utilizarse ***kein-*** (→ págs. 247 s.).

LA COLOCACIÓN DE *NICHT*

• Ich rauche **nicht**.	• No fumo.

Mientras que en español se coloca o debe colocarse a menudo delante del verbo conjugado, esto no es posible en alemán.

• Mein Freund ist **nicht Ingenieur/nicht krank**.	(1)	• Mi amigo no es ingeniero/no está enfermo.
• Ich gehe morgen **nicht in die Schule**.	(2)	• Mañana no iré a la escuela.
• Wir wohnen **nicht in Barcelona**.	(3)	• No vivimos/residimos en Barcelona.
• Ich habe gestern **nicht gut** geschlafen.	(4)	• Ayer no dormí bien.
• Ich habe gestern **nicht mit ihm** gesprochen.	(5)	• Ayer no hablé con él.

Siempre debe colocarse **delante** de:
(1) un atributo;
(2) un complemento circunstancial que exprese dirección;
(3) un complemento circunstancial de lugar, siempre que éste sea un elemento del que no se puede prescindir. No se puede decir **Ich wohne.** *(Vivo./Resido.)*
(4) un complemento circunstancial de modo;
(5) un complemento preposicional o de régimen verbal.

• Dein Buch? Ich habe **es nicht**.	(1)	• ¿Tu libro? No lo tengo.
• Hier darf **man nicht** parken.	(2)	• Aquí no se puede aparcar.
• Warum beschwert er **sich nicht**?	(3)	• ¿Por qué no se queja?
• Ich kann **leider nicht** kommen.	(4)	• Desgraciadamente, no podré venir.

Siempre debe colocarse **detrás** de:
(1) el pronombre personal **es**;
(2) el pronombre indefinido **man** *(se)*;
(3) los pronombres reflexivos (salvo en contadísimas excepciones);
(4) los adverbios oracionales (consulta las págs. 188 y 191).

• Ich komme **heute nicht**. (1)	• Hoy no vendré.
• Ich komme **nicht heute**. Ich komme morgen. (2)	• No vendré hoy. Vendré mañana.
• Ich brauche **den Bleistift nicht**. (3)	• No necesito el lápiz.
• Ich brauche **nicht den Bleistift**, sondern den Kugelschreiber. (4)	• No necesito el lápiz, sino el bolígrafo.
• Ich lade **sie nicht** ein. (5)	• No la invitaré.
• Ich lade **nicht sie** ein, sondern ihre Schwester. (6)	• No la invitaré a ella, sino a su hermana.

Respecto de los demás elementos, **nicht** se coloca detrás de ellos, como en (1), (3) y (5). Sólo en el caso de que se exprese, de forma implícita o explícita, una alternativa, debe colocarse delante, como en (2), (4) y (6). En estos últimos casos, el acento principal del enunciado recae en el elemento al que precede **nicht**: **Ich komme nicht HEUTE, ich komme MORGEN**.

TABLA RESUMEN (LA COLOCACIÓN DE *NICHT*)

siempre delante	siempre detrás	detrás (a menos que siga una alternativa)
- de un atributo - de un CC de dirección - de un CC de lugar obligatorio - de un CC de modo - de un complemento de régimen verbal	- del pronombre personal **es** - del pronombre indefinido **man** - de los pronombres reflexivos - de los adverbios oracionales	- de otros CC (locales no obligatorios, temporales, causales, etc.) - del CD - del CI

EJERCICIOS

2. Contesta negativamente. [A1]

a. **A**: *Findest du ihn nett?* **B**: *Nein, ich finde ihn nicht nett.*

b. **A**: Leben sie in Hamburg? **B**: Nein, ...

c. **A**: Heißt sie Berta? **B**: Nein, ...

d. **A**: Hilfst du ihm? **B**: Nein, ...

e. **A**: Bist du in Facebook? **B**: Nein, ...

f. **A**: Bringst du das Paket zur Post? **B**: Nein, ...

g. **A**: Ist das deine Tasche? **B**: Nein, ...

h. **A**: Fahrt ihr an den Strand? **B**: Nein, ...

i. **A**: Telefonierst du? **B**: Nein, ...

j. **A**: Fährt der Wagen schnell? **B**: Nein, ...

k. **A**: Bezahlst du die Rechnung? **B**: Nein, ...

3. Formula la negación correspondiente. [A2]

a. *Er spricht laut. Er spricht nicht laut.*

b. Sie interessiert sich für Sport. ....

c. Ich weiß es! .... !

d. Freust du dich? .... ?

e. Ich lade ihn vielleicht ein. ....

f. Hier kann man schwimmen. ....

g. Ich erinnere mich. ....

h. Sie frühstückt morgens. ....

i. Das funktioniert natürlich. ....

j. Ich warte auf dich. ....

k. Hast du es gesehen? .... ?

4. Traduce las frases colocando los elementos en el orden correcto empezando por el sujeto. [A2]

a. *Mañana no vendremos. Wir kommen morgen nicht.*

b. No te quiero. ....

c. No compro la chaqueta. Compro el abrigo. ....

d. ¿Por qué no me ayudas? .... ?

e. No trabajo en casa, sino en la biblioteca. ....

f. (Ella) No te quiere a ti, sino a tu hermano. ....

g. No vendremos mañana, sino el martes. ....

h. Marta no ayuda a David, sino a Michael. ....

i. No he comprado el abrigo. ....

ADVERBIOS ORACIONALES

• **Vielleicht** ist er krank.	• Quizá esté enfermo.
• Ich kann dir **leider** nicht helfen.	• Desgraciadamente no puedo ayudarte.
• **Hoffentlich** kommt er bald.	• Ojalá venga pronto.

Estos adverbios se refieren al resto del enunciado en su totalidad. Expresan la forma en que el hablante juzga lo que dice. Así, **vielleicht** *(quizá)* expresa que lo supone, **leider** *(desgraciadamente)* que lo siente y **hoffentlich** *(ojalá)* que lo considera deseable.

Otros adverbios de este tipo: **bestimmt** *(seguramente)*, **endlich** *(por fin)*, **natürlich** *(naturalmente)*, **sicher** *(seguramente)*, **normalerweise** *(normalmente)*, **wahrscheinlich** *(probablemente)*, **wirklich** *(realmente)*.

Debes tener en cuenta que:

1) En español, muchos de ellos requieren el modo subjuntivo, mientras que en alemán aparecen generalmente con el verbo en indicativo.

2) En español casi siempre ocupan el primer lugar de la oración, mientras que en alemán también pueden colocarse en su interior (hay excepciones: **hoffentlich** suele colocarse casi siempre al inicio, **wirklich** sólo puede situarse en el interior de la oración: **Das ist *wirklich* ein guter Plan**.

EJERCICIOS

5. **Traduce los enunciados, utilizando los siguientes adverbios. Siempre que sea posible inicia la oración con ellos. [B1]**

endlich - hoffentlich - leider - natürlich - vielleicht - wirklich

a. Ojalá tengamos suficiente dinero. ....

b. Por fin han dicho algo. ....

c. Esto es realmente un problema. ....

d. Quizás nos veamos pronto. ....

e. Desgraciadamente, no te puedo ayudar. ....

f. Naturalmente, también podemos ir en coche. ....

ADVERBIOS TEMPORALES

• **Jetzt** wohnen wir in Paris. (1)	• Ahora vivimos en París.
• **Zuerst** war ich in Paris und **danach** in Bonn. (2)	• Primero estuve en París y después en Bonn.
• Wir können nicht **lange** bleiben. (3)	• No nos podemos quedar mucho tiempo.
• Geht ihr **oft** ins Theater? (4)	• ¿Vais a menudo al teatro?
• Sie gehen **täglich** einkaufen. (5)	• Van a comprar a diario.

Hacen referencia a circunstancias temporales en las que tiene lugar lo que se expresa. Pueden situar temporalmente la acción (1), relacionar temporalmente diferentes acciones (2) y expresar duración (3), frecuencia (4) o repetición (5).

Los adverbios que **sitúan temporalmente lo expresado**, contestan a la pregunta **wann?** *(¿cuándo?)* Son adverbios de este tipo:

- **jetzt** *(ahora)*, **gerade** *(en este momento; acabar de)*, **gleich** *(dentro de un rato)*, **sofort** *(enseguida)*, **bald** *(pronto)*, **irgendwann** *(en algún momento)*
- **heute** *(hoy)*, **morgen** *(mañana)*, **übermorgen** *(pasado mañana)*, **gestern** *(ayer)*, **vorgestern** *(anteayer)*
- **damals** *(por aquel entonces)*, **früher** *(antes, antiguamente)*

• Ich **telefoniere gerade** mit Marta. (1)	• Estoy hablando por teléfono con Marta.
• Ich **habe gerade** mit Marta **telefoniert**. (2)	• Acabo de hablar por teléfono con Marta./ Estaba hablando por teléfono con Marta.

(1) Utilizada con el verbo en presente, la expresión con **gerade** equivale en español a la estructura *estar* + gerundio.

(2) Utilizada con el verbo en **Perfekt**, la expresión con **gerade** equivale en español a la estructura *acabar de* + infinitivo o *estar* (en pretérito imperfecto) + gerundio.

Son adverbios que **relacionan temporalmente diferentes acciones**:

- **da** *(entonces, en aquel momento)*, **plötzlich** *(de repente)*
- **noch** *(todavía)*, **schon** *(ya)*
- **dann** *(entonces, después)*, **danach** *(después)*, **davor** *(antes)*, **vorher** *(antes)*, **inzwischen** *(mientras tanto)*

Los adverbios que **expresan duración** contestan a la pregunta **wie lange?** *(¿cuánto tiempo?)*. Son adverbios de este tipo:

- **lange** *(mucho tiempo/rato)*, **stundenlang**, **tagelang**, **wochenlang**, ... *(durante horas, días, semanas ...)*

Los adverbios que **expresan frecuencia** responden a la pregunta **wie oft?** *(¿con qué frecuencia?)*. Son adverbios de este tipo:

- **immer** *(siempre)*, **meistens** *(la mayoría de las veces)*, **oft** *(a menudo)*, **manchmal** *(a veces)*, **selten** *(raramente, pocas veces)*, **nie** *(nunca)*, **einmal** *(una vez)*, **zweimal** *(dos veces)* ..., **täglich** *(diariamente)*, **wöchentlich** *(semanalmente)* ...

Son adverbios que **expresan repetición**:

- **morgens** *(por las mañanas)*, **vormittags** *(por las mañanas)*, **mittags** *(al mediodia)*, **nachmittags** *(por las tardes)*, **abends** *(por las tardes/noches)*, **nachts** *(por las noches)*, **montags** *(los lunes)*, **dienstags** *(los martes)* ...
- **noch (ein)mal** *(otra vez)*, **wieder** *(de nuevo)*

• **Der Unterricht gestern** war langweilig.	• La clase de ayer fue aburrida.

Algunos de los adverbios temporales pueden actuar como complementos de un nombre. Se colocan detrás del mismo.

EJERCICIOS

6. *Wann? Wie lange? Wie oft?* [A2]

a. **A**: *Wie oft essen Sie Gemüse?* **B**: *Täglich.*

b. **A**: .... reparierst du das Fahrrad? **B**: Morgen.

c. **A**: .... hast du diesen Film schon gesehen? **B**: Zweimal.

d. **A**: .... fängt der Film an? **B**: Er hat gerade angefangen.

e. **A**: .... kommst du zurück? **B**: Gleich!

f. **A**: .... haben wir uns nicht gesehen? **B**: Sehr lange.

7. Traduce los siguientes enunciados utilizando el adverbio temporal *gerade* y los verbos siguientes. [A2]

ankommen – aufstehen – sein – telefonieren – vorbereiten – weggehen

a. Acabo de levantarme. Ich ....

b. Stefan está preparando la cena. Stefan ....

c. **A**: Dónde está el jefe? – **B**: Acaba de llegar.

A: Wo ist der Chef? – **B**: Er ....

d. Ahora mismo no estoy en casa. Puedes dejarme un mensaje.

Ich .... zu Hause. Du kannst mir eine Nachricht hinterlassen.

e. **A** : ¿No está Stefan? – **B** : No, se acaba de ir.

A : Ist Stefan nicht da? – **B** : Nein, er ....

f. No me molestes, estoy hablando por teléfono!

Stör mich nicht, ich .... !

ADVERBIOS LOCALES

• Wir wohnen in Salou. **Da** haben wir ein Haus. (1)	• Vivimos en Salou. Allí tenemos una casa.
• Kennt ihr Salou? Wir fahren morgen **dahin**. (2)	• ¿Conocéis Salou? Nosotros vamos mañana (allí).
• Kennt ihr Salou? Ich komme gerade **von dort**. (3)	• ¿Conocéis Salou? Ahora mismo vengo de allí.

Los adverbios locales son la forma más breve de referirse a un lugar. Por regla general, se refieren a un lugar nombrado previamente (antecedente – en este caso **Salou**).

Pueden expresar el lugar en el que "sucede" algo (1), pero también pueden expresar dirección (2) o (precedidos de la preposición **von** *(de)*) procedencia (3).

En español no se suele distinguir entre localización y dirección. Así, la forma *allí* se utiliza para ambas cosas, mientras que en alemán debe distinguirse entre ambas: **da/dort** (localización), pero **dahin/dorthin** (dirección).

• **Da** ist der neue Direktor.	• Allí está el nuevo director.
• Stellen Sie das Sofa **dahin**.	• Coloquen el sofá allí.

No tienen que referirse necesariamente a un lugar previamente nombrado (antecedente). Con ellos también se puede hacer referencia a un lugar al que podemos señalar literalmente con el dedo.

• **Oben** wohnt Familie Meier, **unten** Familie Schmitt. (1)	• Arriba vive la familia Meier, abajo la familia Schmitt.
• Siehst du den Turm? Das Kino ist **daneben**. (2)	• ¿Ves la torre? El cine está al lado.

En otras ocasiones, existe un punto de referencia, pero éste no se explicita. Tal seria el caso en el ejemplo (1), en el que el hablante se referiría a sus vecinos del piso superior e inferior. En cambio, en otras como la del ejemplo (2), la presencia de un antecedente resulta obligatoria.

Son adverbios que expresan **localización** y que contestan a la pregunta **wo?** *(¿dónde?)*:

1) **hier** *(aquí)*, **da/dort** *(ahí, allí, allá)* – con antecedente o sin él;
2) **links** *(a la izquierda)*, **rechts** *(a la derecha)* – con antecedente o sin él;
3) **hinten** *(detrás)*, **vorn(e)** *(delante)*, **oben** *(arriba)*, **unten** *(abajo)*, **draußen** *(fuera)*, **drinnen** *(dentro)*, **drüben** *(al otro lado)* – sin antecedente explícito;
4) **irgendwo** *(en algún lugar)*, **nirgendwo/nirgends** *(en ningún lugar)*, **überall** *(en todas partes)*, **woanders** *(en otro lugar)* – sin antecedente;
5) **dahinter** *(detrás)*, **davor** *(delante)*, **daneben** *(al lado)*, **dazwischen** *(en medio)*, **darauf** *(encima)*, **darunter** *(debajo)*, **darüber** *(por encima)*, **darin** *(dentro)* – con antecedente obligatorio.

Precedidos de la preposición **von** *(de)*, los que se acaban de citar en los puntos (1)-(4) pueden expresar **procedencia**. Contestan entonces a la pregunta **woher?** *(¿de dónde?)*.

Son adverbios que expresan **dirección** y que, por regla general, contestan a la pregunta **wohin?** *(¿dónde/adónde?)*:

1) **hierhin/hierher** *(aquí)*, **dahin/dorthin** *(ahí, allí, allá)*;
2) los citados en el punto (2) del apartado anterior, precedidos de la preposición **nach** o sin ella;
3) los citados en el punto (3) del apartado anterior, precedidos de la preposición **nach**;
4) **irgendwohin** *(a algún lugar)*, **nirgendwohin** *(a ningún lugar)*, **überallhin** *(a todas partes)*, **woandershin** *(a otro lugar)*

• Die **Frau da vorne** ist meine neue Kollegin.	• La mujer de ahí delante es mi nueva colega.
• Der **Weg dahin** ist schlecht.	• El camino hacia allí es malo.

Muchos adverbios locales pueden actuar como complementos de un nombre. Se colocan detrás del mismo.

EJERCICIOS

8. *Wo? Woher? Wohin?* [A2]

a. **A**: Wo ist Klaus? **B**: Er ist unten.

b. **A**: .... kommt Anna? Aus Deutschland? **B**: Nein, sie ist von hier.

c. **A**: .... möchtest du sitzen? **B**: Lieber vorne.

d. **A**: .... soll ich den Stuhl stellen? **B**: Hierhin.

e. **A**: .... kommt der Lärm? **B**: Von oben.

f. **A**: .... sind die Kinder? **B**: Sie spielen draußen.

9. **¿*Hier* o *hierher*, *da* o *dahin*? [A2]**

a. Aquí no se puede fumar.	Man darf .... nicht rauchen.
b. Pon las sillas allí.	Stell die Stühle ....
c. ¡Venid aquí!	Kommt .... !
d. Yo también he comprado mi ordenador allí.	Ich habe meinen Computer auch .... gekauft.
e. ¿También vas allí?	Gehst du auch .... ?
f. ¡Quédate aquí, por favor!	Bleib bitte .... !

10. ¿Qué adverbio expresa lo contrario? [A2]

a. links	1. unten
b. hinten	2. dort
c. oben	3. drinnen
d. draußen	4. rechts
e. hier	5. vorn(e)

ADVERBIOS CAUSALES, CONSECUTIVOS Y CONCESIVOS

• Ich habe Fieber. **Deshalb** gehe ich zum Arzt.	• Tengo fiebre. Por eso voy al médico.
• Ich habe Fieber. **Also** gehe ich nicht arbeiten.	• Tengo fiebre. Por lo tanto no iré a trabajar.
• Ich habe Fieber. **Trotzdem** gehe ich arbeiten.	• Tengo fiebre. A pesar de ello/No obstante voy a trabajar.

Con **deshalb** *(por eso)* se hace referencia a la causa de lo que se expresa. Esta causa se ha nombrado previamente (**Ich habe Fieber.**). Tienen el mismo significado **deswegen**, **darum** y **daher**.

Con **also** *(por (lo) tanto, así que)* se hace referencia al hecho que provoca la consecuencia que se expresa. Este hecho se ha nombrado previamente (**Ich habe Fieber.**).

Con **trotzdem** *(no obstante/a pesar de ello)* se hace referencia a lo que debería ser un obstáculo para realizar aquello que se expresa. Este obstáculo se ha nombrado previamente (**Ich habe Fieber.**).

ADVERBIOS CONDICIONALES

• A: Heinz kann nicht kommen. • B: **Dann** müssen wir es allein machen. • Beeil dich, **sonst** verpassen wir den Zug.	• A: Heinz no puede venir. • B: Entonces tendremos que hacerlo solos. • Date prisa, si no perderemos el tren.

Dann *(entonces)* se refiere a la condición bajo la cual se va a realizar lo que se dice. Esta condición viene expresada por lo que se ha dicho previamente (**Heinz kann nicht kommen.**). Con **sonst** *(si no)* se da a entender que si no se produce lo dicho previamente, tendrá lugar lo que se dice a continuación.

No debes confundir **sonst** *(si no)* con la conjunción **sondern** *(sino)* (→ pág. 263).

EJERCICIOS

11. Subraya el adverbio con el que empezarías la segunda oración. [A2]

a. Heute ist Sonntag.	Also	Deshalb	Trotzdem	geht er ins Büro.
b. Du musst dich beeilen.	Dann	Sonst	Deshalb	kommst du zu spät.
c. Es ist sehr heiß.	Trotzdem	Also	Sonst	gehen wir schwimmen.
d. Es regnet.	Deshalb	Trotzdem	Sonst	bleiben wir zu Hause.
e. Du willst nicht mitkommen?	Dann	Sonst	Trotzdem	gehe ich allein!

12. Añade el adverbio correcto: *also – dann - deshalb – sonst – trotzdem*. [A2]

a. Timo ist arbeitslos. .... hat er sich einen neuen Wagen gekauft.

b. Anna war mit ihrem Job sehr unzufrieden. .... hat sie gekündigt.

c. Du kannst nicht schwimmen? .... musst du es lernen.

d. Er wollte mir nicht helfen. .... habe ich es allein gemacht.

e. Ich muss gut Deutsch sprechen. .... bekomme ich das Stipendium nicht.

ADVERBIOS MODALES

• **So** kann man es auch machen. • Ich will es **allein** machen.	• Así también se puede hacer. • Quiero hacerlo solo.

Los adverbios modales, como **so** *(así)*, **irgendwie** *(de algún modo)* y **allein** *(solo)* expresan el modo en que se realiza algo. Contestan a la pregunta **wie?** *(¿cómo?)*

EL ADVERBIO *GERN(E)* Y SUS FORMAS *LIEBER* Y *AM LIEBSTEN*

• Maria geht **gern(e)** ins Kino.	• A María le gusta ir al cine.

El adverbio **gern(e)** se utiliza para expresar que gusta hacer aquello que expresa el verbo conjugado.

• Marta geht **lieber** ins Theater.	• A Marta le gusta más ir al teatro. / Marta prefiere ir al teatro.

La forma **lieber** es el comparativo de **gern(e)**. De ahí la traducción *le gusta más*. Como sea que *gustar más* es lo mismo que *preferir*, se puede decir que con **lieber** se expresa lo que se prefiere hacer (antes que otra cosa). Su funcionamiento es el mismo que el de **gern(e)**.

• Monika geht **am liebsten** ins Theater.	• A Mónica, lo que le gusta más es ir al teatro.

La forma **am liebsten** (superlativo de **gern(e)**), sirve para expresar preferencia absoluta. Funciona como **gern(e)** y **lieber**.

EJERCICIOS

13. Explícale a un amigo alemán lo que te gusta hacer. [A1]

(leer, bailar, ir al teatro, jugar al futbol, ir en bicicleta, ir de compras, ver películas)

a. *Ich lese gern.*

b. ....

c. ....

d. ....

e. ....

f. ....

g. ....

14. Mi familia. Traduce el texto siguiente, utilizando *gern*, *lieber* o *am liebsten*. [A2]

a. A mi padre le gusta cocinar.

Mein Vater ....

b. Mi madre prefiere leer.

Meine Mutter ....

c. A mi hermana le gusta más escuchar música.

Meine Schwester ....

d. A mi hermano, más que nada, le gusta ver la tele.

Mein Bruder ....

e. A mi abuelo, le gusta quedarse a casa.

Mein Opa ....

f. Mi abuela prefiere ir al cine.

Meine Oma ....

g. A mí lo que más me gusta es viajar.

Ich ....

LOS ADVERBIOS DE CANTIDAD *SEHR* Y *VIEL*

• Ich freue mich **sehr**. • Ich rauche **viel**.	• Me alegro mucho. • Fumo mucho.

Como complementos del verbo, ambos adverbios se corresponden con la forma española *mucho*. Pero no pueden utilizarse de forma indistinta: **viel** aparece con acciones que son cuantificables (*fumar* se puede cuantificar, p.e. mediante el número de cigarrillos), mientras que **sehr** se utiliza con verbos que expresan una acción no cuantificable (la alegría no se puede medir).

• Ich rauche **sehr viel**. • Ich rauche **zu viel**.	• Fumo muchísimo. • Fumo demasiado.

Viel puede ir precedido de **sehr** o de **zu**. La primera combinación significa *muchísimo* y la segunda *demasiado*.

EJERCICIOS

15. *¿Sehr* o *viel*? [A2]

a. He estudiado mucho.	Ich habe .... gelernt.
b. Te quiero mucho.	....
c. Has comido mucho?	.... gegessen?
d. Lo siento mucho.	Das tut mir .... leid.

e. Esto me gusta mucho. Das gefällt mir ....

f. Él siempre trabaja demasiado. .... immer zu ....

LOS ADVERBIOS GRADUATIVOS

• A: Der Film ist **sehr gut**. (1)	• A: La película es muy buena.
• B: Ja, aber das Buch ist **viel besser**. (2)	• B: Sí, pero el libro es mucho mejor.

Estos adverbios se utilizan delante de adjetivos en grado positivo (1) o comparativo (2) para modificar el grado de lo que éstos expresan.

(1) Los adverbios **sehr** *(muy)*, **zu** *(demasiado)*, **so** *(tan)*, **ziemlich** *(bastante)*, **besonders** *(especialmente)*, **völlig** *(totalmente)* se colocan delante de adjetivos en grado positivo.

(2) Los adverbios **viel** *(mucho)*, **etwas/ein bisschen** *(algo/un poco)*, **noch** *(aún/todavía)*, **immer** *(cada vez)* se colocan delante de adjetivos en grado comparativo:

LOS ADVERBIOS *AUCH* Y *SOGAR*

• Er kann **auch** Russisch.	• (Él) También sabe ruso.
• Er kann **sogar** Russisch.	• (Él) Incluso sabe ruso.

Ambos adverbios tienen carácter incluyente.

A diferencia de lo que sucede en español, no pueden aparecer solos al inicio de la oración.

• Wir machen das auch so.	• Nosotros también lo hacemos así.
• Wir machen das **auch nicht** so. (1)	• Nosotros tampoco lo hacemos así.
• Wir haben auch einen Computer.	• Nosotros también tenemos un ordenador.
• Wir haben **auch keinen** Computer. (2)	• Nosotros tampoco tenemos ordenador.

La negación de **auch**, que equivale a la forma española *tampoco*, se realiza colocando detrás **nicht** (1) o **kein-** (2). En cuanto al uso de una forma u otra, consulta las págs. 247 s.

LOS ADVERBIOS *NOCH*, *SCHON*, *NUR* Y *ERST*

• Ich kann **nur morgen** kommen. • Ich kann **schon morgen** kommen. • Ich kann **erst morgen** kommen.	• Sólo puedo venir mañana. • Ya puedo venir mañana. • No puedo venir hasta mañana.

Nur *(sólo)*, **schon** *(ya)* y **erst** *(no hasta)* pueden aparecer delante de indicaciones temporales que contestan a la pregunta **wann?** *(¿cuándo?)*.

Ten en cuenta que **erst** *(no hasta)* ya lleva la negación española implícita. Por lo tanto es incompatible con cualquier otro elemento negativo.

• Ich habe **noch 100 Euro**. • Ich habe **schon 100 Euro**. • Ich habe **nur 100 Euro**. (1) • Ich habe **erst 100 Euro**. (2)	• Todavía tengo 100 euros. • Ya tengo 100 euros. • Sólo tengo 100 euros. • Sólo tengo 100 euros.

Noch *(aún/todavía)*, **schon** *(ya)*, **nur** *(sólo)* y **erst** *(sólo)* pueden aparecer delante de indicaciones cuantitativas.

Aquí las formas **nur** y **erst** equivalen ambas a *sólo*. Sin embargo, no significan lo mismo. La afirmación (1) significa que el hablante sólo posee en el momento que habla 100 euros. En cambio, la afirmación (2) supone que espera conseguir más, por ejemplo en el contexto de una colecta. De ahí que se pueda formular la siguiente regla: El adverbio español *sólo* tiene su correspondencia en **nur**, cuando la indicación cuantitativa no es susceptible de aumentar. En caso contrario hay que acudir a **erst**.

EJERCICIOS

16. sólo: ¿*erst* o *nur*? [A2]

a. Soy nuevo aquí. Hace sólo cinco días que trabajo aquí.

Ich bin neu hier. Ich arbeite .... hier.

b. Ana sólo ha trabajado dos meses de secretaria.

.... als Sekretärin gearbeitet.

c. Sólo lo he intentado una vez.

.... einmal versucht.

d. Astrid sólo tiene cinco años.

....

e. Hace sólo un año que vivo en Berlín.

.... in Berlin.

f. He vivido sólo un año en Berlín.

.... gelebt.

17. *¿schon, noch, nur, erst?* [A2]

a. **A** : Wohnst du .... lange hier? **B** : Nein, ... zwei Wochen.

b. **A** : Dauert der Film .... lange? **B** : Nein, ... zehn Minuten.

c. **A** : Lernst du .... lange Deutsch? **B** : Ja, ... seit fünf Jahren. Und du?

A : Nein, ... seit drei Wochen.

d. **A** : Hast du .... Geld, oder hast du .... alles ausgegeben?

B : Ich habe .... etwas, aber .... 10 Euro.

ADVERBIOS INTERROGATIVOS

Consulta el tema "Los elementos interrogativos" (→ págs. 239 ss.).

EL ADVERBIO RELATIVO *WO*

• Wie viele Einwohner hat **die Stadt**, **wo** du arbeitest? • Mein Laden ist **dort**, **wo** die Taxis parken.	• ¿Cuántos habitantes tiene la ciudad donde trabajas? • Mi tienda está allí donde aparcan los taxis.

El adverbio relativo **wo** funciona como el relativo español *donde*. Su antecedente puede ser un nombre o los adverbios **da/dort** *(allí)*.

• Wie viele Einwohner hat **die Stadt**, **in der** du arbeitest?	• ¿Cuántos habitantes tiene la ciudad en la que trabajas?

Igual que en español, cuando el antecedente es un nombre, el adverbio relativo **wo** puede ser sustituido por la combinación preposición + pronombre relativo (en este caso **in der**).

8. LOS CONECTORES DE ORACIONES: ADVERBIOS Y CONJUNCIONES

• Anna hat heute Geburtstag. **Deshalb** gehen wir ins Restaurant.	• Hoy es el cumpleaños de Ana. Por eso vamos al restaurante.
• Wir gehen ins Restaurant, **weil** Anna heute Geburtstag hat.	• Vamos al restaurante porque hoy es el cumpleaños de Ana.
• Wir gehen ins Restaurant, **denn** Anna hat heute Geburtstag.	• Vamos al restaurante, ya que hoy es el cumpleaños de Ana.
• Heute gehen wir ins Restaurant, **aber** morgen essen wir zu Hause.	• Hoy vamos al restaurante, pero mañana comeremos en casa.

Hay una serie de elementos (determinados adverbios y las conjunciones), cuya principal función es la de actuar como conectores, sobre todo de oraciones. Expresan relaciones lógicas tales como causa (**deshalb** = *por eso*, **weil** = *porque*), contraposición (**aber** = *pero*) y otras.

LOS ADVERBIOS

• Ich habe wenig Geld. **Deshalb** kann ich keine Wohnung mieten. (1)	• Tengo poco dinero. Por eso no puedo alquilar un piso.
• Ich habe wenig Geld. **Also** kann ich keine Wohnung mieten. (2)	• Tengo poco dinero. Así que/Por lo tanto no puedo alquilar un piso.
• Ich habe wenig Geld. **Trotzdem** miete ich eine Wohnung. (3)	• Tengo poco dinero. No obstante/A pesar de ello alquilaré un piso.
• Ich muss mehr Geld verdienen, **sonst** kann ich keine Wohnung mieten. (4)	• Tengo que ganar más dinero, si no no podré alquilar un piso.

Los principales adverbios que actúan como conectores son:

(1) los causales (**deshalb/deswegen/darum** = *por eso*); con ellos se hace referencia a la causa de lo que se expresa a continuación;

(2) los consecutivos (**also** = *así que/por lo tanto*); con ellos se hace referencia al hecho que provoca la consecuencia que se expresa;

(3) los concesivos (**trotzdem** = *no obstante, a pesar de ello*); con ellos se hace referencia a algo que no llega a impedir que se produzca lo que se expresa a continuación;

(4) los condicionales hacen referencia a la condición necesaria para que se produzca lo que se expresa a continuación (**sonst** = *si no*). De no producirse lo que se expresa en la oración precedente, no se producirá lo dicho en la que sigue.

	I	II	III	
• Ich habe wenig Geld.	• **Ich**	kann	**deshalb** keine Wohnung mieten.	(1)
• Ich habe wenig Geld.	• **Deshalb**	kann	**ich** keine Wohnung mieten.	(2)

Estos adverbios pueden colocarse en el interior de la segunda oración (1). Pero aparecen con mayor frecuencia al inicio (2). En tal caso se da el fenómeno conocido coloquialmente como "inversión": El sujeto (**ich**) pasa a ocupar el lugar que le corresponde detrás del verbo conjugado (**kann**).

LAS CONJUNCIONES

• Ich kann keine Wohnung mieten, **denn** ich **habe** nicht genug Geld. (1)	• No puedo alquilar un piso, pues no tengo suficiente dinero.
• Ich kann keine Wohnung mieten, **weil** ich nicht genug Geld **habe**. (2)	• No puedo alquilar un piso, porque no tengo suficiente dinero.

Las conjunciones como conectores de oraciones son de dos tipos: las que conectan oraciones del mismo rango (coordinación), como **denn** (1), y las que conectan oraciones de distinto rango (subordinación), como **weil** (2) (→ págs. 263 ss.).

Las conjunciones que subordinan (2) comportan que el verbo conjugado deba colocarse al final absoluto de la oración subordinada. En cambio, las conjunciones que coordinan (1) no influyen en el orden de los elementos de la oración.

LAS CONJUNCIONES COORDINANTES

• Ich muss lernen, **aber** ich habe keine Lust.	• Tengo que estudiar, pero no tengo ganas.
• Kommst du mit **oder** musst du lernen?	• ¿Vienes con nosotros o tienes que estudiar?

Para acordarte de las conjunciones que coordinan, piensa en el recurso mnemotécnico "usado":

u	**und**	= *y*
s	**sondern**	= *si no*
a	**aber**	= *pero*
d	**denn**	= *pues, ya que*
o	**oder**	= *o*

Respecto del significado y uso concreto de las conjunciones coordinantes, consulta las págs. 263 s.

EJERCICIOS

1. *¿Sondern* o *sonst*? Marca el conector correcto. [B1]

a.	Sie geht nicht mit Michael,	sonst	sondern	mit Mario ins Kino.
b.	Beeil dich bitte,	sonst	sondern	fährt der Zug ohne uns ab!
c.	Ich brauche ein Wörterbuch,	sondern	sonst	kann ich diesen Text nicht lesen.
d.	Valentin kommt nicht aus Deutschland,	sonst	sondern	aus der Schweiz.
e.	Das ist kein Kamel,	sondern	sonst	das ist ein Dromedar!
f.	Du musst ihn daran erinnern,	sonst	sondern	vergisst er es.

LAS CONJUNCIONES SUBORDINANTES

• Sie ist zufrieden, **obwohl** sie wenig verdient.	• Está satisfecha, aunque gana poco dinero.
• **Wenn** du willst, kann ich dir helfen.	• Si quieres, puedo ayudarte.

Las principales conjunciones subordinantes, con las que el verbo conjugado debe colocarse al final de la oración que introducen, son las siguientes:

- causales: **da** *(ya que)*, **weil** *(porque)* (→ págs. 270 s.);
- consecutivas: **sodass** *(de modo que)*, **so ... dass** *(tan ... que)* (→ pág. 282);
- concesivas: **obwohl** *(aunque)* (→ pág. 281);
- condicionales: **wenn** *(si)* (→ pág. 272);
- finales: **damit** *(para que)* (→ pág. 279);
- adversativas: **(an)statt dass** *(en lugar de)* (→ pág. 282);
- temporales: **als** *(cuando)*, **wenn** *(cuando)*, **bevor** *(antes de que)*, **nachdem** *(después de que)*, **bis** *(hasta que)*, **seit(dem)** *(desde que)*, **während** *(mientras)* (→ págs. 274 ss.).

También lo son **dass** *(que)* y **ob** *(si)*, que introducen oraciones en función de sujeto o complemento directo (→ págs. 269 y 282).

EJERCICIOS

2. Realiza la combinación adecuada. [B1]

a. Frau Meier ist unzufrieden, obwohl	1. sie ist krank.
b. Heute hat er frei, deshalb	2. sie einen tollen Job gefunden hat.
c. Er geht nicht ins Theater, sondern	3. er keinen Hunger hat.
d. Er isst keinen Hamburger, denn	4. er ist Vegetarier.
e. Anna ist nicht zufrieden, weil	5. er geht ins Spielkasino.
f. Susanne kann heute nicht arbeiten, denn	6. sie nicht viel Geld verdient.
g. Er isst nichts, weil	7. sie krank ist.
h. Sie arbeitet heute nicht, weil	8. geht er ins Kino.

3. Marca el conector correcto. [B1]

a. Ich habe das Buch nicht gekauft,	weil	deshalb	ich es zu teuer finde.
b. Sie kann nicht Ski fahren,	obwohl	trotzdem	fährt sie in den Ferien in die Berge.
c. Die Busfahrer haben gestreikt,	also	so dass	ich zu spät zur Arbeit gekommen bin.
d. Er hat den Film nicht verstanden,	da	denn	er nicht genug Englisch kann.
e. Sie trinkt nie Alkohol,	denn	deswegen	bestellt sie immer Wasser.

4. Marca el conector correcto. [B1]

a. Ich kann nicht mitkommen,	weil	deshalb	denn	ich habe keine Zeit.
b. Sie spricht schon sehr gut Spanisch,	obwohl	deshalb	aber	sie erst seit drei Monaten in Spanien wohnt.
c. Ich hatte keinen Tee,	sonst	sondern	denn	einen Kaffee bestellt.
d. Er hat sehr wenig Geld,	trotzdem	deshalb	weil	hat er alle seine Freunde eingeladen.
e. Maria hat heute Geburtstag,	deshalb	weil	denn	lädt sie uns ein.
f. Er arbeitet als Pizzafahrer,	weil	denn	deshalb	er keinen anderen Job gefunden hat.

5. Transforma los enunciados siguientes: de oraciones coordinadas con *denn* a subordinadas con *weil* y a la inversa. [A2]

a. Stefan möchte Tierarzt werden, denn er mag Tiere.

Stefan möchte Tierarzt werden, weil er Tiere mag.

b. Ich kann leider nicht mitkommen, denn ich habe heute Abend Besuch.

....

c. Kirsten trinkt gern Mojito, denn sie liebt Minze *(menta).*

....

d. Marc lernt Deutsch, weil er in Deutschland arbeiten möchte.

....

e. Christina macht Urlaub in der Schweiz, denn sie mag die Berge.

....

f. Er hat das Telefon nicht gehört, weil er geschlafen hat.

....

6. Añade en su forma correcta la oración siguiente con los elementos que aparecen entre paréntesis. [B1]

a. *Du hast mich gefragt, ... (ich – antworte – also – dir).*

Du hast mich gefragt, also antworte ich dir.

b. Er hatte keine Zeit, ... (er – gegangen – ist – deshalb – nicht ins Kino).

....

c. Sie ist zu spät gekommen, ... (hat – weil – den Wecker – nicht gehört – sie).

....

d. Ich muss sparen, ... (nach Argentinien – im Sommer – denn – möchte – ich – fahren).

....

e. Er geht oft zu Fuß, ... (ein Auto – hat – er – obwohl).

....

f. Ich rufe dich an, ... (dir – ich – eine SMS – oder – schicke).

....

7. ¿Qué conector es el correcto? El orden de los elementos te puede ayudar a decidirlo. [B1]

aber – denn – deshalb – obwohl – trotzdem – weil

a. Ich gehe schlafen, ... ich müde bin.

b. Ich bin müde, ... gehe ich schlafen.

c. Ich gehe schlafen, ... ich bin müde.

d. Ich gehe nicht schlafen, ... ich müde bin.

e. Ich bin müde, ... gehe ich nicht schlafen.

f. Ich bin müde, ... ich gehe nicht schlafen.

8. Añade el conector correcto. [B1]

aber – deshalb – obwohl – oder – sonst – weil – wenn

a. Die Mannschaft hat das Spiel gewonnen, ... sie sehr gut gespielt hat.

b. Sie hat die Heizung angemacht, ... es nicht sehr kalt ist.

c. Geh schneller, ... verpassen wir den Zug!

d. Ich bin satt, ... möchte ich nichts mehr essen.

e. .... du nicht mitkommen willst, bleib zu Hause!

f. Ich habe ihn gefragt, ... er hat mir nicht geantwortet.

g. Kommst du mit dem Wagen, ... gehst du zu Fuß?

9. "Cuando"/"cuándo": *als*, *wann* o *wenn*? Consulta el tema "Los elementos interrogativos" (→ págs. 235 ss.). [B1]

a. .... du fertig bist, können wir essen.

b. Weißt du, ... der Zug ankommt?

c. .... sie 20 Jahre alt war, heiratete sie.

d. Es war noch dunkel, ... ich heute Morgen aufgestanden bin.

e. .... wir früher Ferien hatten, sind wir immer zu den Großeltern aufs Land gefahren.

f. Ich habe keine Ahnung, ... der Film beginnt.

10. Marca la conjunción, el adverbio o la preposición correctos. [B1]

a. Er trinkt	nachdem	danach	nach	dem Essen gern einen Schnaps.
b. Sie machte das Licht aus,	bevor	vor	vorher	sie aus dem Haus ging.
c. Ich muss heute den ganzen Nachmittag arbeiten, und	nachdem	nach	danach	muss ich noch die Hausaufgaben machen.
d. Ich hätte gern eine Pizza, aber	vor	vorher	bevor	möchte ich einen Salat.
e. Sie ging traurig nach Hause	danach	nachdem	nach	sie eine Stunde gewartet hatte.
f. Du solltest	vorher	bevor	vor	dem Mittagessen keinen Kuchen essen!

11. Expresa lo mismo utilizando las conjunciones *bevor* y *nachdem*, como en el ejemplo. [B1]

a. *Er hatte den ganzen Abend am Computer gearbeitet. Danach hörte er klassische Musik.*
Nachdem er den ganzen Abend am Computer gearbeitet hatte, hörte er klassische Musik.

b. Sie ging schlafen. Vorher räumte sie die Küche auf.
Bevor ....

c. Sie hatten gegessen. Danach tranken sie einen Kaffee.
....

d. Ich gehe in den Supermarkt. Vorher muss ich eine Einkaufsliste machen.
....

e. Sie hatte das Abitur gemacht. Danach arbeitete sie ein Jahr als Au-Pair-Mädchen.
....

12. *¿Während o inzwischen?* [B1]

a. .... du eingekauft hast, habe ich die Fenster geputzt.

b. Er hatte zwei Stunden auf sie gewartet. .... war das Essen kalt geworden.

c. .... des Unterrichts bitte die Handys ausschalten!

d. Es begann zu regnen, ... wir auf den Bus warteten.

e. Ich bereite das Essen vor, du kannst .... den Tisch decken.

RELACIÓN ENTRE ADVERBIOS, CONJUNCIONES SUBORDINANTES Y CONJUNCIONES COORDINANTES

- Ich habe wenig Geld. **Deshalb** kann ich keine Wohnung mieten.
- Ich kann keine Wohnung mieten, **weil/da** ich wenig Geld **habe**.
- Ich kann keine Wohnung mieten, **denn** ich habe wenig Geld.

- Tengo poco dinero. Por eso no puedo alquilar un piso.
- No puedo alquilar un piso, porque/ya que tengo poco dinero.
- No puedo alquilar un piso, pues tengo poco dinero.

En algunos casos pueden expresar lo mismo los diferentes tipos de elementos conectores:

adverbio	conjunción subordinante	conjunción coordinante
deshalb/deswegen/darum (por eso)	**weil** (porque), **da** (ya que)	**denn** (pues)
trotzdem (no obstante/a pesar de ello)	**obwohl** (aunque)	
also (así que/por lo tanto)	**sodass** (de modo que) **so ... dass** (tan ... que)	

EJERCICIOS

13. Realiza la transformación correspondiente, siguiendo los ejemplos. [B1]

a. *Ich habe das Telefon nicht gehört, weil ich gerade im Bad war. (deshalb)*
Ich war gerade im Bad, deshalb habe ich das Telefon nicht gehört.

b. Es hat sehr stark geregnet. Trotzdem haben wir einen langen Spaziergang gemacht. (obwohl)
Obwohl ....

c. Er hilft mir nicht, so dass ich alles allein machen muss. (also)
....

d. Da ich mein Handy zu Hause vergessen hatte, konnte ich dich nicht anrufen. (denn)
....

e. Sie muss jeden Morgen mit dem Zug zur Arbeit fahren, denn sie wohnt auf dem Land. (darum)
....

14. ¿Cuál es el conector correcto? [A2-B1]

a. Er hat lange in Paris gelebt, ... spricht er sehr wenig Französisch.
   1. obwohl   2. trotzdem   3. aber   4. also

b. Wir hatten sehr wenig Geld, ... wir geheiratet haben.
   1. als   2. also   3. denn   4. wenn

c. .... sie sich für Politik interessiert, will sie Diplomatin werden.
   1. Als   2. Denn   3. Also   4. Weil

d. .... er Direktor ist, ist er noch arroganter als früher.
   1. Seit   2. Ob   3. Als   4. Bevor

e. Ich muss jetzt gehen, ... es schon sehr spät ist.
   1. denn   2. weil   3. deshalb   4. als

f. .... du willst, nehmen wir ein Taxi.
   1. Ob   2. Als   3. Wenn   4. Obwohl

g. Sie hat zu viel Kuchen gegessen, ... hat sie jetzt Bauchschmerzen.
   1. denn   2. weil   3. und   4. deshalb

9. LAS PREPOSICIONES

• Herr Hotdog geht immer mit sein**em** Hund spazieren. • Herr Hotdog geht nie ohne sein**en** Hund spazieren.	• El señor Hotdog siempre va a pasear con su perro. • El señor Hotdog nunca va a pasear sin su perro.

Las preposiciones alemanas rigen un caso determinado. Así, **mit** *(con)* rige siempre dativo, mientras que **ohne** *(sin)* rige siempre acusativo.

PREPOSICIONES LOCALES

PREPOSICIONES LOCALES CON DATIVO O ACUSATIVO: *IN*, *AN* Y *AUF*

• Lisa spielt **in der** Küche. • Lisa geht **in die** Küche.	• Lisa juega en la cocina. • Lisa va a la cocina.

No todas las preposiciones rigen un único caso. Existe una serie reducida de preposiciones locales que tanto pueden regir dativo como acusativo (preposiciones de doble rección), entre ellas la preposición **in**.

¿De qué depende que rijan un caso u otro?

• Lisa spielt **in der** Küche. (1)	• Lisa juega en la cocina.	(dativo – expresa dónde se produce la acción)
• Lisa ist **in der** Küche. (1)	• Lisa está en la cocina.	(dativo – expresa dónde se encuentra el sujeto)

• Lisa geht **in die** Küche. (2)	• Lisa va a la cocina.	(acusativo – expresa la meta del sujeto)
• Lisa bringt die Teller **in die** Küche. (2)	• Lisa lleva los platos a la cocina.	(acusativo – expresa la destinación del complemento directo)

(1) Las preposiciones locales de doble rección como **in** rigen dativo (**DER Küche**) cuando el lugar mencionado (**in der Küche**) expresa localización, es decir el lugar donde se produce la acción (**spielt**) o donde se encuentra el sujeto (**Lisa**). El verbo (**spielt, ist**) no expresa desplazamiento.

(2) En cambio, rigen acusativo (**DIE Küche**) cuando el lugar mencionado expresa la meta de un desplazamiento del propio sujeto (**Lisa**) o la destinación del complemento directo (**die Teller**). El verbo (**geht, bringt**) expresa un desplazamiento.

• Lisa isst **in der** Schule.	• Lisa come en la escuela.	(dativo)
• Lisa ist **in der** Schule.	• Lisa está en la escuela.	(dativo)
• Lisa geht **in die** Schule.	• Lisa va a la escuela.	(acusativo)
• Der Vater bringt Lisa **in die** Schule.	• El padre lleva a Lisa a la escuela.	(acusativo)

• Lisa wohnt **an der** Küste.	• Lisa vive en la costa.	(dativo)
• Lisa, komm bitte **an die** Tafel!	• Lisa, ¡sal a la pizarra, por favor!	(acusativo)

• Die Zeitung liegt **auf der** Couch.	• El periódico está encima del sofá.	(dativo)
• Leg die Zeitung **auf die** Couch.	• Pon el periódico encima del sofá.	(acusativo)

Ten en cuenta que todos los ejemplos anteriores están construidos con nombres femeninos.

Entre las preposiciones que rigen dativo o acusativo en función de lo que se acaba de decir, se encuentran **in**, **an** y **auf**. El significado básico de estas preposiciones es el siguiente: **in** (*en* – en el interior de un lugar); **an** (*en, a, junto a* – cerca de un lugar, en contacto con él o no); **auf** (*encima de* – sobre un lugar, en contacto con él):

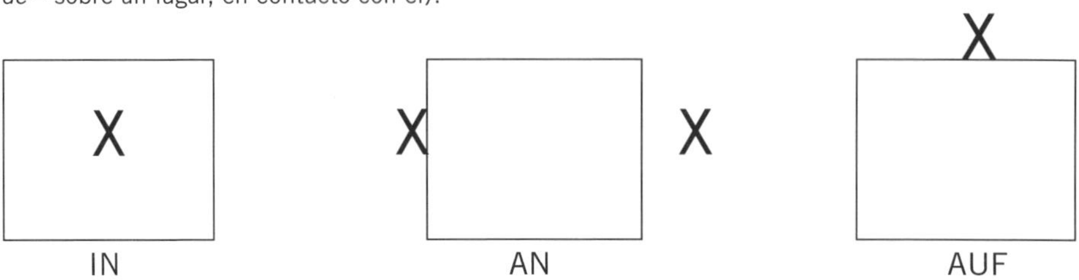

Como se ve a través de los ejemplos con **Küste** *(costa)* y **Wand** *(pared)*, la preposición **an** se utiliza siempre ante nombres que designan límites (**Ufer** *(orilla)*, **Strand** *(playa)*, **Anfang** *(principio)*, **Ende** *(final)*, etc.) o superficies verticales (**Tafel** *(pizarra)*, **Tür** *(puerta)*, **Mauer** *(muro)* etc.). Del mismo modo, también se utiliza sistemáticamente delante de nombres comunes o propios que designan superficies de agua (**Meer** *(mar)*, **Fluss** *(río)*, **Mittelmeer** *(Mar Mediterráneo)*, **Rhein** *(Rin)*, etc.), a menos que se quiera expresar que se está dentro, p.e. nadando.

• Die Stühle sind **auf der** Terrasse.	• Las sillas están en la terraza.	(dativo)
• Bring die Stühle **auf die** Terrasse.	• Lleva las sillas a la terraza.	(acusativo)

En los dos ejemplos anteriores se utiliza **auf** puesto que el lugar designado por el nombre no está, por regla general cubierto, por lo que no se puede estar en su interior. Sucedería lo mismo con nombres como **Balkon** *(balcón)*, **Straße** *(calle)* o **Boden** *(suelo)*.

Sin embargo existen excepciones: Delante de las palabras **Park** *(parque)*, **Garten** *(jardín)*, **Wald** *(bosque)* y **Sessel** *(butaca)* se utiliza sistemáticamente la preposición **in** (**Die Kinder spielen** ***im*** **Garten.** = *Los niños juegan en el jardín.*). También pueden considerarse excepciones los nombres de ciudades, países y regiones sin artículo (consulta al respecto más adelante el inicio del apartado "Preposiciones locales con dativo" (→ pág. 221)).

• Mein Bruder lebt **in der** Türkei.	• Mi hermano vive en Turquía.	(dativo)
• Im Winter fahren wir **in die** Türkei.	• En invierno iremos a Turquía.	(acusativo)

La preposición **in** también se utiliza delante de nombres de países y regiones con artículo. Para los casos en que dichos nombres no lleven artículo, consulta la preposición **nach** en la pág. 221.

Contracciones de preposición y artículo determinado

• Martin isst **im** Restaurant.	• Martín come en el restaurante.	(dativo)
• Martin geht **ins** Restaurant.	• Martín va al restaurante.	(acusativo)
• Martin ist **am** Fenster.	• Martín está junto a la ventana.	(dativo)
• Martin geht **ans** Fenster.	• Martín va hacia la ventana.	(acusativo)

En los ejemplos anteriores se produce una contracción de preposición + artículo determinado. Las contracciones posibles son:

in + dem	=	**im**	(masculino y neutro singular dativo)
an + dem	=	**am**	(masculino y neutro singular dativo)
in + das	=	**ins**	(neutro singular acusativo)
an + das	=	**ans**	(neutro singular acusativo)

• Martin geht **ins** Restaurant.	• Martín va al restaurante.

Estas contracciones son del todo habituales cuando el nombre al que precede la preposición no lleva complementos.

• Martin geht **in das** Restaurant, das neben dem Bahnhof ist.	• Martín va al restaurante que está al lado de la estación.

En cambio, cuando le sigue una oración de relativo, no debe utilizarse la contracción. Esta norma también es válida para las contracciones de otras preposiciones con el artículo determinado.

EJERCICIOS

1. *¿an, auf* o *in*? [A1]

a. Deine Jacke liegt .... dem Stuhl.

b. .... der Wand hängt ein Foto von meinem Großvater.

c. Wir wohnen .... der Schweiz.

d. Thomas raucht .... dem Balkon.

e. Stellst du bitte die Milch .... den Kühlschrank?

f. Die Kinder wollen .... den Zoo gehen.

g. Spielt bitte nicht .... der Straße Fußball!

h. Mein Bruder lebt .... Berlin.

2. Hoy toca hacer sábado. Añade las preposiciones *an, auf, in* y las formas del artículo determinado o su contracción. [A1]

a. **A**: Hast du die Decke .... Tisch (m) gelegt?

B: Ja, sie liegt schon .... Tisch.

b. **A**: Hast du die Bücher .... Regal (n) gestellt?

B: Ja, sie stehen schon .... Regal.

c. **A**: Hast du den Mantel .... Garderobe (f) gehängt?

B: Ja, er hängt schon .... Garderobe.

d. **A**: Hast du die Tassen .... Schrank (m) gestellt?

B: Ja, sie stehen schon .... Schrank.

e. **A**: Hast du die Handtücher .... Bad (n) gebracht?

B: Ja, sie sind schon .... Bad.

3. *a* y *en*: *¿an, auf* o *in*? Traduce las siguientes oraciones. [A1]

a. En verano iremos a Suiza.

Im Sommer fahren wir ....

b. ¿Vamos a la playa?

Fahren wir .... Strand (m)?

c. El reloj está colgado en la pared.

.... Wand (f).

d. Hoy voy al cine.

.... Kino (n).

e. Mi hermana trabaja en Alemania.

....

f. Vivimos en una casa antigua.

Wir wohnen .... alten Haus (n).

g. ¡Siéntate en la silla!

Setz dich .... Stuhl (m)!

h. Hoy comemos en la terraza.

.... Terrasse (f).

PREPOSICIONES LOCALES CON DATIVO O ACUSATIVO: OTRAS

• Der Besen steht **neben der** Waschmaschine.	• La escoba está al lado de la lavadora.
• Stell den Besen **neben die** Waschmaschine.	• Pon la escoba al lado de la lavadora.

Aparte de **in**, **an** y **auf**, tratadas en el tema anterior, también presentan doble rección las siguientes preposiciones de carácter local:

hinter *(detrás de)*, **neben** *(al lado de – sin contacto)*, **über** *(por encima de)*, **unter** *(debajo de)*, **vor** *(delante de)*, **zwischen** *(entre)*

Al igual que **in**, **an** y **auf**, estas preposiciones rigen dativo cuando el lugar expresa localización, es decir allí donde se encuentra el sujeto o donde se produce la acción, y acusativo cuando expresa la meta del sujeto o la destinación del complemento directo:

dativo – expresa dónde se produce la acción

• Lisa spielt **hinter dem** Haus.
(Lisa juega detrás de la casa.)

dativo – expresa dónde se encuentra el sujeto	acusativo – expresa la meta del sujeto
• Auf diesem Foto sitzt Philipp **zwischen seinem** Vater und **seiner** Mutter. (En esta foto, Felipe está sentado entre su padre y su madre.)	• Philipp setzt sich **zwischen seinen** Vater und **seine** Mutter. (Felipe se sienta entre su padre y su madre.)

dativo – expresa dónde se encuentra el sujeto	acusativo – expresa la destinación del CD
• Die Zeitung liegt **unter dem** Tisch. (El periódico está debajo de la mesa.)	• Das Kind legt die Zeitung **unter den** Tisch. (El niño pone el periódico debajo de la mesa.)
• Der Tisch steht **vor der** Couch. (La mesa está delante del sofá.)	• Stellen Sie den Tisch **vor die** Couch! (¡Coloquen la mesa delante del sofá!)
• Das Bild hängt **über dem** Sofa. (El cuadro está (colgado) (por) encima del sofá.)	• Häng das Bild **über das** Sofa. (¡Cuelga el cuadro encima del sofá!)

Por regla general, **über** expresa situación por encima de algo sin que exista contacto entre ambas cosas.

Contracciones de preposicion y artículo determinado en el lenguaje coloquial

• Die Schuhe sind **unterm** Bett.	• Los zapatos están debajo de la cama.
• Stell die Schuhe **unters** Bett!	• ¡Pon los zapatos debajo de la cama!

El uso de las siguientes contracciones, habitual en el lenguaje hablado, se considera coloquial:

hinter/über/unter/vor + dem = hinterm/überm/unterm/vorm (masculino y neutro singular dativo)
hinter/über/unter/vor + das = hinters/übers/unters/vors (neutro singular acusativo)

EJERCICIOS

4. ***¿an, auf, hinter, in, neben, über, unter, vor*** **o** ***zwischen?*** **Subraya la preposición correcta. [A2]**

a. Sie stellt ihre Schuhe über/<u>unter</u>/zwischen das Bett.

b. Wir fahren im Urlaub in/an/auf die Costa Brava.

c. Ich habe in/auf/zwischen zwei Seiten des Buches einen 50-Euro-Schein gefunden.

d. Setz dich vor/neben/unter mich, dann können wir den Brief zusammen lesen.

e. Die Lampe hängt über/auf/in dem Tisch.

f. Man kann den Swimmingpool nicht sehen, er ist vor/neben/hinter dem Haus.

g. Auf/Zwischen/In ihrem Garten stehen viele Apfelbäume.

h. Ich konnte im Kino nichts sehen, denn vor/hinter/neben mir hat ein großer Mann gesessen.

5. Realiza la combinación adecuada. [A2]

a. Die Post ist	1. unter dem Mantel.
b. Häng die Uhr	2. im Sessel.
c. Der Brief liegt	3. an die Wand.
d. Bring die Flaschen	4. auf dem Tisch.
e. Er fliegt morgen	5. in die Küche.
f. Sie trägt einen Pullover	6. zwischen dem Bahnhof und dem Rathaus.
g. Am liebsten sitzt er	7. in die Schweiz.

6. Subraya la forma correcta. [A2]

a. Setzt euch bitte ans/am Fenster!

b. Wir waren an der/die Costa del Sol.

c. Thomas ist ins/im Kino.

d. Die Tasche liegt auf das/dem Sofa.

e. Die Stühle stehen auf die/der Terrasse.

f. Wer bringt die Kinder in den/im Kindergarten?

g. Zwischen den/die Blumen wachsen Pilze.

h. Stell die Stühle bitte unter dem/den Baum.

7. Ana ha reorganizado su piso. Añade el artículo determinado. [A2]

a. Die Lampe war neben dem Sofa.

Sie hat sie auf .... Tisch (m) gestellt. Jetzt steht sie auf .... Tisch.

b. Der Teppich war unter dem Tisch.

Sie hat ihn vor .... Sofa (n) gelegt. Jetzt liegt er vor .... Sofa.

c. Der CD-Player war im Schrank.

Sie hat ihn neben .... Bücher (pl) gestellt. Jetzt steht er neben .... Büchern.

d. Der Fernseher war im Wohnzimmer.

Sie hat ihn in .... Küche (f) gestellt. Jetzt steht er in .... Küche.

8. Añade el artículo determinado o, si es posible, la terminación de la contracción de éste con la preposición. [A2]

a. Die Schlüssel liegen auf .... Tisch (m).

b. Im Sommer fahren wir an .... Meer (n).

c. Der Papagei ist auf .... Palme (f) geflogen.

d. A : Wo sind die Gabeln? – B : Sie liegen neben .... Messern (pl).

e. Meine Freunde wohnen in .... Schweiz (f).

9. Añade *in*, *auf* o *neben*, el artículo determinado en su forma adecuada o la contracción de preposición y artículo. [A2]

a. Kommen Sie bitte .... Büro (n)!

b. Bitte stellen Sie den Koffer .... Tür (f).

c. Martin spielt .... Straße (f).

d. Ist noch Bier .... Kühlschrank (m)?

e. Bring bitte die Flaschen .... Keller (m).

10. Añade la terminación correcta del determinante. [A2]

a. Setz dich bitte neben dein....... Geschwister (pl).

b. Über d....... Sofa (n) hängt eine Kuckucksuhr.

c. Seid ihr im Urlaub auch an d....... Nordsee (f) gefahren?

d. Deine Jacke liegt unter mein....... Mantel (m).

e. Er ist auf ein....... Baum (m) geklettert.

f. Das steht nicht im Text, sondern zwischen d....... Zeilen (pl).

11. Completa las siguientes oraciones con la preposición adecuada y la forma del artículo determinado. [A2]

an - auf - hinter - in - neben - über - unter - vor - zwischen

a. Er hat eine Stunde .... Tür (f) gewartet.

b. Sie kann nichts sehen, weil sie .... großen Mann (m) steht.

c. Links .... Supermarkt (m) ist die Schule.

d. Ich habe den Brief nicht gesehen, weil er .... Zeitungen (pl) war.

e. .... Tisch (m) hängt eine Lampe.

f. Er trägt einen Pullover .... Jacke (f).

g. Der Mantel hängt .... Garderobe (f).

h. Die Gäste warten .... Wohnzimmer (n).

i. Das Essen steht schon .... Tisch (m).

PREPOSICIONES LOCALES CON DATIVO

• Morgen fahren wir **nach** Paris/Frankreich.	• Mañana vamos a París/Francia.

nach *(a, hacia)*: delante de nombres de ciudades, países y regiones que no llevan artículo (el dativo no se nota), en sintagmas que expresen dirección. Al expresar localización con nombres de este tipo, se utiliza **in** *(en)*: **Wir wohnen in Paris/in Frankreich.** *(Vivimos en París/en Francia.)*

También se utiliza delante de la palabra **Haus(e)** para indicar que alguien se va a su casa **(Ich gehe nach Hause.** = *Me voy a casa.*). Ten en cuenta que para indicar localización se utiliza la preposición **zu** (**Ich bin morgen nicht zu Hause.** = *Mañana no estaré en casa.*).

• Ich komme **aus** Rom/Italien. • Wir kommen **aus** der Schule. • Wir kommen **vom** Fußballplatz.	• Vengo de Roma/Italia. • Venimos de la escuela. • Venimos del campo de fútbol.

aus *(de)*: Expresa procedencia de lugares, con los que la localización se expresaría con la preposición **in** (**in Rom** *(en Roma)*, **in der Schule** *(en la escuela)*).

von *(de)*: Expresa procedencia de lugares, con los que la localización no se expresaría con **in**, sino con otra preposición (**auf dem Fußballplatz** *(en el campo de fútbol)*). Forma contracción con el artículo determinado masculino y neutro singular (**vom**).

• Ich gehe **zum** Bahnhof/**zur** Uni. • Ich gehe **zum** Arzt. • Ich gehe **zu** Monika/meinen Eltern.	• Voy a la estación/a la universidad. • Voy al médico. • Voy a casa de Mónica/de mis padres. / Voy a ver a Mónica/a mis padres.
• Ich komme **vom** Bahnhof/von der Uni. • Ich komme **vom** Arzt. • Ich komme **von** Monika/meinen Eltern.	• Vengo de la estación/de la universidad. • Vengo del médico. • Vengo de casa de Mónica/de mis padres. / Vengo de ver a Mónica/a mis padres.
• Ich war **beim** Arzt. • Heute esse ich **bei** Monika/meiner Freundin.	• Estuve en la consulta del médico. • Hoy como en casa de Mónica/de mi amiga.

zu *(a, hacia, a casa de, al despacho de ..., a ver a)*: Expresa dirección delante de nombres de lugares, profesiones y personas. Forma contracción con el artículo determinado masculino y neutro singular (**zum**) y con el femenino singular (**zur**).

La preposición **zu** también se utiliza delante de la palabra **Haus(e)** para expresar que alguien está en casa (**Morgen bin ich den ganzen Tag zu Hause.** = *Mañana estaré todo el día en casa.*). Si esta misma palabra expresa destinación, se utiliza la preposición **nach**.

von *(de, de casa de, del despacho de, de ver a)*: Expresa procedencia delante de nombres de lugares, profesiones y personas. Forma contracción con el artículo determinado masculino y neutro singular (**vom**).

bei *(en, en casa de, en el despacho de ...)*: Expresa localización delante de nombres de profesiones y personas, así como de empresas. Establece contracción con el masculino y neutro singular (**beim**).

EJERCICIOS

12. "*Casa*". Traduce las siguientes expresiones. [A2]

a. ¿Estás en casa?	Bist du .... ?
b. Voy a casa en metro.	Ich fahre mit der U-Bahn ....
c. Hoy comemos en casa de mis abuelos.	Heute essen wir ....
d. ¿Todavía vives con tus padres (en su casa)?	Wohnst du noch .... ?
e. ¿Vas a casa de Ana?	Gehst du .... ?
f. Tengo una casa en la playa.	Ich habe .... am Strand.
g. Ayer estuve en casa de Ana.	Gestern war ich ....
h. Mi casa es grande.	....

13. ¿*nach* o *zu*? Marca la preposición correcta. [A1]

a. Im Sommer fahren wir immer	zu	nach	Italien.
b. Leider muss ich gleich	zu	nach	Hause gehen.
c. Ich fahre jetzt	zum	nach	Supermarkt.
d. Gestern war er den ganzen Tag	zu	nach	Hause.
e. Nächste Woche fliege ich	zu	nach	Berlin.
f. Du musst	zum	nach	Arzt gehen!
g. Entschuldigung, wie komme ich	zum	nach	Bahnhof?

14. **¿*aus* o *von*? Decide qué preposición es la correcta. En caso necesario añade la forma adecuada del artículo determinado o la contracción de éste con la preposición. [A2]**

a. Harald kommt .... Deutschland.

b. Nimm bitte die Füße .... Tisch (m)!

c. Holst du bitte den Wein .... Keller (m)?

d. Wir kommen gerade .... Strand (m).

e. Sind die Kinder schon .... Spielplatz (m) zurückgekommen?

f. Meine Lehrerin ist .... Berlin.

15. ***a* y *en*: ¿*bei*, *nach* o *zu*? Traduce las siguientes oraciones. Inicia las enunciativas con el mismo elemento que aparece en español. [A1]**

a. ¿Fuiste al dentista? (*Perfekt*)

b. Ayer fui a la peluquería (al peluquero). (*Perfekt*)

c. Ayer estuvimos con mi hermana (Está en el hospital). (*Präteritum*)

d. Me voy a casa de Jörg.

e. Tengo que llevar al gato al veterinario.

f. ¿Vas al ayuntamiento?

g. El fin de semana iremos a Berlín.

h. Tienes que ir al médico.

i. Ayer estuve en el médico. (*Präteritum*)

PREPOSICIONES LOCALES CON ACUSATIVO

• Warum fahren wir nicht **durch** den Tunnel?	• ¿Por qué no pasamos por/a través del túnel?
• Er warf den Ball **gegen** die Wand.	• Tiró la pelota contra la pared.
• Die Kinder liefen **um** das Haus **(herum)**.	• Los niños corrían alrededor de la casa.

En el caso de **um ... (herum)** *(alrededor de)*, la segunda parte es facultativa. Si se usa, debe colocarse detrás del nombre.

PREPOSICIONES LOCALES CON GENITIVO

• Wir wohnen **außerhalb** der Stadt.	• Vivimos fuera de la ciudad.
• Ich habe nur **innerhalb** der EU gearbeitet.	• Sólo he trabajado dentro de la UE.

EJERCICIOS

16. ¡Vacaciones! Añade la preposición y, si es necesario, el artículo determinado o la contracción de ambos. [A1]

1. Wir fahren im Urlaub	2. Wir waren im Urlaub .....
a. .... Österreich.	a. .... Österreich.
b. .... Schweiz.	b. .... Schweiz.
c. .... USA.	c. .... USA.
d. .... Indien.	d. .... Indien.
e. .... Rhein.	e. .... Rhein.
f. .... Mittelmeer.	f. .... Mittelmeer.
g. .... Sudan.	g. .... Sudan.
h. .... Berlin.	h. .... Berlin.

17. Añade la preposición y, si es necesario, el artículo determinado o la contracción de ambos. [A2]

1. Michael geht	2. Michael ist .....
a. .... Fußballplatz (m).	a. .... Fußballplatz.
b. .... seiner Oma (f).	b. .... seiner Oma.
c. .... Strand (m).	c. .... Strand.
d. .... Balkon (m).	d. .... Balkon.
e. .... Hause.	e. .... Hause.
f. .... Arzt (m).	f. .... Arzt.

18. Añade la terminación correcta del determinante. [B1]

a. Anna kommt aus ein....... Großstadt (f).
b. Rauchen ist innerhalb d....... Museums (m) verboten.
c. Mein Freund arbeitet bei ein....... Tierarzt (m).
d. Gehst du auch zu d....... Konzert (n) von Lady Gaga?
e. Er ist gegen ein....... Mauer (f) gefahren.
f. Ich komme gerade von ein....... Fußballspiel (n).
g. Außerhalb d....... Stadt (f) kann man schneller fahren.
h. Wir müssen durch ein....... Tunnel (m) fahren.
i. Der Wagen fährt langsam um d....... Haus (n).

PREPOSICIONES TEMPORALES

PREPOSICIONES TEMPORALES CON DATIVO

• A: Wann kommt ihr?	• A: ¿Cuándo vendréis?
• B: **Am** Montag./**Am** Abend. (1)	• B: El lunes./Por la tarde.
• B: **Am** 27. Oktober. (2)	• B: El 27 de octubre.

an *(-/por)*: en forma de contracción (**am**) delante de (1) los días de la semana y las partes del día (excepto **Nacht**: **in der Nacht**) y (2) delante de los ordinales al expresar una fecha.

• Der Kurs beginnt **im** Oktober/Herbst. (1)	• El curso empieza en octubre/en otoño.
• Der Unfall geschah **in** der Nacht. (2)	• El accidente sucedió por la noche.
• Der Film beginnt **in** einer Stunde. (3)	• La película empieza dentro de una hora.
• Die Debatte findet **im** nächsten Monat statt. (4)	• El debate tendrá lugar el próximo mes.

in *(en)*: (1) en forma de contracción (**im**) delante de los meses y las estaciones;
in *(en/por)*: (2) delante de **Nacht** *(noche)*;
in *(dentro de)*: (3) delante de períodos de tiempo, como **Stunde** *(hora)*, **Woche** *(semana)* o **Monat** *(mes)* precedidos de un elemento cuantitativo;
in *(--)*: (4) delante de nombres que designan períodos temporales precedidos de un adjetivo de carácter temporal.

• Es ist zehn **nach** drei./Es ist zehn **nach** halb drei.	• Son las tres y diez./Son las tres menos 20.
• Es ist zehn **vor** drei./Es ist zehn **vor** halb drei.	• Son las tres menos diez./Son las dos y 20.
• Wir kommen **nach/vor** dem Abendessen.	• Vendremos después de/antes de la cena.

nach: delante del número de la hora o de **halb**, así como con el significado de *después de* en general.

vor: delante del número de la hora o de **halb**, así como con el significado de *antes de* en general.

• Ich habe sie **vor** acht Jahren kennen gelernt.	• La conocí hace ocho años.

vor: delante de períodos de tiempo cuantificados con el significado de *hace* + período de tiempo. No debe confundirse con **seit** *(desde hace)* que se explica más adelante.

• Wir bleiben **von** sechs **bis** acht.	• Nos quedaremos de seis a ocho.
• Wir bleiben **vom** sechsten **bis zum** achten Juli.	• Nos quedaremos del seis al ocho de julio.
• Wir kommen **zwischen** sechs und sieben.	• Vendremos entre las seis y las siete.
• Wir kommen **zwischen** dem sechsten und dem neunten Juli.	• Vendremos entre el seis y el nueve de julio.

von *(de)*: en combinación con **bis** *(a)* delante de indicaciones horarias. En combinación con **bis zum** delante de fechas; en este último caso siempre aparece como contracción (**vom**).

zwischen *(entre)*: en combinación con la conjunción **und** *(y)* delante de indicaciones horarias o de fechas.

• Wir arbeiten **bis zum** zweiten August.	• Trabajamos hasta el dos de agosto.
• Ich bin **bis zum** Schluss geblieben.	• Me he quedado hasta el final.
• Er versuchte es **bis zur** letzten Minute.	• Lo intentó hasta el último minuto.

bis zu *(hasta)*: delante de fechas (**bis zum**) o de nombres (**bis zum** + masculino o neutro, **bis zur** + femenino).

• Ich warte **seit** zehn Uhr.	• Estoy esperando desde las ocho.
• Sie arbeitet **seit** gestern/Montag/dem 21. Juli hier.	• Trabaja aquí desde ayer/el lunes/el 21 de julio.
• Wir wohnen **seit** einem Jahr hier.	• Vivimos aquí desde hace un año.

seit *(desde/desde hace)*: delante de indicaciones temporales en general.

Delante de períodos de tiempo cuantificados (**Ich kenne ihn seit einem Jahr.** = *Lo conozco desde hace una año./Hace un año que lo conozco.*) no debe confundirse con **vor** (**Ich habe ihn vor einem Jahr kennen gelernt.** = *Lo conocí hace un año./Hace un año que lo conocí.*) El enunciado con **vor** responde a la pregunta **wann** *(cuándo)*, el enunciado con **seit** responde a la pregunta **seit wann** *(desde cuándo)*. Con **vor** se hace referencia a un hecho puntual y ya terminado del pasado; con **seit** y el verbo en presente se hace referencia a un hecho que tiene continuidad hasta el momento en que se habla.

• geöffnet **ab** neun Uhr/Montag/Juni/dem fünften Mai	• abierto a partir de las nueve/del lunes/de junio/del cinco de mayo
• **Ab** nächster/nächste Woche arbeiten wir nur am Vormittag.	• A partir de la semana próxima sólo trabajamos por la mañana.

ab *(a partir de)*: delante de indicaciones horarias, de los nombres de los días de la semana y de los meses (sin artículo), así como de fechas. Delante de otros nombres, como en el segundo ejemplo, también se puede utilizar con acusativo cuando éstos no llevan determinante.

- Wir besuchen dich **zu** Ostern/ Weihnachten.
- Te visitaremos por Pascua/Navidad.

zu *(por)*: delante de nombres de festividades religiosas sin artículo.

- Ich habe **mit** 21 Jahren geheiratet.
- Me casé a los 21 años.

mit *(a los)*: delante de indicaciones referidas a la edad.

EJERCICIOS

19. ¿*am* o *im*? Marca la forma correcta. [A1]

a. Am/Im Mittag sind die Geschäfte geschlossen.

b. Am/Im Freitag habe ich keinen Unterricht.

c. Am/Im Sommer fahren wir immer nach Spanien.

d. Bist du am/im Wochenende zu Hause?

e. Tim hat auch am/im August Geburtstag.

20. ¿*vor* o *seit*? [A2]

a. Hace seis meses que nos conocemos.

Wir haben uns .... sechs Monaten kennen gelernt.

b. Ya hace tres días que el Sr. Meier está enfermo.

Herr Meier ist schon .... drei Tagen krank.

c. Hace 20 años que nos casamos.

Wir haben .... 20 Jahren geheiratet.

d. Katia tuvo un hijo hace dos semanas.

Katia hat .... zwei Wochen ein Kind bekommen.

e. Hace cuatro semanas le vi por primera vez.

.... vier Wochen habe ich ihn zum ersten Mal gesehen.

f. Hace un año que no nos vemos.

Wir haben uns .... einem Jahr nicht gesehen.

PREPOSICIONES TEMPORALES CON ACUSATIVO

• Der Unterricht beginnt **um** neun. • Wir kommen **gegen** neun.	• La clase empieza a las nueve. • Vendremos hacia las nueve.

um *(a la/s)*: delante de indicaciones horarias. El acusativo no se nota.

gegen *(hacia)*: delante de indicaciones horarias. El acusativo no se nota.

• Heute arbeiten wir nur **bis** 12. • Wir bleiben **bis** Montag/morgen/morgen Nachmittag/Ostern. • Das Geschäft ist **bis** nächsten Montag geschlossen.	• Hoy sólo trabajamos hasta las 12. • Nos quedaremos hasta el lunes/mañana/mañana por la tarde/Pascua. • La tienda está/estará cerrada hasta el próximo lunes.

bis *(hasta)*: sólo puede usarse delante de nombres cuando estos no llevan un determinante. El acusativo no se nota, a menos que les siga un adjetivo, como en el último ejemplo.

PREPOSICIONES TEMPORALES CON GENITIVO

• **Während** des Starts müssen die Passagiere ihre elektronischen Geräte ausschalten.	• Durante el despegue, los pasajeros tienen que apagar sus aparatos electrónicos.

EJERCICIOS

21. *¿an, in* o *um*? Añade la preposición, el artículo determinado o la contracción de ambos. [A1]

Ich komme .....

a. .... Dezember.
b. .... Morgen.
c. .... Nacht.
d. .... Mitternacht.
e. .... Dienstag.
f. .... Wochenende.
g. .... 9.30 Uhr.

Ich komme .....

h. .... Sommer.
i. .... nächsten Woche.
j. .... nächsten Jahr.
k. .... halb zwei.
l. .... Heiligabend.
m. .... 22. Mai.
n. .... drei Tagen.

22. ¿Cuál es la forma correcta? [A1]

a. Wann fährst du nach München? - .... Herbst. (Im / Am / In)

b. Wann machst du Urlaub? - .... Juli. (Im / In / Am)

c. Wann hast du Geburtstag? - .... 10. Februar. (Der / Am / Im)

d. Wann beginnt der Unterricht? - .... fünf Uhr. (Am / Um / Im)

e. Wann kommen deine Freunde? - .... Ostern. (In / Im / Zu)

f. Wann arbeitest du? - .... Nachmittag. (Im / Um / Am)

g. Wann ist er angekommen? - .... einer Woche. (Vor / Seit / In)

h. Wann besuchst du mich? - .... Sonntag. (Am / Der / Um)

i. Wie lange arbeitest du schon hier? - .... zwei Jahren. (Vor / Seit / In)

23. Completa las siguientes indicaciones horarias con la preposición adecuada. [A2]

ab – bis – nach – um – um – von – vor

a. Der Film beginnt .... 20.00 Uhr.

b. Es ist zehn .... neun (9.10 Uhr).

c. Gestern bin ich .... Mitternacht nach Hause gekommen.

d. Die Geschäfte sind hier .... 10 .... 20 Uhr geöffnet.

e. .... zehn Uhr können Sie hier einkaufen, vorher ist geschlossen.

f. Es ist fünf .... zwölf (11.55 Uhr).

24. Un día cualquiera en la vida del Sr. Stressig, ejecutivo. Añade las preposiciones o contracciones adecuadas. [B1]

am – bis – im – in – mit – nach – um – von – vor – während – zu

(a) .... sechs Uhr steht er auf. (b) .... dem Frühstück checkt er seine Mails. (c) .... halb sieben frühstückt er. (d) .... halb acht (e) .... eins arbeitet er (f) .... der Firma. (g) .... Mittag macht er nur eine kurze Pause und isst schnell etwas (h) .... der Kantine. (i) .... des Essens telefoniert er (j) .... seinen Partnern. (k) .... dem Essen hat er Konferenzen, Meetings etc., und (l) .... 21 oder 22 Uhr geht er (m) .... Hause. (n) .... Wochenende hat er frei. Da arbeitet er (o) ....

Hause mit seinem Notebook. Aber (p) .... Sommer, da hat er Urlaub, da will er (q) .... die USA fliegen und dort einen Managerkurs machen.

25. ***am – bis – im – von*: ¿Qué preposición o contracción es la correcta? [B1]**

a. **A** : Wie lange bleibt dein Besuch? – **A** : .... zum Wochenende!

b. **A** : Wann machen Sie Urlaub? – **B** : .... Juli (m) oder August.

c. **A** : Wann hast du die Prüfung? – **B** : .... Montag.

d. **A** : Wie lange bleibst du in Deutschland? – **B** : .... Juli .... August.

e. **A** : Wann endet der Kurs? – **B** : .... 30. Juni.

26. ***¿ab, am, in, seit* o *während?* [B1]**

a. .... Mittag (m) gehen wir immer zusammen ins Restaurant.

b. .... des Essens hat niemand gesprochen.

c. Ich warte schon .... zwei Tagen.

d. .... dem 1. August machen wir Urlaub.

e. .... drei Wochen ist Weihnachten.

27. ***¿nach, vor, zwischen* o *zu?* [B1]**

a. Sie kommt .... dem fünften und zehnten April (m) an.

b. .... Weihnachten wünsche ich mir ein Smartphone.

c. Wascht euch bitte .... dem Essen (n) die Hände.

d. Sie haben sich .... fünf Jahren kennen gelernt.

e. .... dem Essen (n) sollte man sich die Zähne putzen.

28. ***¿am, im* o *um?* Traduce las siguientes oraciones utilizando el presente. [A2]**

a. Mi tía María vendrá en invierno. ....

b. Oskar llegará el domingo. ....

c. Mi cumpleaños es el uno de enero. ....

d. La película empieza a las ocho. ....

e. En octubre vendrá Anna de Berlín. ....

f. Te llamaré por la tarde. ....

29. Añade la terminación del determinante. [B1]

a. Lisa ist für ein....... Monat (m) nach Deutschland gefahren.

b. In d....... nächsten Woche (f) haben wir keinen Unterricht.

c. Nach ein....... Stunde (f) hatte er den Aufsatz beendet.

d. Während mein....... Reise (f) habe ich viele Leute kennen gelernt.

e. Wir haben ab d....... 1. September (m) wieder geöffnet!

30. Añade la terminación del determinante o del adjetivo. [B1]

a. Vor d....... Prüfung (f) war sie sehr nervös.

b. Das Büro ist bis nächst....... Montag (m) geschlossen.

c. Er kommt zwischen d....... 15. März (m) und dem 10. April zurück.

d. Seit d....... letzten Monat (m) ist parken hier verboten.

e. In ein....... Woche (f) endet der Kurs.

OTRAS PREPOSICIONES

OTRAS PREPOSICIONES CON DATIVO

• Ich möchte **mit** dem Chef sprechen.	• Quiero hablar con el jefe.
• Wir kommen **mit** dem Zug.	• Vendremos en tren.
• Das ist das Auto **von** meinem Bruder.	• Éste es el coche de mi hermano.
• Der Ring ist **aus** (echtem) Gold.	• El anillo es de oro (auténtico).
• **Außer** dir sind alle gekommen.	• Vinieron todos excepto tú.
• **Zum** Lesen brauche ich eine Brille.	• Para leer necesito gafas.

Tanto **von** como **aus** son traducibles por *de*. Sin embargo, no son intercambiables; sólo **aus** expresa de qué está hecho algo.

La preposición **zu** (en forma de la contracción **zum**) se usa, con sentido final, delante de infinitivos sustantivados.

OTRAS PREPOSICIONES CON ACUSATIVO

• Ich brauche das Geld **für** meinen Urlaub.	• Necesito el dinero para mis vacaciones.
• Die Blumen sind **für** dich.	• Las flores son para ti.
• Wir können es **ohne** dich nicht machen.	• No podemos hacerlo sin ti.

OTRAS PREPOSICIONES CON GENITIVO

• Wir konnten **wegen** des Nebels nicht starten.	• No pudimos despegar a causa de la niebla.

En el lenguaje hablado es muy común el uso de **wegen** con dativo: **Wir konnten wegen dem Nebel nicht starten.**

LAS PREPOSICIONES Y SU RÉGIMEN (TABLA RESUMEN)

Acusativo	Dativo	Genitivo	Acusativo o dativo
	ab (temporal)		
	an (temporal)		**an** (local)
			auf (local)
	aus		
	außer		
		außerhalb (local)	
	bei (local)		
bis (temporal)	**bis zu** (temporal/local)		
durch (local)			
für			
gegen (temporal/local)			
			hinter (local)
	in (temporal)		**in** (local)
		innerhalb (local)	
	mit		
	nach (temporal/local)		
			neben (local)
ohne			
	seit (temporal)		
			über (local)
um (temporal/local)			
			unter (local)
	von (temporal/local)		
	vor (temporal)		**vor** (local)
		während	
		wegen	
	zu (temporal/local)		
	zwischen (temporal)		**zwischen** (local)

EJERCICIOS

31. ¿*bei* o *mit*? Completa las siguientes oraciones. [A2]

a. ¿Quieres hablar conmigo?

Willst du .... ?

b. Mañana estaré con mi abuela.

Morgen bin ich ....

c. Anna está con el jefe.

....

d. ¿Por qué no te quedas con tus padres?

Warum bleibst .... ?

e. Me gustaría hablar con Marta.

Ich würde gern ....

f. ¿Con quién irás a la exposición?

.... zur Ausstellung?

32. Añade la terminación del determinante. [A1]

a. Die Post ist neben d.............. Bahnhof (m).

b. Ich habe den Schal für mein.............. Freund (m) gekauft.

c. Kommst du mit dein.............. Freundin (f) oder allein?

d. Heute Abend essen wir in ein.............. Pizzeria (f).

e. Paul lebt immer noch bei sein.............. Eltern (pl).

f. Stell die Gläser bitte auf d.............. Tisch (m).

g. Berta kommt aus ein.............. kleinen Dorf (n).

33. Añade la terminación del determinante. [A2]

a. Am Samstag gehen wir zu ein....... Konzert (n).

b. Sie hat ein Geschenk von ihr....... neuen Freund (m) bekommen.

c. Herr Becker geht nie ohne ein....... Schirm (m) aus dem Haus.

d. Herr Müller ist schon seit ein....... Woche (f) krank.

e. Der Wagen fährt durch ein....... Tunnel (m).

f. Nach ein....... kurzen Pause (f) haben wir weitergespielt.

34. Marca la respuesta correcta. [A2]

a. Sie sind im Urlaub .... die Schweiz gefahren. (nach - in - zu)

b. Setz dich bitte nicht .... diesen Stuhl! (über - in - auf)

c. Wir sind im Sommer .... Paris geflogen. (nach - in - auf)

d. Er arbeitet schon .... zwanzig Jahren hier. (seit - vor - für)

e. Wir fahren oft .... Deutschland. (in - nach - zu)

f. Carla ist jetzt nicht .... Hause. (zu - nach - in)

g. .... 20 Uhr beginnt der Film. (Im - Am - Um)

35. Marca la respuesta correcta. [A2]

a. Warst du .... Arzt? (beim - im - zum)

b. Viele deutsche Rentner wohnen .... Spanien. (nach - in - auf)

c. Wir sind .... dem Auto gefahren. (an - bei - mit)

d. Heute Nachmittag gehen wir .... den Supermarkt. (in - zu - nach)

e. Mein Onkel arbeitet .... Seat. (bei - in - auf)

f. Häng die Lampe bitte .... die Decke. (von - in - an)

g. Er kommt .... 24. März. (im - am - um)

10. LOS ELEMENTOS INTERROGATIVOS

- A: **Was** suchst du denn?
- B: Meine Schlüssel.

- A: ¿Qué buscas?
- B: Mis llaves.

Con los elementos interrogativos como **was** *(qué)* se pregunta por algo que se quiere saber.

LOS PRONOMBRES *WER* Y *WAS*

- A: **Wer** spricht Japanisch? (sujeto)
- B: Berta (spricht Japanisch).
- A: **Wer** kommt morgen nicht? (sujeto)
- B: Marta und Klaus (kommen nicht).
- A: **Wer** sind diese Leute? (atributo)
- B: (Diese Leute sind) Freunde von Michael.
- A: **Was** riecht so gut? (sujeto)
- B: Der Kuchen (riecht so gut).
- A: **Was** ist das? (atributo)
- B: (Das ist) Ein Kreuzschlitzschraubenzieher.

- A: ¿Quién habla japonés?
- B: Berta (habla japonés).
- A: ¿Quién no vendrá mañana?/¿Quiénes no vendrán mañana?
- B: Marta y Klaus (no vendrán).
- A: ¿Quiénes son esas personas?
- B: (Esas personas son) Amigos de Michael.
- A: ¿Qué huele tan bien?
- B: El pastel (huele tan bien).
- A: ¿Qué es esto?
- B: (Esto es) Un destornillador estrella.

En nominativo, los pronombres **wer** *(quién/quiénes)* y **was** *(qué)* sirven para preguntar por el sujeto o por el atributo.

A diferencia de la forma española *quién*, que coexiste con la forma de plural *quiénes*, el pronombre **wer** no tiene forma para el plural. De ahí que, cuando funciona como sujeto, el verbo deba aparecer siempre en la tercera persona del singular.

- A: **Wer** ist das?
- B: (Das ist) Marta.
- A: **Wer** ist das?
- B: (Das sind) Marta und Klaus.

- A: ¿Quién es (ésa)?
- B: (Ésa es) Marta.
- A: ¿Quiénes son (ésos)?
- B: (Son) Marta y Klaus.

Lo dicho anteriormente resulta aún más evidente cuando se trata de reproducir en alemán la típica pregunta *¿quién es/quiénes son (estos/esos)?*

- A: **Wen** suchst du? (CD)
- B: Meinen Vater.
- A: **Wem** gehört das? (CI)
- B: Meinem Vater.

- A: ¿A quién buscas?
- B: A mi padre.
- A: ¿A quién pertenece esto?
- B: A mi padre.

El pronombre **wer** tiene formas específicas para el acusativo (**wen**) y para el dativo (**wem**). Por regla general, con ellas se pregunta, respectivamente, por el complemento directo y por el indirecto, cuando éstos son personas.

La lengua española opta en ambos casos por la fórmula interrogativa *¿a quién?* Esta falta de distinción entre complemento directo e indirecto se da también al contestar, pues como se ve en los ejemplos anteriores, la respuesta es idéntica en ambos casos: *a mi padre*. Esto significa que la fórmula interrogativa española en sí no sirve para decidir si en alemán debe utilizarse **wen** o **wem**.

La mejor manera de distinguir en español entre complemento directo e indirecto consiste en convertir ambos complementos en pronombres personales, partiendo de elementos femeninos. Si el pronombre personal idóneo es *la* (siempre y cuando no se cometa laísmo), se trata de un complemento directo. Por el contrario, si debe utilizarse *le*, se trata de un complemento indirecto.

También se puede optar por poner la expresión en voz pasiva. Si dicha transformación es posible, lo que en la pasiva actúa como sujeto, es el complemento directo en la voz activa: *Busco **a mi padre**.* (activa) – ***Mi padre** es buscado por mí.* (pasiva)

• Ich suche meine Mutter.	• Busco a mi madre.
• Ich suche sie. (CD)	• **La** busco. (CD)
• Das gehört meiner Mutter.	• Esto pertenece a mi madre.
• Das gehört ihr. (CI)	• **Le** pertenece. (CI)

Aunque ambas lenguas coinciden en la mayoría de los casos por lo que a estos dos complementos se refiere, también hay ocasiones en que difieren. Un claro ejemplo de ello lo constituye el verbo **helfen**, que rige dativo, mientras que el verbo español *ayudar* lleva un CD (**Ich helfe meiner Mutter./Ich helfe ihr.** = *Ayudo a mi madre./La ayudo.*)

En realidad, los verbos que rigen dativo son poco numerosos (→ págs. 91 s.).

• **Für wen** ist das?	• ¿Para quién es esto?
• **Mit wem** isst du heute zu Abend?	• ¿Con quién cenas hoy?

Las formas del acusativo y dativo de **wer** también se utilizan detrás de preposiciones, en función del caso que rijan éstas (**für** + acusativo, **mit** + dativo).

• A: **Was** trinkst du? (CD)	• A: ¿Qué bebes?
• B: Einen Kaffee.	• B: Un café.

El pronombre **was** no tiene formas para el dativo. La del acusativo es igual que la del nominativo. Por lo tanto, sirve también para preguntar por el complemento directo, cuando éste es una cosa.

En cuanto a los casos en que **was** va precedido de una preposición, véase más adelante el tema "**wo(r)** + preposición" (→ pág. 241).

EJERCICIOS

1. Pregunta por el elemento subrayado utilizando las formas *wer* o *was* en nominativo. [A1]

a. **A** : *Wer kommt aus den USA?* **B** : *Tom kommt aus den USA.*

b. **A** : .... ? **B** : Das ist ein Handy.

c. **A** : .... ? **B** : Die Kinder haben das Fenster kaputt gemacht.

d. **A** : .... ? **B** : Karotten sind gesund.

e. **A** : .... ? **B** : Das sind Max und Moritz, meine Cousins.

f. **A** : .... ? **B** : Dein Koffer steht an der Tür.

g. **A** : .... ? **B** : Das sind Kartoffelchips.

h. **A** : .... ? **B** : Anna und Eric haben geheiratet.

i. **A** : .... ? **B** : Das ist mein neuer Nachbar.

2. Señala cuál es la forma interrogativa correcta. Ten en cuenta que *was* o *wer* preguntan por el sujeto, *was* o *wen* por el complemento directo y *wem* por el complemento indirecto. [A2]

a. *Wer*	*Was*	*Wen*	*Wem*	*kommt mit ins Kino?*	*Ich!*
b. Wer	Was	Wen	Wem	hast du angerufen?	Einen alten Freund.
c. Wer	Was	Wen	Wem	hast du gefragt?	Meine Lehrerin.
d. Wer	Was	Wen	Wem	hat er geantwortet?	Nichts.
e. Wer	Was	Wen	Wem	ist das?	Herr Schumacher, mein Nachbar.
f. Wer	Was	Wen	Wem	hast du das Buch geschenkt?	Meiner Schwester.
g. Wer	Was	Wen	Wem	hat ihr das Problem erklärt?	Ihr netter Kollege.
h. Wer	Was	Wen	Wem	war das?	Ich nicht! Das war Paul!
i. Wer	Was	Wen	Wem	hast du eingeladen?	Anna, Klaus und Martin.
j. Wer	Was	Wen	Wem	hast du geholfen?	Meiner Kollegin.
k. Wer	Was	Wen	Wem	hat dir geholfen?	Meine Kollegin.
l. Wer	Was	Wen	Wem	gehört der Wagen?	Mir.
m. Wer	Was	Wen	Wem	hast du getrunken?	Zwei Bier.

3. Traduce las siguientes oraciones interrogativas, teniendo en cuenta si se pregunta por el sujeto/atributo, por el complemento directo o por el complemento indirecto. [A1]

a. ¿Quién es? .... ?

b. ¿A quién has llamado? .... ?

c. ¿Quién es (ésa)? .... ?

d. ¿Quiénes son? .... ?

e. ¿A quién le has dado el libro? .... ?

f. ¿Quiénes no pueden venir? .... ?

4. *¿Was – wen – wem?* [A1]

a. *Was isst er?* *Er isst eine Banane.*

b. .... ? Marta sucht den Märchenprinzen.

c. .... ? Sie schenkt ihrem Freund eine CD.

d. .... ? Robert ruft Olga an.

e. .... ? Sie kauft euch ein Eis.

f. .... ? Er zeigt seinen Freunden die Stadt.

g. .... ? Er zeigt seinen Freunden die Stadt.

h. .... ? Anna kauft Brot.

5. Pregunta por los elementos subrayados utilizando la combinación de preposición + *wen* o *wem* en función del caso que rija la preposición. [A2]

a. *Mit wem hast du gesprochen?* *Ich habe mit dem Chef gesprochen.*

b. .... ? Wir haben das für unseren Kollegen gekauft.

c. .... ? Im Sprachkurs habe ich neben einem Franzosen gesessen.

d. .... ? Ich habe auf Olga gewartet.

e. .... ? Sie hat sich über dich geärgert.

f. .... ? Deine Adresse habe ich von Thomas bekommen.

g. .... ? Sie wohnt jetzt bei ihren Eltern.

ADVERBIOS

LOS ADVERBIOS INTERROGATIVOS *WOHER*, *WO* Y *WOHIN*

• A: **Woher** kommt ihr? • B: Aus Spanien./Aus dem Theater.	• A: ¿De dónde sois/venís? • A: ¿De España./Del teatro.

El adverbio interrogativo **woher** *(de dónde)* siempre se refiere a procedencia u origen.

• A: **Wo** ist der Chef? • B: In seinem Büro. • A: **Wo** arbeitet ihr? • B: In Madrid.	• A: ¿Dónde está el jefe? • B: En su despacho. • A: ¿Dónde trabajáis? • B: En Madrid.

• A: **Wohin** gehst du? • B: In den Supermarkt. • A: **Wohin** bringst du das? • B: In die Bibliothek.	• A: ¿Adónde/Dónde vas? • B: Al supermercado. • A: ¿Adónde/Dónde llevas esto? • B: A la biblioteca.

Debe distinguirse entre **wo** *(dónde)* y **wohin** *(adónde/dónde)*, ya que la lengua española no se comporta de forma sistemática al respecto, tal y como lo demuestra la marcada tendencia a sustituir *adónde* por *dónde*.

La forma interrogativa **wo** pregunta siempre por la localización del sujeto (**Wo ist der Chef?**) o por el lugar donde se realiza la acción (**Wo arbeitet ihr?**).

En cambio, la forma **wohin** pregunta por la meta del desplazamiento realizado por el sujeto (**Wohin gehst du?**) o por la destinación del complemento directo (**Wohin bringst du das?**).

EJERCICIOS

6. Subraya el adverbio interrogativo correcto. [A1]

a.	*<u>Wo</u>*	*Wohin*	*Woher*	*wohnst du?*	*In Barcelona.*
b.	Wo	Wohin	Woher	kommst du?	Aus Berlin.
c.	Wo	Wohin	Woher	fährst du?	Nach Igualada.
d.	Wo	Wohin	Woher	kennst du ihn?	Ich habe ihn im Facebook kennengelernt.
e.	Wo	Wohin	Woher	hast du das gekauft?	Im Supermarkt.
f.	Wo	Wohin	Woher	gehst du jetzt?	Nach Hause.

g. Wo	Wohin	Woher	hast du das gelesen?	Im Internet.
h. Wo	Wohin	Woher	hast du das?	Vom Markt.

OTROS ADVERBIOS INTERROGATIVOS

• **Wann** kommst du? • Bis **wann** kannst du bleiben? • Seit **wann** arbeitest du in Barcelona?	• ¿Cuándo vendrás? • ¿Hasta cuándo podrás quedarte? • ¿Desde cuándo trabajas en Barcelona?

Como el *cuándo* español, **wann** puede aparecer precedido de la preposición adecuada en cada ocasión (**bis wann, seit wann**).

• **Wie** heißt du? • **Wie** ist deine Telefonnummer? • **Wie lange** bleibt ihr in Köln? • **Wie oft** gehst du ins Theater? • **Wie viel** kostet das? • **Wie spät** ist es?	• ¿Cómo te llamas? • ¿Cuál es tu número de teléfono? • ¿Cuánto tiempo os quedaréis en Colonia? • ¿Con qué frecuencia vas al teatro? • ¿Cuánto vale esto? • ¿Qué hora es?

El adverbio interrogativo **wie** *(cómo)* se puede combinar con otros elementos (**wie lange**, **wie spät**, **wie viel**, **wie oft**).

• A: **Warum** kommst du nicht mit?	• A: ¿Por qué no vienes con nosotros/ conmigo?
• B: Weil ich morgen früh aufstehen muss.	• B: Porque mañana me tengo que levantar temprano.

Debes tener en cuenta que la forma interrogativa española *por qué* se corresponde en alemán con **warum**, mientras que la forma de respuesta *porque* equivale en alemán a la conjunción subordinante **weil** (→ págs. 270 s.).

EJERCICIOS

7. Pregunta por el elemento subrayado. [A1]

wie viel – wie – wann – wie spät – wie oft – wie lange

a. *Wie ist dein Name?* *Mein Name ist Michael.*

b. .... ? Im August habe ich Urlaub.

c. .... ? Das Handy kostet 180 Euro.

d. .... ? Es ist Viertel vor zwölf.

e. .... ? Er geht dreimal pro Woche ins Sportstudio.

f. .... ? Der Film dauert zwei Stunden.

g. .... ? Meine Adresse ist Goethestraße 55.

WO(R) + PREPOSICION

• **Wovon** handelt das Buch?	• ¿De qué trata el libro?
• **Worüber** sprecht ihr?	• ¿De qué habláis?

En aquellos casos en que, por lógica, el adverbio interrogativo **was** debería ir precedido de una preposición (p.e. **von was** o **über was**), en lugar de esta combinación, que suele utilizarse en lenguaje coloquial, debe utilizarse la combinación constituida por **wo(r)-** y la preposición correspondiente.

• **Wofür** brauchst du es?	(1)	• ¿Para qué lo necesitas?
• **Womit** hast du das gemacht?	(1)	• ¿Con qué lo has hecho?
• **Worauf** wartest du?	(2)	• ¿Qué/A qué esperas?
• **Woran** merkt man das?	(2)	• ¿En qué se nota?

(1) Delante de preposiciones que empiezan por consonante, el elemento interrogativo correspondiente se construye con **wo-**.

(2) Delante de preposiciones que empiezan por vocal, el elemento interrogativo correspondiente se construye con **wor-**.

• **Für wen** ist das Geschenk?	• ¿Para quién es el regalo?
• **Mit wem** gehst du in die Oper?	• ¿Con quién vas a la ópera?

Ten en cuenta que al preguntar por personas, se utiliza, como en español, la fórmula preposición + **wer** en el caso correspondiente.

EJERCICIOS

8. ¿*wo(r)* + preposición o preposición + *wen* o *wem*? [B1]

a. **A** : *Worauf wartest du?* — **B** : *Auf den Bus.*

b. **A** : .... interessierst du dich? — **B** : Für Fußball.

c. **A** : .... freust du dich? — **B** : Auf das Wochenende.

d. **A** : .... denkst du gerade? — **B** : An meine Freundin.

e. **A** : .... ärgerst du dich? — **B** : Über meinen Computer.

f. **A** : .... handelt der Film? — **B** : Von einer Reise nach Italien.

g. **A** : .... wartest du? — **B** : Auf meine Kollegin.

h. **A** : .... hattest du Angst? — **B** : Vor meinem Mathelehrer.

11. LAS PARTÍCULAS MODALES

• Was machst du **denn** hier?	(1)	• ¿Qué haces tú aquí?
• Das ist **aber** interessant!	(2)	• ¡Qué interesante que es esto!
• Setzen Sie sich **doch**!	(3)	• Siéntese, por favor.

Denn, **aber** y **doch** pertenecen a una clase de palabras que no son imprescindibles desde el punto de vista gramatical, pero que tienen un valor comunicativo importante: las así llamadas partículas modales.

Las partículas modales se usan sobre todo en el lenguaje hablado y reflejan una determinada actitud del hablante: ya sea respecto de lo que expresa (p.e. sorpresa, como en (1) y (2)) o hacia el interlocutor (p.e. amabilidad, como en (3)). En español, la mayoría de las veces esto se expresa mediante la entonación.

Las partículas modales son invariables y, por lo general, son siempre átonas.

ABER

• Das ist **aber** teuer!	• ¡Qué caro que es esto!

Se utiliza en exclamaciones en forma de oración enunciativa delante de adjetivos para expresar asombro. No debes confundirla con la conjunción que coordina dos oraciones *(= pero)* (→ pág. 263).

DENN

• Was ist das **denn**?	(1)	• ¡¿Pero qué es esto?!
• Wo wohnst du **denn**?	(2)	• ¿Dónde vives?

(1) Se utiliza en oraciones interrogativas parciales para expresar sorpresa, en casos en que en español se podría optar por *pero.*

(2) En realidad, en un trato informal, puede aparecer en cualquier interrogativa parcial. El hablante intenta mostrar interés por el propio interlocutor, a fin de establecer un ambiente relajado en la conversación.

DOCH

• Schenk ihm **doch** einen Computer.	(1)	• (Pues) Regálale un ordenador.
• Steh **doch** auf!	(2)	• ¡Levántate!
• Setzen Sie sich **doch**.	(3)	• Siéntese (, por favor).

Se utiliza muy a menudo en oraciones de imperativo para expresar un consejo (1).
Según la entonación, en oraciones de imperativo puede servir para expresar enfado/reproche (2) o una invitación amable (3).

• A: Max hat schon wieder abgeschrieben. • B: Das macht er **doch** immer.	• A: Max ha vuelto a copiar. • B: Pero si lo hace siempre.

En oraciones enunciativas sirve fundamentalmente para expresar que lo que se dice debería ser conocido por el interlocutor.

• Das Hemd ist **doch** zu groß für dich! Ich verstehe nicht, warum du es kaufen willst.	• ¡La camisa es demasiado grande para ti! (¿No lo ves?). No entiendo por qué la quieres comprar.

En ocasiones, con **doch** se expresa al mismo tiempo cierta recriminación. En el ejemplo anterior, el hablante recrimina a su interlocutor que no se dé cuenta de algo que resulta evidente.

JA

• A: Schade, dass Max nicht hier ist. Er könnte uns helfen. • B: Er kommt **ja** am Wochenende. Und er hilft uns bestimmt.	• A: Lástima que no esté Max. Nos podría ayudar. • B: Pero si vendrá el fin de semana (¿no te acuerdas?). Y seguro que nos ayudará.

En oraciones enunciativas sirve fundamentalmente para expresar que lo que se dice debería ser conocido por el interlocutor. A diferencia de **doch**, nunca expresa recriminación.

MAL

• Gib mir **mal** dein Wörterbuch. (1) • Kannst du mir **mal** dein Wörterbuch geben? (2)	• Dame tu diccionario. (¿Quieres?) • ¿Me puedes dar tu diccionario?

Se utiliza en una oración de imperativo (1) o en una interrogativa total (2), cuando se considera que lo que se pide al interlocutor puede ser realizado por éste de inmediato y sin que le suponga ningún esfuerzo.

VIELLEICHT

• Können Sie mir **vielleicht** sagen, wie spät es ist?	• ¿Podría decirme qué hora es?

Se utiliza a menudo en oraciones interrogativas totales con el verbo **können** *(poder)*, que representan en realidad una exhortación amable. No debes confundirla con el adverbio **vielleicht** *(quizá)* (→ pág. 191).

WOHL

• Er ist **wohl** der Chef. • Sie ist **wohl** eingeschlafen.	• Debe de ser el jefe. • Se habrá dormido (ella).

Se utiliza con el presente en oraciones enunciativas para expresar suposiciones.

• Er wird **wohl** der Chef sein. (1) • Er war **wohl** sehr wütend, als er es gesagt hat. (2)	• Será el jefe. /Debe de ser el jefe. • Debía de estar muy rabioso cuando lo dijo.

Puede utilizarse con la misma función con el futuro (1), pero también con tiempos del pasado (2).

EJERCICIOS

1. ¿Qué actitud del hablante reflejan las siguientes oraciones? [B1]

a. Kommen Sie doch herein!	1. sorpresa	2. amabilidad	3. asombro
b. Sie spricht wohl kein Deutsch.	1. suposición	2. sorpresa	3. enfado
c. Der ist aber dumm!	1. amabilidad	2. suposición	3. asombro
d. Hör doch zu!	1. sorpresa	2. enfado	3. asombro
e. Wer ist das denn?	1. enfado	2. suposición	3. sorpresa

2. ¿Qué partícula modal utilizarías para reflejar lo indicado entre paréntesis? [B1]

aber – denn – doch – wohl

a. Sprecht .... nicht so laut! (enfado)

b. Diese Übung ist .... langweilig! (asombro)

c. Der Hund ist .... krank. (suposición)

d. Lern .... Deutsch! (consejo)

e. Ziehen Sie .... Ihren Mantel aus! (amabilidad)

f. Hast du das .... allein gemacht? (sorpresa)

3. ¿Qué partículas modales utilizarías en las siguientes situaciones? [B1]

doch – ja – mal – vielleicht – wohl

a. Tu marido se detiene mucho rato delante del escaparate de una zapatería. Le dices con impaciencia: "Jetzt komm .... weiter!"

b. Son las doce de la noche. Llaman a la puerta. Te preguntas: "Wer wird das .... sein?"

c. Un compañero te comenta que la nueva compañera habla perfectamente alemán. Le dices: "Das wundert mich nicht, sie kommt .... aus Deutschland!"

d. Estáis preparando la cena. Le pides a tu compañero: "Gib mir .... das Messer!"

e. Te has quedado sin batería en el móvil. Pero tu amigo lleva uno. Le dices: "Kann ich .... mit deinem Handy telefonieren?"

4. ¿Qué partícula modal utilizarías? [B1]

aber – denn – doch – vielleicht

a. **A**: Ich nehme ein Glas Wein. Du auch? **B**: Ich trinke .... keinen Alkohol!

b. **A**: Hast du das .... nicht gewusst? **B**: Nein, ich hatte keine Ahnung!

c. **A**: Wer ist .... dieser Mann da hinten? **B**: Das ist .... der neue Mathe-Lehrer!

d. **A**: Martin, du sprichst .... schon gut Spanisch! Wie lange lebst du .... schon in Spanien? **B**: Schon zwei Jahre!

e. **A**: Es ist kalt hier. Könntest du .... das Fenster zumachen? **B**: Ja, natürlich!

f. **A**: Der Salat ist .... lecker! **B**: Dann nimm .... noch etwas!

12. LA NEGACIÓN

¿*NEIN* O *NICHT*?

- A: Rauchst du?
- B: **Nein** (, ich rauche **nicht**).

- A: ¿Fumas?
- B: No (, no fumo).

En la respuesta española aparece dos veces la palabra *no*. En cambio, en alemán aparecen dos elementos negativos distintos. El primero (**nein**) es el *no* que por sí solo puede utilizarse como respuesta negativa a una pregunta. El segundo (**nicht**) es el que niega un determinado elemento de la oración (en el ejemplo el verbo **rauchen** *(fumar)*).

¿*NICHT* O *KEIN-*?

- Ich rauche nicht.
- Dieses Wörterbuch ist nicht gut.
- Das ist nicht mein Wörterbuch.

- Yo no fumo.
- Este diccionario no es bueno.
- Éste no es mi diccionario.

En principio, en alemán la negación se realiza habitualmente mediante **nicht**.

- Das ist **eine Birne**. / Das ist **keine Birne**. (1)
- Das sind **Birnen**. / Das sind **keine Birnen**. (2)
- Ich möchte **Bier**. / Ich möchte **kein Bier**. (3)

- Esto es una pera. / Esto no es una pera.
- Esto son peras. / Esto no son peras.
- Quiero cerveza. / No quiero cerveza.

Sólo hay dos excepciones, en las que debe utilizarse **kein-**. Para entenderlas debes imaginarte cómo sería la afirmación correspondiente. Si en dicha afirmación aparece un nombre común precedido del artículo indeterminado **ein-** (1) o un nombre común sin determinante (2-3), en la negación debe utilizarse obligatoriamente **kein-**.

Se trata de casos en que el nombre suele ser incontable al referirse a materias o sustancias (3) o a plurales en los que no se utiliza determinante alguno (2). Ten en cuenta que el artículo indeterminado **ein-** *(un-)* no tiene formas para el plural.

- Trinkst du **das Bier**?
- Ich brauche **meinen Pass**.
- Wir möchten **diesen Tisch**.
- Er hat **viele Freunde** in Italien.

- ¿Te bebes la cerveza?
- Necesito mi pasaporte.
- Queremos esta mesa.
- (Él) Tiene muchos amigos en Italia.

Negación:

• Trinkst du **das Bier nicht**? • Ich brauche **meinen Pass nicht**. • Wir möchten **diesen Tisch nicht**. • Er hat **nicht viele Freunde** in Italien.	• ¿No te bebes la cerveza? • No necesito mi pasaporte. • No queremos esta mesa. • (Él) No tiene muchos amigos en Italia.

En cualquier otro caso, la negación se realiza mediante **nicht**. Observa que en los ejemplos anteriores, en la versión afirmativa correspondiente el nombre lleva siempre algún determinante y que éste no es el artículo indeterminado. Respecto a su colocación, consulta las págs. 188 s.

• A: Ist er **Arzt**? • B: Nein, er ist **nicht/kein** Arzt.	• ¿Es médico? • No, no es médico.

Con nombres sin determinante en función de atributo se puede utilizar tanto **nicht** como **kein-**.

• Ich habe **kein** Geld. • Ich habe **überhaupt kein** Geld. • Ich bin **nicht** müde. • Ich bin **überhaupt nicht** müde.	• No tengo dinero. • No tengo nada de dinero. • No estoy cansado. • No estoy nada cansado.

Tanto **kein-** como **nicht**, pueden aparecer precedidos de **überhaupt**, a fin de enfatizar la negación. En la mayoría de ocasiones, la expresión equivale a la fórmula española *nada de* + nombre o *nada* + adjetivo.

EJERCICIOS

1. *¿nicht* o *kein?* [A1]

a. *Kommt Angela aus Deutschland?*	*Nein, Angela kommt* ***nicht*** *aus Deutschland.*
b. Ist 'Million Dollar Baby' ein Lied?	Nein, 'Million Dollar Baby' ist .... Lied.
c. Sind die Erdbeeren heute billlig?	Nein, die Erdbeeren sind heute .... billig.
d. Isst du heute Obst?	Nein, heute esse ich .... Obst.
e. Ist Herr Schuhmacher der Chef?	Nein, Herr Schuhmacher ist .... der Chef.
f. Ist Hannes dein Freund?	Nein, Hannes ist .... mein Freund.
g. Hast du ein Fahrrad?	Nein, ich habe .... Fahrrad.
h. Isst du gern Kartoffeln?	Nein, ich esse .... gern Kartoffeln.
i. Magst du Fleisch?	Nein, ich mag .... Fleisch.
j. Möchtest du tanzen?	Nein, ich möchte .... tanzen.

2. Espíritu de contradicción [A1]

a. **A** : *Das ist korrekt.* **B** : *Nein, das ist* ***nicht*** *korrekt.*

b. **A** : Da hinten ist ein Hotel. **B** : Nein, da hinten ist ***kein*** Hotel!

c. **A** : Das Wetter ist schön. **B** : Nein, das Wetter ist .... schön!

d. **A** : Guck mal, ein Kamel! **B** : Das ist .... Kamel!

e. **A** : Hier kann man gut Rad fahren. **B** : Nein, hier kann man .... gut Rad fahren!

f. **A** : Das Kind möchte ein Eis essen. **B** : Nein, das Kind möchte .... Eis essen!

g. **A** : Wir müssen jetzt gehen. **B** : Nein, wir müssen jetzt .... gehen!

h. **A** : Das ist eine gute Idee! **B** : Nein, das ist .... gute Idee!

i. **A** : Er möchte einen Tee. **B** : Nein, er möchte .... Tee!

j. **A** : Es regnet. **B** : Nein, es regnet ....

3. *no*: ¿'nicht' o 'kein-'? Traduce las siguientes oraciones. [A2]

a. Max no está enfermo. ....

b. ¿No quieres un café? ....

c. No soy de Alemania. ....

d. No quiero comprar un coche. ....

e. Marta no tiene novio. ....

f. ¿No trabajas? ....

OTROS ELEMENTOS NEGATIVOS

• Ich rauche **auch nicht**. • Ich trinke auch **keinen Wein**. • Ich habe **nie** mit ihr gesprochen. • **Nirgends** gab es spanische Zeitungen. • **Niemand** konnte mir helfen. • **Nichts** ist so wichtig wie das.	• Yo tampoco fumo. • Yo tampoco bebo vino. • Nunca he hablado con ella. • En ningún lugar había periódicos españoles. • Nadie podía ayudarme. • Nada es tan importante como esto.

Existen otros elementos negativos aparte de los ya mencionados:

auch nicht *(tampoco)*, **auch kein-** *(tampoco)*, **nie(mals)** *(nunca)*, **nirgends/nirgendwo** *(en ningún lugar)*, **niemand** *(nadie)*, **nichts** *(nada)*.

EJERCICIOS

4. ¿*auch nicht* o *auch kein-*? [A2]

a. ¿Tú tampoco has leído el libro?	Hast du das Buch .... gelesen?
b. Max tampoco puede venir.	Max kann .... kommen.
c. Nosotros tampoco tenemos tiempo.	Wir haben .... Zeit.
d. Mi marido tampoco sabe cocinar.	Mein Mann kann .... kochen.
e. A mí tampoco me gusta la carne.	Ich mag .... Fleisch.
f. Yo tampoco tengo coche.	Ich habe .... Auto.

NEGACIÓN MÚLTIPLE EN ESPAÑOL – NEGACIÓN SIMPLE EN ALEMÁN

• Ich habe ihn **nie** eingeladen.	(1)	• No lo he invitado nunca.
• Ich habe es **nie** jemandem gezeigt.	(2)	• No se lo he enseñado nunca a nadie.

En la oración española pueden aparecer al mismo tiempo diversos elementos negativos (p.e. *no* y *nunca* en (1) y *no, nunca* y *nadie* en (2). En alemán sólo puede aparecer un único elemento negativo (**nie** en (1) y (2)).

• Ich habe **nie eins** gesehen.	• Nunca he visto ninguno.
• Ich habe **nirgendwo etwas** gekauft.	• No he comprado nada en ningún sitio.

Cuando en la oración española aparece un elemento negativo temporal o local, como *nunca* (**nie**) o *en ningún lugar* (**nirgendwo**), es éste el que en alemán aparece como elemento negativo, mientras que los demás aparecen en su forma positiva (**eins** y **etwas**).

• Ich habe es **nie irgendwo** gesehen.	• No lo he visto nunca en ningún sitio.

Cuando en español aparecen conjuntamente un elemento negativo temporal y otro local, es el primero (**nie**) el que aparece en su forma negativa en alemán:

• **Niemand** hat mir **etwas** erklärt.	• Nadie me ha explicado nada.

Si no aparece ningún elemento negativo temporal o local en la oración española, en la alemana siempre se convierte únicamente en negativo el elemento personal (**niemand**), mientras que el que se refiere a cosas aparece en su forma positiva.

EJERCICIOS

5. Traduce las siguientes oraciones. [B1]

a. No he visto nada.	Ich habe .... gesehen.
b. ¿No te ha dicho nada (ella)?	Hat sie dir .... gesagt?
c. Stefan nunca me explica nada.	Stefan erzählt mir ....
d. Nosotros tampoco tenemos ningún plan.	Wir haben .... Plan.
e. No la he visto nunca.	Ich habe sie .... gesehen.
f. Nadie nos ha dicho nada.	.... hat uns .... gesagt.
g. ¿No has estado nunca en Berlín?	Bist du .... in Berlin gewesen?

13. LA ORACIÓN

ORACIONES ENUNCIATIVAS, INTERROGATIVAS Y EXHORTATIVAS

• Das Wörterbuch ist nicht teuer.	• El diccionario no es caro.

La función principal de las oraciones enunciativas es la de constatar algo.

• Wie viel kostet das Wörterbuch?	• ¿Cuánto vale el diccionario?

Con las oraciones interrogativas parciales preguntamos por algo concreto que queremos saber. Se caracterizan por empezar con un elemento interrogativo: **wie viel** *(cuánto)*, **wo** *(dónde)*, **wohin** *(dónde/adónde)*, **woher** *(de dónde)*, **wann** *(cuándo)*, **was** *(qué)*, **wer** *(quién, quiénes)*, **wie** *(cómo)*, etc.

• Ist das Wörterbuch teuer?	• ¿Es caro el diccionario?

Con las interrogativas totales se pretende fundamentalmente que el interlocutor confirme o no aquello que preguntamos. No contienen – por regla general – ningún elemento interrogativo.

• Kaufen Sie das neue Wörterbuch! Es ist sehr gut.	• ¡Compre el nuevo diccionario! Es muy bueno.

Las oraciones exhortativas o de imperativo sirven fundamentalmente para inducir a nuestro interlocutor a que haga o deje de hacer una cosa. Consulta, para más detalles, las págs. 41 ss.

• **Ich** brauche ein Wörterbuch. • Was brauchst **du**? • Brauchst **du** ein Wörterbuch?	• Necesito un diccionario. • ¿Qué necesitas? • ¿Necesitas un diccionario?

A diferencia de lo que sucede en español, cuando el sujeto es un pronombre personal, debe aparecer obligatoriamente en todas las oraciones mencionadas. Son excepciones algunas oraciones de imperativo (→ págs. 42 ss.).

LA POSICIÓN DEL VERBO CONJUGADO EN LA ORACIÓN

EN LAS ORACIONES PRINCIPALES

	I	II	III
oración enunciativa	Ich	**wohne**	in Sevilla.
	Jetzt	**wohne**	ich in Sevilla.

El verbo conjugado ocupa, de forma obligatoria, un lugar u otro según el tipo de oración:

En las oraciones enunciativas ocupa siempre el segundo lugar. Delante del verbo puede aparecer el sujeto (**ich**) o, salvo en contadas excepciones, cualquier otro complemento (**jetzt**). Cuando sucede esto último, el sujeto suele colocarse la mayoría de las veces inmediatamente detrás del verbo.

	I	II	III
oración interrogativa parcial	Wo	**wohnst**	du?

En las interrogativas parciales, el verbo conjugado también ocupa siempre el segundo lugar. Delante del verbo se coloca siempre el elemento interrogativo. El sujeto se suele colocar después del verbo.

	I	II	III
oración interrogativa total	**Wohnst**	du	in Sevilla?
oración exhortativa	**Kommen**	Sie	nach Sevilla!

En las interrogativas totales, el verbo conjugado ocupa siempre el primer lugar, mientras que el sujeto aparece a continuación.

En las exhortativas, el verbo conjugado también se coloca en primer lugar. El sujeto (si aparece) se coloca a continuación (→ págs. 42 ss.).

EN LAS ORACIONES SUBORDINADAS

• Diese Kamera gefällt mir, weil sie ein starkes Zoom **hat.**	• Esta cámara me gusta porque tiene un zoom potente.

En la gran mayoría de oraciones subordinadas, el verbo conjugado se coloca al final (→ págs. 267 ss.).

EJERCICIOS

1. **Inicia la oración enunciativa con el complemento subrayado. Recuerda que al hacerlo se produce la inversión. [A1]**

a. Wir gehen <u>morgen</u> ins Theater.	Morgen gehen wir ins Theater.
b. Anna hat <u>in Hamburg</u> eine Tante.	....
c. Ich habe <u>dieses Buch</u> nicht gelesen.	....
d. Florian wohnt <u>jetzt</u> in Rom.	....

e. Mein Vater hat am Sonntag Geburtstag. ....

f. Ich habe meinem Freund einen Schal geschenkt. ....

2. Formula las preguntas. En las interrogativas parciales pregunta por los elementos subrayados. En las interrogativas totales utiliza la forma de cortesía. [A1]

a. *Was* ist sie von Beruf?	Sie ist Lehrerin von Beruf.
b. .... ?	Anna wohnt in Hamburg.
c. .... ?	Anna wohnt in Hamburg.
d. .... ?	Ja, Anna wohnt in Hamburg.
e. .... ?	Ich komme aus Berlin.
f. .... ?	Nein, ich kann nicht gut singen.
g. .... ?	Der Film beginnt um 20 Uhr.
h. .... ?	Nein, ich habe keine Kinder.
i. .... ?	Ja, ich studiere Informatik.

3. Ordena los elementos según el tipo de oración. Inicia las enunciativas con el sujeto. [A1]

a. du – zu Hause – bleibst (?)	*Bleibst du zu Hause?*
b. Sie – Sevilla – besuchen (!)	.... !
c. Sie – jetzt – wo – arbeiten (?)	.... ?
d. ich – einen Kaffee – möchte	....
e. Michael – aus München – kommt	....
f. du – im Sommer – wohin – fährst (?)	.... ?
g. du – gehen – jetzt – möchtest (?)	.... ?

EL ORDEN DE LOS COMPLEMENTOS EN LA ORACIÓN

En el capítulo anterior has visto que existen unas normas muy estrictas en cuanto al lugar que ocupa el verbo conjugado en la oración. La colocación de los complementos también sigue determinadas normas, que se explican a continuación. Se ejemplifican a partir de oraciones enunciativas, pero las normas descritas son válidas para cualquier tipo de oración.

LA PRIMERA POSICIÓN EN LAS ORACIONES ENUNCIATIVAS

• **Marta** war gestern im Museum. (1)	• Marta estuvo ayer en el museo.
• **Gestern** war Marta im Museum. (2)	• Ayer Marta estuvo en el museo.
• **Marta** hat ihrem Vater eine Uhr geschenkt. (3)	• Marta le ha regalado un reloj a su padre.
• **Ihrem Vater** hat Marta eine Uhr geschenkt. (4)	• A su padre, Marta le ha regalado un reloj.

La primera posición en la oración enunciativa la ocupa la mayoría de las veces el sujeto (1) (3). Pero, salvo contadas excepciones, puede ser ocupada por cualquier otro complemento (2) (4). Normalmente se trata de los mismos complementos que, por el motivo que sea, también se colocarían al inicio en español.

A diferencia de lo que sucede en español (2) (4), en alemán la posición anterior al verbo conjugado sólo puede ser ocupada por un único complemento.

• Ich möchte **ihn** einladen. (1)	• Lo quiero invitar.
• **Ihn** möchte ich einladen. (2)	• A él lo quiero invitar.
• Er hat **mir** alles erzählt. (3)	• Me lo ha contado todo.
• **Mir** hat er alles erzählt. (4)	• A mí me lo ha contado todo.

Los pronombres personales en acusativo (complemento directo) o dativo (complemento indirecto) no se colocan normalmente en la primera posición (1) (3). Sólo la deben ocupar cuando la correspondiente oración española se iniciaría con la forma preposición + pronombre personal tónico, como en (2) (*a él*) o en (4) (*a mí*).

La doble representación del complemento directo o indirecto que se da en ocasiones en español, como en (2) (*a él lo*) o en (4) (*a mí me*) no es posible en alemán.

ELEMENTOS CON POSICIÓN FIJA AL FINAL (EN EL INTERIOR DE LA ORACIÓN)

Deben colocarse obligatoriamente al final:

• Sie ist ab heute **die neue Chefin**.	• Ella es a partir de hoy la nueva jefa.
• Silvia ist seit einem Monat **krank**.	• Silvia está enferma desde hace un mes.

Los atributos (**die neue Chefin**, **krank**).

• Ich gehe mit meinen Freunden **ins Kino**.	• Voy al cine con mis amigos.
• Wir wohnen seit 1990 **in Köln**.	• Vivimos en Colonia desde 1990.
• Erik interessiert sich nur **für seine Arbeit**.	• Erik sólo se interesa por su trabajo.

Todos los complementos circunstanciales de dirección (**ins Kino**), los complementos circunstanciales locales que sean **obligatorios** (sin **in Köln**, la oración no tendría sentido) y todos los complementos preposicionales o de régimen verbal (**für seine Arbeit**).

• Ich **rufe** dich morgen aus Madrid **an**.	• Te llamaré mañana desde Madrid.
• Jürgen **hat** am Sonntag eine Party **gegeben**.	• Jürgen dio una fiesta el domingo.
• Morgen **muss** ich um zwölf Uhr im Büro **sein**.	• Mañana tengo que estar a las doce en la oficina.

Cuando la oración contiene un verbo separable conjugado (**rufe ... an**), la posición final la ocupa la partícula separable (**an**); cuando la oración presenta una forma verbal compuesta, como p.e. el **Perfekt** (**hat ... gegeben**), o una perífrasis como la constituida por verbo modal + infinitivo (**muss ... sein**), la posición final la ocupan el Partizip II (**gegeben**) y el infinitivo (**sein**), respectivamente. Los complementos citados ocupan entonces el lugar inmediatamente anterior.

EJERCICIOS

4. Construye oraciones, iniciándolas con el sujeto. [A2]

a. finde – sehr sympathisch – sie – ich

Ich ....

b. in der Schweiz – lebt – Christina – jetzt

....

c. denke – ich – sehr oft – an ihn

....

d. unsere Gäste – heute – seid – ihr

....

e. manchmal – nicht sehr freundlich – ist – mein Chef

....

f. auf dem Küchenschrank – immer – die Schlüssel – liegen

....

g. nicht gern – sie – wartet – auf ihn

....

h. nett – ist – deine Kollegin – wirklich

....

i. gestern – beim Frisör – ich – war

....

5. Construye oraciones, iniciándolas con el sujeto. [B1]

a. nach Hause – gegangen – sie – ist

....

b. um 12.30 Uhr – ab – der Zug – fährt

....

c. trinken – möchte – ich – einen Kaffee

....

d. nichts – hat – er – gegessen

....

e. würde gern – Albert – mitkommen

....

f. bald – der neue Flughafen – gebaut – wird

....

ELEMENTOS CON POSICIÓN FIJA DETRÁS DEL VERBO CONJUGADO (EN EL INTERIOR DE LA ORACIÓN)

• Gestern hat **sie** ein Handy gekauft.	• Ayer (ella) compró un móvil.
• Sicher will **sie es** ihrem Vater schenken.	• Seguramente quiere regalárselo a su padre.
• Oder vielleicht will **sie es mir** zum Geburtstag schenken.	• O a lo mejor me lo quiere regalar a mí por mi cumpleaños.

Los pronombres personales en función de sujeto-nominativo (**sie**), complemento directo-acusativo (**es**) o complemento indirecto-dativo (**mir**) siempre se colocan inmediatamente detrás del verbo conjugado. Cuando aparecen simultáneamente (los tres o dos de ellos), el orden siempre es: nominativo – acusativo – dativo (**sie** – **es** – **mir**) (→ pág. 120).

• Hier kann **man** gut parken.	• Aquí se puede aparcar bien.
• Deshalb hat **man** es mir nicht sofort gesagt.	• Por eso no me lo dijeron enseguida.

El pronombre indefinido **man** ocupa el mismo lugar que el pronombre personal en función de sujeto.

- Deshalb hat **mich der Chef** angerufen.
- Deshalb hat **es mir der Chef** gesagt.

- Por eso me ha llamado el jefe.
- Por eso me lo ha dicho el jefe.

Cuando el sujeto no es pronominal (es decir, no es un pronombre sino un sustantivo o un nombre propio), los pronombres personales en acusativo o dativo pueden incluso colocarse delante del sujeto. Esto no es obligatorio, pero sí lo más habitual.

- Hoffentlich hat er **sich** gut informiert.

- Ojalá se haya informado bien.

Los pronombres reflexivos (**sich**) se colocan en el mismo lugar que el pronombre personal en acusativo o dativo.

EJERCICIOS

6. Coloca los elementos entre paréntesis en el orden correcto. [A2]

a. Leider hat .... nicht gut informiert. (uns – man)

b. Hat .... geärgert? (sie – sich)

c. Sicher hat .... nicht erklärt. (es – ihnen – sie)

d. Wann hat .... angerufen? (dich – er)

e. Heute möchte .... sagen. (dir – ich – es)

ELEMENTOS SIN POSICIÓN FIJA (EN EL INTERIOR DE LA ORACIÓN)

EL SUJETO NO PRONOMINAL

- **Marta** hatte gestern eine Prüfung.
- Gestern hatte **Marta** eine Prüfung.

- Marta tuvo ayer un examen.
- Ayer Marta tuvo un examen.

El sujeto, cuando no es un pronombre, se suele colocar muy a menudo delante del verbo conjugado. Cuando esta posición la ocupa otro complemento, dicho sujeto se coloca detrás del verbo conjugado en el interior de la oración.

• Vielleicht hat **ihn Marta** schon gesehen. • Das hat **mir Marta** gesagt.	• A lo mejor Marta ya lo ha visto. • Esto me lo ha dicho Marta.

Sin embargo, tal y como se ha explicado en el apartado anterior, este sujeto no pronominal puede quedar desplazado de esta posición cuando en la oración aparece un pronombre personal en acusativo (**ihn**) o dativo (**mir**).

EL COMPLEMENTO DIRECTO Y EL INDIRECTO ENTRE SÍ (EN EL INTERIOR DE LA ORACIÓN)

• Ich habe **es ihm** sofort gesagt.	• Se lo he dicho enseguida.

Cuando ambos son pronombres personales (**es**, **ihm**), el orden obligatorio es acusativo – dativo. En este caso tienen una posición fija.

• Ich habe **es meinem Vater** sofort gesagt. • Ich habe **ihm alles** gesagt.	• Se lo he dicho enseguida a mi padre. • Se lo he dicho todo.

Cuando sólo uno de ellos es un pronombre personal, éste se coloca delante.

• Ich habe **Stefan mein Auto** geliehen. • Wir haben **dem Kunden deine Adresse** gegeben.	• Le he prestado mi coche a Stefan. • Le hemos dado tu dirección al cliente.

Cuando ninguno de ellos es un pronombre personal, el orden habitual es complemento indirecto (dativo) – complemento directo (acusativo).

EJERCICIOS

7. Coloca los elementos entre paréntesis en el orden correcto. [A2]

a. Hast du .... gekauft? (sie – ihm)
b. Unsere Lehrerin erklärt .... (uns – es)
c. Hat er .... geschenkt? (seiner Freundin – es)
d. Ich habe .... erzählt. (ihr – eine Geschichte)
e. Gib .... ! (einen Euro – dem Mann)

8. Sustituye los elementos subrayados por el pronombre personal correspondiente. Ten en cuenta que al hacerlo puede variar el orden de los elementos. [A2]

a. Sie haben Anna einen Hund geschenkt. ....

b. Geben Sie dem Chef die Dokumente? ....

c. Ich habe meiner Schwester ein Buch mitgebracht. ....

d. Er hat seiner Freundin Blumen gekauft. ....

e. Er hat seiner Freundin Blumen gekauft. ....

f. Er hat seiner Freundin Blumen gekauft. ....

g. Bringt ihr uns die Bücher mit? ....

h. Er hat den Eskimos Kühlschränke verkauft. ....

LOS COMPLEMENTOS CIRCUNSTANCIALES ENTRE SÍ (EN EL INTERIOR DE LA ORACIÓN)

• Die Kinder haben **gestern im Garten** gespielt. (te-lo)	• Ayer los niños jugaron en el jardín.
• Die Kinder haben **gestern wegen des Regens drinnen** gespielt. (te-ca-lo)	• Ayer, a causa de la lluvia, los niños jugaron dentro.

Se puede establecer el siguiente orden habitual: temporales (**te**) – causales (**ca**) – locales (**lo**).

• Man kann **in diesem Restaurant sehr gut** essen. (lo-mo)	• En este restaurante se puede comer muy bien.

Cuando aparecen circunstanciales modales (**sehr gut**), éstos se suelen colocar al final.

EJERCICIOS

9. Construye oraciones, iniciando las enunciativas con el sujeto. [A2]

a. im Garten – wir – am Sonntag – essen

....

b. ihr – am Wochenende – fahrt – an den Strand (?)

.... ?

c. bleiben – zu Hause – wir – wegen des schlechten Wetters

....

d. spielt – im Park – sie – nachmittags

....

e. wegen seiner Kopfschmerzen – er – geht – jetzt – zum Arzt

....

f. fantastisch – die Mannschaft – heute – spielt

....

g. gegangen – ihr – seid – in die Disko – gestern (?)

.... ?

LA COLOCACIÓN DE *NICHT*

Consulta las págs. 188 ss.

EJERCICIOS

10. Ejercicio global: Construye oraciones, iniciando las enunciativas con el sujeto. [A2]

a. ihr – es – erklärt – er – hat

....

b. jetzt – in Berlin – wohnen – sie

....

c. interessiert – sich – er – für Fußball (?)

.... ?

d. Herr Großkopf – jetzt – ist – Politiker

....

e. um 7 Uhr – sie – aufgestanden – ist

....

f. findest – nett – sie – du (?)

.... ?

g. pünktlich – müssen – wir – ankommen

....

h. ins Konzert – ich – heute Abend – gehe

....

i. seiner Frau – er – hat – nichts – geschenkt (?)

.... ?

LA COORDINACIÓN

- **Wir kaufen die Eintrittskarten** und **ihr wartet hier**, ja?

- Nosotros compramos las entradas y vosotros os esperáis aquí, ¿de acuerdo?

Si hablamos de oraciones, la coordinación sirve para conectar entre sí oraciones del mismo rango. En el ejemplo, la conjunción **und** *(y)* coordina dos oraciones principales.

- Anna liest die Zeitung **und** Tim sieht fern. (1)
- Bleibst du **oder** gehst du nach Hause? (2)
- Ich wohne hier, **aber** ich bin aus Vic. (3)
- Wir gehen **nicht** ins Restaurant, **sondern** wir essen zu Hause. (4)
- Dieses Jahr mache ich **keinen** Urlaub, **sondern** ich bleibe zu Hause. (5)
- Ich muss jetzt gehen, **denn** es ist schon spät. (6)

- Ana lee el periódico y Tim mira la televisión.
- ¿Te quedas o te vas a casa?
- Vivo aquí, pero soy de Vic.
- No iremos al restaurante, sino que comeremos en casa.
- Este año no tengo vacaciones, sino que me quedo en casa.
- Debo irme, pues ya es tarde.

(1) **und** *(y)*: sirve fundamentalmente para expresar enumeraciones.

(2) **oder** *(o)*: introduce una alternativa.

(3) **aber** *(pero)*: introduce una contraposición/limitación. Aparece siempre precedida de una coma.

(4) (5) **sondern** *(sino que)*: expresa una alternativa. En la oración principal aparece siempre un elemento negativo, como **nicht** o **kein-**. Las dos oraciones coordinadas se separan mediante una coma. No debes confundir esta conjunción con el adverbio condicional **sonst** *(si no)*: **Ich muss gehen, sonst verpasse ich den Zug.** *(Tengo que irme, si no perderé el tren.)* (→ págs. 197 y 203)

(6) **denn** *(pues)*: expresa causa. Siempre aparece precedida de una coma.

Con estas conjunciones coordinantes, la oración que sigue no presenta cambio alguno respecto a la colocación de sus elementos. Es como si la conjunción no estuviera.

• Er arbeitet in Köln **und sie (arbeitet) in Bonn**. (1) • Franz hat viel Geld, **aber (er hat) wenig Zeit**. (2) • Ich heiße Ina **und (ich) bin 18 Jahre alt**. (3)	• Él trabaja en Colonia y ella (trabaja) en Bonn. • Franz tiene mucho dinero, pero (tiene) poco tiempo. • Me llamo Ina y tengo 18 años.

(1) (2) Con **und**, **oder**, **aber** y **sondern** (no con **denn**), si las oraciones coordinadas tienen el mismo verbo, pueden elidirse a la vez éste y todos los demás elementos que tengan en común.

(3) Con las mismas conjunciones, si el único elemento que tienen en común es el sujeto, éste puede ser elidido.

• **Entweder ich komme allein oder** ich bringe meinen neuen Freund mit. (1) • **Entweder komme ich allein oder** ich bringe meinen neunen Freund mit. (2)	• O vendré sola o llevaré a mi nuevo novio. • O vendré sola o llevaré a mi nuevo novio.

Entweder ... oder *(o ... o)* es una conjunción compuesta que expresa alternativas que se excluyen entre sí. Cuando la primera parte se coloca al inicio de la primera oración, se dan dos posibilidades: puede colocarse primero el sujeto, seguido del verbo conjugado (1), o puede aparecer en primer lugar el verbo conjugado y a continuación el sujeto (2).

• Sie kommt **entweder** mit dem Auto **oder** (sie) nimmt den Bus.	• O vendrá en coche o cogerá el autobús.

Entweder también puede aparecer en el interior de la primera oración. En tal caso, si el sujeto es el mismo puede ser elidido en la segunda oración.

• Sie heißen **Daniel und Maria.** • Das Konzert ist nicht **am Freitag, sondern am Samstag**. • Ich nehme **entweder** Spaghetti **oder** eine Pizza.	• Se llaman Daniel y María. • El concierto no es el viernes sino el sábado. • Tomaré o espagueti o una pizza.

Excepto **denn**, las conjunciones citadas anteriormente, pueden también coordinar elementos simples.

Consulta también "Los conectores de oraciones: adverbios y conjunciones" (→ págs. 203 ss.).

EJERCICIOS

11. Añade las conjunciones que faltan: *aber*, *denn*, *oder* o *und*. [A1]

a. Wann fängt das Kino an, um acht .... um neun Uhr?

b. Ich möchte ihn anrufen, ... ich habe seine Handynummer nicht.

c. Ist der Chef noch da, ... ist er schon nach Hause gegangen?

d. Wir sind zu Hause geblieben .... haben ferngesehen.

e. Fred kann nicht kommen, ... sein Auto ist kaputt.

f. Die Schuhe sind schön, ... leider zu teuer.

12. Realiza la combinación adecuada. [A1]

a. Maria ist zufrieden,	1. und	A. kommst du mit?
b. Sie haben den ganzen Abend gegessen	2. denn	B. getrunken.
c. Ich habe ihn gefragt,	3. aber	C. er bleibt zu Hause.
d. Sie geht ins Kino,	4. oder	D. er hat nicht geantwortet.
e. Bleibst du hier,	5. und	E. sie hat eine Wohnung gefunden.

13. Construye oraciones con los elementos dados. [A1]

a. *Buch – Anna – ein – <u>und</u> – im Internet – Maria – surft*

Anna liest ein Buch, und Maria surft im Internet.

b. habe – ich – den Text – gelesen – <u>aber</u> – nichts verstanden – ich – habe

Ich ....

c. heute – arbeite – <u>aber</u> – morgen – Tennis – ich – spiele – ich

Heute ....

d. gehen – wir – nach Hause – gehen – schon spät – ist – <u>denn</u> – es

Wir ....

e. eine Bratwurst – er – <u>und</u> – ein Bier – trinkt – er – isst

Er isst ....

f. wir – Schach – spielen – sehen – einen Film – wir – <u>oder</u> (?)

Spielen .... ?

14. Añade las conjunciones que faltan: *aber, denn, entweder, oder, sondern* o *und*. [B1]

a. Er geht in die Küche .... bereitet das Abendessen vor.

b. Ich habe Hunger, ... ich habe noch gar nichts gegessen.

c. Alex hatte viel Zeit, ... er wollte mir nicht helfen.

d. Möchtest du lieber einen Hund .... eine Katze?

e. Er möchte .... Zoodirektor oder Feuerwehrmann werden.

f. Sie studiert nicht Spanisch, ... Katalanisch.

15. Coordina las oraciones mediante *aber, denn, oder, sondern* o *und*. Prescinde de los elementos comunes elidibles. [B1]

a. Wir gehen ins Kino, und danach gehen wir essen.

Wir gehen ins Kino und danach essen.

b. Er kommt allein. Er kommt mit seiner Freundin.

c. Ich kann dich nicht anrufen. Mein Telefon funktioniert nicht.

d. Sie möchten an den Strand gehen. Das Wetter ist nicht gut.

e. Am Wochenende bleibt sie nicht zu Hause. Sie geht aus.

f. Ich bin einkaufen gegangen. Ich habe eine Jacke gekauft.

g. Im Urlaub fahren wir nicht nach Schweden. Wir fahren nach Dänemark.

16. Construye enunciados con *entweder ... oder*. Inícialos primero con el sujeto y luego con *entweder*. [B1]

a. ich – ein Fahrrad – entweder – kaufe – oder – ein Motorrad

Ich kaufe entweder ein Auto oder ein Motorrad.

Entweder kaufe ich ein Auto oder ein Motorrad.

b. einen Laptop – oder – schenken – wir – ihr – ein Tablet – entweder

.... ein Tablet.

.... ein Tablet.

c. oder – kommt – er – morgen – entweder – übermorgen

....

....

d. nehme – ein Taxi – oder – entweder – gehe – ich – zu Fuß

Ich nehme ....

....

e. in die USA – wir – im Urlaub – entweder – fahren – nach Mexiko – oder

....

....

LA SUBORDINACIÓN

• Sie möchte Dolmetscherin werden, **weil sie Sprachen mag**. (1)	• Quiere ser intérprete porque le gustan las lenguas.
• Sie arbeitet jetzt in London, **um Englisch zu lernen**. (2)	• Ahora trabaja en Londres para aprender inglés.
• Ich weiß, **dass du wenig Zeit hast**. (3)	• Sé que tienes poco tiempo.

Las oraciones subordinadas constituyen, por regla general, un complemento de la oración de la que dependen (oración dominante).

Así, las subordinadas en (1) y (2) representan, respectivamente, un complemento circunstancial causal y un complemento circunstancial final, y la subordinada en (3) representa un complemento directo.

Normalmente, las oraciones subordinadas van introducidas por una conjunción subordinante (**weil**, **dass**, etc.), y el verbo conjugado (**bin**, **hast**, etc.) ocupa en ellas el último lugar.

Sin embargo, como verás en los dos apartados siguientes, también hay subordinadas sin elemento introductor.

• Wenn es nicht regnet, **essen** wir draußen. (1)	• Cuando no llueve, comemos fuera.
• Dann **essen** wir draußen. (2)	• Entonces comemos fuera.

Cuando la subordinada precede a la oración de la que depende, esta última aparece encabezada por regla general por el verbo conjugado (1). En realidad es lo mismo que si el primer lugar estuviese ocupado por ejemplo por un adverbio (2). Consulta el tema "Los conectores de oraciones: adverbios y conjunciones" (→ págs. 203 ss.).

LA SUBORDINACIÓN: ORACIONES SIN *DASS*

• Emma sagt, **dass sie später kommt**.	• Emma dice que vendrá más tarde.
• Emma sagt, **sie kommt später**.	• Emma dice que vendrá más tarde.

Los dos enunciados tienen el mismo significado. Sin embargo, en el primero aparece, como en su traducción española, la conjunción subordinante **dass** *(que)*, la cual no aparece en el segundo.

En el primero, el verbo conjugado de la subordinada ocupa el último lugar. En cambio, en el segundo ocupa el mismo lugar que ocuparía en cualquier oración enunciativa.

• Ich glaube, **sie kommt nicht mehr**. • Ich habe gehört, **Thomas hat eine neue Freundin**.	• Creo que (ella) ya no vendrá. • He oído que Tomás tiene una nueva novia.

Este fenómeno se da con verbos del "decir" y del "pensar" como **antworten** *(contestar)*, **denken** *(pensar)*, **erzählen** *(contar, explicar)*, **glauben** *(creer)*, **hoffen** *(esperar)*, **meinen** *(opinar)*, **sagen** *(decir)*, **schreiben** *(escribir)*, etc., así como con verbos de percepción como **hören** *(oír)* y **sehen** *(ver)*.

EJERCICIOS

17. Convierte los siguientes enunciados siguiendo el ejemplo. [A2]

a. *Ich bin sicher, dass sie morgen kommt.*

Ich bin sicher, sie kommt morgen.

b. Ich habe gesehen, dass er gerade weggegangen ist.

....

c. Anna schreibt, dass sie uns im Sommer besuchen will.

....

d. Er hat mir erzählt, dass er in Deutschland arbeiten möchte.

....

e. Wir hoffen, dass es euch gut geht.

....

f. Glaubst du, dass du das allein schaffen kannst?

.... ?

LA SUBORDINACIÓN: ORACIONES DE INFINITIVO CON *ZU*

• Es ist wichtig, **Sprachen zu lernen**. (1)	• Es importante aprender idiomas.
• Ich habe versucht, **die Datei zu öffnen**. (2)	• He intentado abrir el archivo.
• Ich bin dafür, **es noch einmal zu versuchen**. (3)	• Estoy a favor de intentarlo otra vez.

En este tipo de oraciones sin elemento introductor, el infinitivo aparece precedido siempre de **zu**. Normalmente representan, como en español, al sujeto (1), un complemento directo (2) o un complemento preposicional o de régimen verbal (3). Consulta el tema "Otros verbos con infinitivo" (→ págs. 75 ss.). Ten en cuenta que el infinitivo no aparece siempre con **zu** (consulta al respecto "Los verbos modales" (→ págs. 64 ss.).

LA SUBORDINACIÓN: SUBORDINADAS CON *DASS*

• Es ist gut, **dass** du Sprachen lernst. (1)	• Es bueno que aprendas idiomas.
• Er hat mir gesagt, **dass** er morgen kommt. (2)	• Me ha dicho que vendrá mañana.
• Bist du auch dafür, **dass** alle mitkommen? (3)	• ¿También estás a favor de que vengan todos?
• Ich bin sicher, **dass** er einverstanden ist. (4)	• Estoy seguro de que estará de acuerdo.

Normalmente, las subordinadas con **dass** se utilizan, como las realizadas en español mediante la conjunción *que*, cuando representan al sujeto (1), un complemento directo (2), un complemento preposicional o de régimen verbal (3) o detrás de estructuras constituidas por sujeto + **sein** + adjetivo (4) (**Ich bin sicher**).

EJERCICIOS

18. El negador. Contesta con „*Nein, ich glaube nicht, dass ...*". [A2]

a. *Ist Deutsch eine schwierige Sprache?*

Nein, ich glaube nicht, dass Deutsch eine schwierige Sprache ist.

b. Gewinnt Barça die Liga?

.... ?

c. Ist Frau Kreuz eine geniale Schauspielerin?

.... ?

d. Gibt es Ufos?

.... ?

e. Haben die Wikinger Amerika entdeckt?

.... ?

f. Scheint morgen die Sonne?

.... ?

19. Convierte los siguientes enunciados siguiendo el ejemplo. Después de *dass* coloca el elemento que aparece en primer lugar en la oración sin *dass*. [A2]

a. *Ich habe gehört, Herr Müller hat gekündigt.*

Ich habe gehört, dass Herr Müller gekündigt hat.

b. Ich glaube, ich habe es nicht richtig verstanden.

....

c. Er hat mir erzählt, er will Informatik studieren.

....

d. Ich hoffe, ihr gewinnt das Spiel!

.... !

e. Meinst du, sie ist mit deinem Plan einverstanden?

.... ?

f. Ich bin sicher, übermorgen scheint wieder die Sonne.

....

LA SUBORDINACIÓN: SUBORDINADAS CAUSALES CON *WEIL* Y *DA*

• Er konnte sie nicht abholen, **weil** sein Wagen kaputt war. (1)	• No los pudo ir a recoger porque su coche estaba averiado.
• **Da** sein Wagen kaputt war, konnte er sie nicht abholen. (2)	• Ya que/Puesto que su coche estaba averiado, no pudo ir a recogerlos.

Las oraciones con **weil** *(porque)* y **da** *(ya que/puesto que)* expresan la causa de lo que se dice en la oración dominante. Cuando la oración subordinada se pospone, es más habitual que esté introducida por **weil** (1). En cambio, cuando se antepone, suele preferirse el uso de **da** (2).

- A: Warum kannst du nicht kommen?
- B: **Weil** mein Auto kaputt ist.

- A: ¿Por qué no puedes venir?
- B: Porque mi coche está averiado.

Cuando la subordinada causal sola constituye la respuesta a una pregunta, sólo es posible el uso de **weil**. Sucede lo mismo en español, ya que las subordinadas introducidas por *ya que/puesto que* tampoco pueden constituir por sí solas la respuesta a una pregunta.

EJERCICIOS

20. Contesta con *weil.* [A2]

a. *Warum isst du nichts? (keinen Hunger haben)*

Weil ich keinen Hunger habe.

b. Warum kommst du nicht mit ins Kino? (den Film schon kennen)

....

c. Warum gehen wir nicht tanzen? (zu müde sein)

....

d. Warum rufst du mich nicht an? (keine Zeit haben)

....

e. Warum isst du kein Fleisch? (Vegetarier sein)

....

f. Warum gehst du so oft ins Restaurant? (nicht gern kochen)

....

21. ¿Cómo terminarías el enunciado? [A2]

Anton hat Geburtstag. – ~~Sie ist krank.~~ – Er hat kein Auto. – Der Bus ist nicht gekommen. – Der FC Bayern hat gewonnen. – Es ist sehr kalt.

a. Anna kommt heute nicht, *weil sie krank ist.*

b. Ich bin zu spät gekommen, weil ....

c. Sie kauft ein Geschenk, weil ....

d. Sie zieht einen Mantel an, weil ....

e. Er fährt immer mit dem Fahrrad, weil ....

f. Wir sind sehr zufrieden, weil ....

22. Convierte los siguientes enunciados siguiendo el ejemplo. [A2]

a. *Ich gehe zu Fuß. Ich habe kein Auto.*

Ich gehe zu Fuß, weil ich kein Auto habe. - Weil ich kein Auto habe, gehe ich zu Fuß.

b. Er kann keine Reise machen. Er hat kein Geld.

....

c. Ihr versteht nichts. Ihr hört nicht zu.

....

d. Ich habe dich nicht angerufen. Ich habe mein Handy vergessen.

....

e. Sie ist glücklich. Sie hat die Prüfung bestanden.

....

f. Er kann nicht mitspielen. Sein Bein tut weh.

....

LA SUBORDINACIÓN: SUBORDINADAS CONDICIONALES CON *WENN*

• **Wenn** du Zeit hast, können wir ins Kino gehen. (1)	• Si tienes tiempo, podemos ir al cine.
• **Wenn** du Zeit hättest, könnten wir ins Kino gehen. (2)	• Si tuvieses tiempo, podríamos ir al cine.

Expresan, como en español, la condición que debe cumplirse para que se pueda producir lo expresado en la oración dominante.

(1) El verbo aparece en ambas oraciones en indicativo, cuando sucede lo mismo en español.

(2) El verbo aparece en ambas oraciones en **Konjunktiv II**, cuando en español se da la siguiente estructura: pretérito imperfecto de subjuntivo (*tuvieses/tuvieras*) en la subordinada y condicional (*podríamos*) en la dominante (→ págs. 48 ss.).

La diferencia de significado entre los enunciados (1) y (2) es la misma que se da entre los respectivos enunciados españoles.

• **Wenn** Maria kommt, können wir beginnen.	• Si viene María, podremos empezar. / Cuando venga María, podremos empezar.

Cuando se utiliza con el verbo en indicativo, la conjunción **wenn** puede tener significado condicional *(si)* o temporal *(cuando)* (ver apartado siguiente). En estos casos, la interpretación correcta la suele ofrecer el contexto. No debe confundirse con **ob** (→ pág. 282).

EJERCICIOS

23. Inicia la expresión con la subordinada condicional correspondiente. Pon atención a la colocación del verbo conjugado de la oración principal que sigue. [A2]

Du ziehst keinen Mantel an. – ~~Ich finde meine Brille nicht~~. – Du hörst ihr nicht zu. – Er bekommt den Job. – Du rufst ihn nicht an. – Ich sehe sie.

a. *Ich kann den Text nicht lesen.*

Wenn ich meine Brille nicht finde, kann ich den Text nicht lesen.

b. Er macht im Sommer eine Reise.

....

c. Er ärgert sich.

....

d. Du erkältest dich.

....

e. Ich frage sie.

....

f. Du verstehst sie nicht.

....

LA SUBORDINACIÓN: SUBORDINADAS TEMPORALES

• **Als ich jung war**, bin ich viel gereist. (1)	• Cuando era joven, viajaba mucho.
• **Damals** bin ich viel gereist. (2)	• Por aquel entonces viajaba mucho.

La subordinadas temporales (1) expresan una circunstancia temporal de la acción referida en la oración dominante. Pueden ser sustituidas por un adverbio temporal (2). Son múltiples las conjunciones que pueden introducir una subordinada temporal.

WENN *(CUANDO)*

• **Wenn** er kommt, fangen wir an.	• Cuando venga, empezaremos.

Se hace referencia a algo situado en el futuro. Lo expresado en la subordinada es anterior a lo expresado en la dominante. En ambas oraciones aparece el verbo en indicativo, cosa que no sucede en español.

En cuanto al uso del presente en lugar del futuro, consulta el tema "El futuro: uso" en la pág. 40.

• **(Immer/Jedes Mal) Wenn** ich das Foto sehe, denke ich an meinen Urlaub in Vietnam. (1)	• Siempre/Cada vez que/Cuando veo esta foto, pienso en mis vacaciones en Vietnam.
• **Wenn** sie aufsteht, schlafe ich noch. (2)	• Cuando ella se levanta, yo todavía duermo.

En estos ejemplos, con **wenn** *(cuando)*, **immer wenn** *(siempre que)* o **jedes Mal wenn** *(cada vez que)* se hace referencia a algo repetido en general. Puede ser que lo expresado en la subordinada sea anterior a lo expresado en la dominante (1) o que ambas acciones sucedan simultáneamente (2).

• **(Immer/Jedes Mal) Wenn** ich das Foto sah, dachte ich an meinen Urlaub in Vietnam. (1)	• Siempre/Cada vez que/Cuando veía la foto, pensaba en mis vacaciones en Vietnam.
• **Wenn** sie aufstand, schlief ich noch. / **Wenn** sie aufgestanden ist, habe ich noch geschlafen. (2)	• Cuando ella se levantaba, yo todavía dormía.

La única diferencia con los dos ejemplos anteriores es que en este caso la acción repetida en general tiene lugar en el pasado. En ambas oraciones aparece el **Präteritum** o el **Perfekt**.

ALS *(CUANDO)*

• **Als** er anrief, schliefen wir noch alle.	• Cuando llamó por teléfono, todavía dormíamos todos.

Con **als** siempre se hace referencia a una acción única (que no se repite) en el pasado.

• **Als** ich nach Spanien kam/gekommen bin, konnte ich noch kein Spanisch.	• Cuando me vine a España, todavía no sabía español.

Las acciones de la subordinada y de la dominante tienen lugar simultáneamente. En cuanto al uso de **Präteritum** o **Perfekt**, consulta las págs. 30 ss.

- **Als** wir die Koffer gepackt hatten, bestellten wir ein Taxi.
- Cuando hubimos/ya habíamos hecho las maletas, pedimos un taxi.

La acción de la subordinada es anterior a la de la dominante. En la primera aparece el pluscuamperfecto y en la segunda el **Präteritum**. En este caso, en lugar de **als**, también puede utilizarse **nachdem** (consulta el apartado siguiente).

- **Als** wir ankamen, hatte der Film schon begonnen.
- Cuando llegamos, la película ya había empezado.

La acción de la subordinada es posterior a la de la dominante.

- **Als** das Kind ihn sah, versteckte es sich. (1)
- Cuando el niño le vio, se escondió.
- **Wenn** das Kind ihn sah, versteckte es sich. (2)
- Cuando el niño le veía, se escondía.

Para no confundir **als** *(cuando)* y **wenn** *(cuando)* ten en cuenta lo siguiente:

(1) Con **wenn** *(cuando/siempre que)* sólo es posible referirse al pasado cuando se expresa una acción repetida.

(2) Con **als** *(cuando)* siempre se hace referencia al pasado y lo que se expresa es una acción no repetida.

EJERCICIOS

24. Sustituye el sintagma preposicional subrayado por una oración subordinada introducida por *als*. [B1]

a. *Meine Oma hat mit 19 Jahren geheiratet.*

Als meine Oma 19 Jahre alt war, hat sie geheiratet.

b. Katia hat mit vier Jahren Englisch gelernt.

....

c. Mit zwei Jahren konnte er schon sprechen.

....

d. Mit 17 Jahren hat er das Abitur gemacht.

....

e. Sie ist mit 40 Jahren nach Amerika emigriert.

....

f. Ich habe mit 18 Jahren den Führerschein gemacht.

....

25. ¿*als* o *wenn*? [B1]

a. Ich habe immer einen Regenschirm mitgenommen, ... ich nach Deutschland fuhr.
b. .... ich 1988 in Berlin war, hat die DDR noch existiert.
c. .... das Wetter gut war, fuhren wir jeden Sonntag an den Strand.
d. Sie waren beide 17 Jahre alt, ... sie sich kennen lernten.
e. .... ich ein Kind war, musste ich immer nach Hause gehen, ... es dunkel wurde.
f. .... wir im letzten Sommer in Frankreich waren, haben wir Schnecken probiert.

NACHDEM *(DESPUÉS DE QUE* + VERBO CONJUGADO*; DESPUÉS DE* + INFINITIVO*)*

• **Nachdem** er gefrühstückt hatte, fing er an zu arbeiten.	• Después (de) que hubo desayunado/ Después de desayunar/Después de haber desayunado, empezó a trabajar.
• **Nachdem** ich mit ihm gesprochen habe, verstehe ich das Problem besser.	• Después de hablar con él/Después de haber hablado con él, entiendo mejor el problema.

Mientras que su correspondencia española *(después de)* puede ir seguida de un infinitivo, en alemán el verbo siempre debe ir conjugado.

BEVOR *(ANTES DE QUE* + VERBO CONJUGADO*; ANTES DE* + INFINITIVO*)*

• Wir müssen alles aufräumen, **bevor** meine Eltern kommen. (1)	• Tenemos que arreglarlo todo antes de que vengan mis padres.
• **Bevor** ich umziehe, lade ich euch ein/ werde ich euch einladen. (2)	• Antes de mudarme de casa, os invitaré.
• **Bevor** der Krieg begann, lebten wir in Bremen. (3)	• Antes de que empezara la guerra, vivíamos en Bremen.
• Ich habe da gelebt, **bevor** ich nach Italien gezogen bin. (4)	• Yo vivía allí antes de irme a Italia.

La acción de la subordinada siempre es posterior a la de la dominante, tanto si se hace referencia a hechos del futuro (1) (2), o del pasado (3) (4). En cuanto al uso de **Präteritum** o **Perfekt** para referencias al pasado, consulta el tema "¿*Perfekt* o *Präteritum*?" en las págs. 30 s.

Mientras que su correspondencia española (*antes de*) puede ir seguida de un infinitivo (2) (4), en alemán el verbo siempre debe ir conjugado.

BIS *(HASTA QUE)*

• Wir warten hier, **bis** ihr kommt.	• Nos esperaremos aquí hasta que vengáis.

Lo expresado en la dominante acaba en el momento en que tiene lugar lo que se dice en la subordinada.

SEIT(DEM) *(DESDE QUE)*

• **Seit(dem)** ich die Medikamente nehme, geht es mir besser.	• Desde que tomo los medicamentos me encuentro mejor.
• **Seit(dem)** er in Bonn lebt, hat er uns nicht mehr besucht.	• Desde que vive en Bonn, no nos ha visitado.

Todo lo expresado en el enunciado tiene su inicio en el pasado y dura hasta el presente.

EJERCICIOS

26. Realiza la combinación adecuada. [B1]

a. Zieh dir einen Jacke an,	1. nachdem sie den Koffer gepackt hatte.
b. Seit sie zwei Kinder hat,	2. studierte sie noch in Berlin.
c. Er hat nicht gewartet,	3. macht er immer eine Liste.
d. Nachdem sie die Mail geschrieben hatte,	4. bevor du aus dem Haus gehst.
e. Bevor er einkaufen geht,	5. bis ich fertig war.
f. Als ich sie kennen lernte,	6. hat sie keine Zeit mehr.
g. Sie bestellte ein Taxi,	7. klickte sie auf „senden“.

27. ¿*Bevor* o *seit*? [B1]

a. .... der Sommer beginnt, wollen wir eine Klimaanlage installieren lassen.

b. .... er Sport macht, raucht er nicht mehr.

c. .... die ersten Touristen kamen, war die Insel noch ein Paradies.

d. Mach bitte das Fenster zu, ... du aus der Wohnung gehst.

e. .... sie ein Baby haben, gehen sie nur noch selten aus.

28. Sustituye los sintagmas preposicionales subrayados por subordinadas introducidas por *bis* o *seit* siguiendo el ejemplo. [B1]

a. <u>Bis zum Ende des Unterrichts</u> darf man das Handy nicht benutzen. (enden)

Man darf das Handy nicht benutzen, bis der Unterricht endet.

b. <u>Seit seiner Arbeit in Athen</u> interessiert er sich sehr für Archäologie. (arbeiten)

....

c. <u>Bis zum Anfang der Ferien</u> muss ich noch viel arbeiten. (anfangen)

....

d. <u>Seit ihrer Heirat</u> wohnt sie in Amerika. (geheiratet haben)

....

e. <u>Bis zur Abfahrt des Zuges</u> haben wir noch eine halbe Stunde Zeit. (abfahren)

....

f. <u>Seit dem Beginn des Frühlings</u> ist es viel wärmer geworden. (begonnen haben)

....

WÄHREND *(MIENTRAS)*

• **Während** du die Koffer packst, bestelle ich ein Taxi.	• Mientras tú haces las maletas, yo pediré un taxi.

Las acciones de la oración subordinada y de la dominante se producen de forma simultánea. Sin embargo, la duración de las mismas no es necesariamente idéntica. En realidad, lo expresado en la subordinada con **während** es el marco temporal en que tiene lugar la acción de la oración dominante. Consulta el tema "Los conectores de oraciones: adverbios y conjunciones" (→ págs. 205 ss.).

EJERCICIOS

29. Marca la conjunción correcta. [B1]

a.	Bevor	Nachdem	Während	der Direktor redete, hörten alle aufmerksam zu.
b.	Nachdem	Während	Bevor	sie alle gegessen hatten, bestellten sie die Rechnung.
c.	Während	Nachdem	Bevor	man mit der U-Bahn fährt, muss man eine Fahrkarte kaufen.
d.	Nachdem	Bevor	Während	sie heiratete, lebte sie bei ihren Eltern.
e.	Bevor	Nachdem	Während	er das Licht ausgemacht hatte, ging er aus dem Zimmer.
f.	Während	Bevor	Nachdem	er unter der Dusche steht, singt er immer.
g.	Bevor	Während	Nachdem	sie schlafen ging, las sie immer noch eine halbe Stunde.

LA SUBORDINACIÓN: SUBORDINADAS FINALES CON *DAMIT* Y *UM ... ZU*

• Wir haben jahrelang gespart, **damit** unsere Tochter studieren kann. (1)	• Hemos ahorrado durante años para que nuestra hija pueda estudiar una carrera.
• Ich brauche mehr Zeit, **um** diese Arbeit **zu** schreiben. (2)	• Necesito más tiempo para escribir este trabajo.

Mediante las subordinadas finales se expresa la finalidad con que se realiza la acción de la oración dominante.

(1) Por regla general se utiliza **damit** + verbo conjugado (*para que* + verbo conjugado) cuando el sujeto de la oración subordinada no es el mismo que el de la dominante (aquí **wir** en la dominante y **unsere Tochter** en la subordinada).

(2) Se utiliza, por regla general, **um ... zu** + infinitivo (*para* + infinitivo) cuando el sujeto de la oración subordinada es el mismo que el de la dominante (aquí **ich**).

EJERCICIOS

30. Convierte la segunda oración en una subordinada final de infinitivo con *um ... zu.* [B1]

a. *Wir fahren an den Strand. Wir möchten schwimmen.*
Wir fahren an den Strand, um zu schwimmen.

b. Er spricht mit dem Chef. Er möchte eine Gehaltserhöhung bekommen.
....

c. Hermann isst weniger. Er möchte schlanker werden.

....

d. Ich lerne Deutsch. Ich möchte in Deutschland studieren.

....

e. Anna isst viel Obst. Sie möchte gesund bleiben.

....

f. Sie ist nach Frankfurt gefahren. Sie möchte ihre Tante besuchen.

....

31. ¿*damit* o *um ... zu*? [B1]

a. *Er arbeitet jetzt weniger (er: mehr Zeit für seine Familie haben).*

Er arbeitet jetzt weniger, um mehr Zeit für seine Familie zu haben.

Ihr Vater hat ihr Geld gegeben (sie: Bücher kaufen können).

Ihr Vater hat ihr Geld gegeben, damit sie Bücher kaufen kann.

b. Ich hole dich ab (du: kein Taxi nehmen müssen).

....

c. Sie hat Geld gespart (sie: im Sommer eine Reise machen können).

....

d. Ich beeile mich (wir: zusammen ins Kino gehen können).

....

e. Sie spielt Tennis (sie: in Form bleiben).

....

f. Ich fahre mit dem Auto (ich: Zeit sparen).

....

g. Wir bringen Oma zum Bahnhof (sie: den Koffer nicht allein tragen müssen).

....

32. Traduce las siguientes oraciones con *damit* o con *um ... zu.* [B1]

a. Te doy mi número de teléfono para que me puedas llamar.

....

b. Necesito gafas para leer la carta.

....

c. Te dejo solo para que puedas trabajar.

....

d. Apúntate el nombre para que no lo olvides.

Schreib dir den Namen auf, ...

e. ¿Qué necesitamos para hacer una paella?

.... ?

LA SUBORDINACIÓN: SUBORDINADAS CONCESIVAS CON *OBWOHL*

• **Obwohl** er wenig Geld verdiente, war er zufrieden.	• Aunque ganaba poco dinero, estaba satisfecho.

Las subordinadas concesivas con **obwohl** *(aunque)* hacen referencia a un obstáculo que podría impedir que se realice la acción de la dominante, pero que en realidad no lo hace.

EJERCICIOS

33. Transforma la primera oración en una oración concesiva introducida por *obwohl*. [B1]

a. Sie ist krank. Trotzdem geht sie arbeiten.

Obwohl sie krank ist, geht sie arbeiten.

b. Er hat wenig Geld. Trotzdem lädt er uns oft ein.

....

c. Es regnet. Trotzdem gehen wir spazieren.

....

d. Ich war sehr müde. Trotzdem konnte ich nicht schlafen.

....

e. Wir sind früh aufgestanden. Trotzdem sind wir zu spät gekommen.

....

f. Sie hat einen besseren Job als früher. Trotzdem ist sie nicht zufrieden.

....

LA SUBORDINACIÓN: SUBORDINADAS CONSECUTIVAS CON *SODASS/SO DASS* Y *SO ...*

• Er fühlte sich nicht wohl, **sodass/so dass** er nicht arbeiten ging. (1) • Der Film war **so** langweilig, **dass** er einschlief. (2)	• No se encontraba bien, así que no fue a trabajar. • La película era tan aburrida que se durmió.

Las subordinadas consecutivas expresan la consecuencia de lo dicho en la dominante.

(1) Normalmente la subordinada va introducida por **sodass/so dass** *(así que, de modo que)*.

(2) Cuando en la dominante hay un adjetivo o un adverbio de frecuencia o de cantidad, se coloca **so** *(tan)* delante de éstos, y la subordinada aparece introducida únicamente por **dass** *(que)*.

LA SUBORDINACIÓN: SUBORDINADAS ADVERSATIVAS CON *(AN)STATT DASS* Y *(AN)STATT ... ZU*

• **Anstatt dass** er mir half, ging er ins Kino. (1)	• En lugar de ayudarme, se fue al cine.
• **Anstatt** mir **zu** helfen, ging er ins Kino. (2)	• En lugar de ayudarme, se fue al cine.

Estas subordinadas expresan una alternativa no realizada respecto a lo expresado en la dominante.

En español, la locución *en lugar de* introduce siempre una oración de infinitivo. En alemán, en cambio, también puede optarse por la forma **(an)statt dass** + verbo conjugado (1). No obstante, lo cierto es que es más habitual la forma **anstatt ... zu** + infinitivo (2).

LA SUBORDINACIÓN: SUBORDINADAS CON ELEMENTO INTERROGATIVO O CON *OB*

• Wo ist Daniel? (1)	• ¿Dónde está Daniel?
• Ich weiß nicht, **wo** Daniel ist. (2)	• No sé dónde está Daniel.
• Ist Daniel in seinem Büro? (3)	• ¿Está Daniel en su despacho?
• Ich weiß nicht, **ob** Daniel in seinem Büro ist. (4)	• No sé si Daniel está en su despacho.

En los ejemplos (1) y (3) el hablante expresa una pregunta directa. En los ejemplos (2) y (4) realiza la misma pregunta, pero de forma indirecta. De ahí que este tipo de subordinadas reciban habitualmente el nombre de interrogativas indirectas.

Cuando la interrogativa indirecta se corresponde con una interrogativa parcial (1), empieza con el mismo elemento interrogativo (2). Cuando se corresponde con una interrogativa total (3), aparece introducida por **ob** *(si)* (4). No confundas esta conjunción con la condicional **wenn** (→ pág. 272).

EJERCICIOS

34. No lo sabes. Contesta con *ob*. [B1]

a. *Heißt er Max?*	*Ich weiß nicht, ob er Max heißt.*
b. Kommt der Zug pünktlich?	....
c. Muss man lange warten?	....
d. Möchte Anna auch mitkommen?	....
e. Beißt der Hund?	....
f. Ist der Film interessant?	....

35. ¿*Dass* u *ob*? Marca la conjunción correcta. [B1]

a. Ich weiß noch nicht,	ob	dass	ich mitkommen kann.
b. Ich habe gehört,	dass	ob	Moritz geheiratet hat.
c. Schade,	ob	dass	du es nicht weißt.
d. Ich habe keine Ahnung,	dass	ob	er noch hier wohnt.
e. Glaubst du,	dass	ob	es morgen regnet?
f. Ich frage mich,	dass	ob	das eine gute Idee ist.

36. Contesta con *Ich weiß nicht, ...* . [B1]

a. *War Kolumbus Katalane?*

Ich weiß nicht, ob Kolumbus Katalane war.

Wer hat das Penizillin erfunden?

Ich weiß nicht, wer das Penizillin erfunden hat.

b. Wann ist Ostern?

....

c. Ist Finnisch eine schwere Sprache?

....

d. Welcher Film hat die Berlinale gewonnen?

....

e. Gibt es Leben auf dem Mars?

....

f. War Bertolt Brecht Österreicher?

....

g. Hat Frau Flasche ein fantastisches Buch geschrieben?

....

h. Wie macht man Kartoffelsalat?

....

37. Transforma las preguntas directas en indirectas. [B1]

a. *Anna weiß nicht: „Wo ist der Bahnhof?“*

Anna weiß nicht, wo der Bahnhof ist.

b. Marta fragt Berta: „Gefällt dir die Musik von Shakira?"

....

c. Ich möchte wissen: „Kommt Leonhard auch zum Abendessen?“

....

d. Ich bin nicht sicher: „Wie schreibt man das?“

....

e. Er weiß nicht: „Darf man hier parken?“

....

f. Sie fragt: „Wie viel kostet das?“

....

38. si: ¿*ob* o *wenn*? Traduce las siguientes oraciones. [B1]

a. Anna no me ha dicho si está de acuerdo.

.... gesagt, ... einverstanden ist.

b. Si quieres, podemos ir juntos.

....

c. No sé si vendrán hoy.

.... kommen.

d. ¿Sabes si ya ha llegado el tren?

.... angekommen ist?

e. Si tuviera tanto dinero, me iría de viaje.

.... eine Reise machen.

LA SUBORDINACIÓN: SUBORDINADAS DE RELATIVO

• Wie hieß der Film, **den** wir neulich gesehen haben? (1)	• ¿Cómo se llamaba la película que vimos recientemente/el otro día?
• Ist das die Frau, **von der** du gestern gesprochen hast? (2)	• ¿Es ésta la mujer de la que hablabas ayer?
• Ist das der Laden, **wo** du die Ohrringe gekauft hast? (3)	• ¿Es ésta la tienda donde compraste los pendientes?

Las subordinadas de relativo dan información sobre un nombre que se ha mencionado previamente (**Film**, **Frau**, **Laden**). Estas subordinadas pueden ir introducidas por pronombres relativos (1) (2) o por adverbios relativos (3). Consulta al respecto las págs. 139-144.

ÍNDICE TEMÁTICO Y DE PALABRAS

En letra normal aparecen los términos, en *cursiva* las *palabras*.

SOLUCIONARIO

1. LOS VERBOS

1. b. trinke c. spielt d. wohnen e. gehst f. kocht g. kaufen h. Kommt i. studiert j. verkaufen

2. b. Sie c. wir d. Sie e. du f. du g. ich h. sie (ellos, ellas) i. sie (ellos, ellas)

3. a. du wohnst er/sie/es wohnt wir wohnen ihr wohnt sie wohnen Sie wohnen
b. ich studiere du studierst er/sie/es studiert ihr studiert sie studieren Sie studieren
c. ich arbeite du arbeitest wir arbeiten ihr arbeitet sie arbeiten
d. ich heiße er/sie/es heißt wir heißen ihr heißt sie heißen Sie heißen
e. ich frage du fragst er/sie/es fragt wir fragen ihr fragt
f. ich tanze du tanzt er/sie/es tanzt wir tanzen sie tanzen Sie tanzen

4. a. wohnen b. Kommt c. kauft d. macht e. lerne f. Verstehst

5. a. kostet b. heißt c. findet d. arbeitest studierst e. bedeutet f. tanzt

6. a. du liest er/sie/es liest b. du wäschst er/sie/es wäscht c. du siehst er/sie/es sieht d. du gibst er/sie/es gibt e. du hilfst er/sie/es hilft

7. a. fährt b. Isst c. schläft d. Sprichst e. gefällt

8. a. läuft b. nimmst c. Trefft d. hält e. vergisst

9. a. A: Hast B: weiß b. A: bist B: bin c. A: Habt B: haben d. A: Weißt B: habe e. A: Ist B: hat f. A: weiß B: ist g. A: bin B: bist

10. a. wird b. wird c. werde d. wirst e. werdet

11. a. Morgen komme ich nicht. b. Was macht ihr am Sonntag? c. Am Wochenende besuche ich meine Eltern. d. Heute essen wir bei Laura. e. Gehst du morgen ins Kino?

12. a. David telefoniert gerade. b. Die Kinder frühstücken gerade. c. Ich schreibe gerade eine E-Mail.

13. a. Hoffentlich geht er zum Arzt. b. Hoffentlich finde ich bald Arbeit. c. Hoffentlich sind sie zu Hause.

14. a. Wahrscheinlich kommt er am Sonntag. b. Wahrscheinlich machen wir die Prüfung nicht. c. Wahrscheinlich hat sie viel Arbeit.

15. a. du es/das machst b. er nicht krank ist c. du unterschreibst d. du kommst

16. a. glaubt b. arbeitet gearbeitet c. gelernt d. fragt e. macht gemacht f. gebraucht g. geöffnet

17. a. kocht b. gebadet c. reist gereist d. spielt gespielt f. wartet gewartet g. getanzt h. sucht gesucht i. antwortet

18. a. abgeholt b. aufgehört c. zugehört d. mitgemacht e. ausgepackt

19. a. ferngesehen b. eingeladen c. aufgestanden d. mitgenommen e. angeboten f. abgeschlossen g. ausgestiegen

20. a. gehört b. bezahlt c. eingestiegen d. ausgemacht e. erklärt f. entschuldigt g. angemacht h. mitgebracht i. versprochen j. abgefahren

21. b. hat c. sind d. bist e. ist f. haben g. sind h. bist i. bin j. hat

22. b. ist c. seid d. hat e. habe f. sind g. habe h. hat i. bist j. haben

23. b. Lisa hat zwei Tassen Kaffee getrunken. c. Hast du den Film gesehen? d. Um 10 Uhr sind wir nach Hause gefahren. e. Hast du das Buch gelesen? f. Ich habe gestern eine Pizza gegessen. g. Habt ihr gut geschlafen? h. Moritz ist ein Jahr in Deutschland geblieben. i. Heute hat Anna nicht gearbeitet. j. Was haben Sie nicht verstanden?

24. a. Wir sind um 10 Uhr nach Hause gegangen. b. Ich habe mit Julia gesprochen. c. Was habt ihr im Restaurant getrunken? d. Bist du (noch) nie in Berlin gewesen? e. Wann ist deine Freundin gekommen? f. David hat deine Schlüssel gefunden.

25. a. Ha llovido. b. Ayer nos quedamos en casa. c. Por aquel entonces todavía estudiaba alemán. d. Antes la gente leía más. e. El lunes trabajé hasta las nueve.

26. a. Moritz hat sein Zimmer aufgeräumt. b. Dann ist der Lehrer gekommen. c. Heute Morgen habe ich den Direktor angerufen. d. Gestern habe ich einen Computer gekauft. e. Damals haben wir in Paris studiert. f. Ist der Zug schon angekommen? g. Hast du den Aufsatz geschrieben? h. 1985 hat er in Berlin gelebt/gewohnt. i. Heute bin ich um sechs (Uhr) aufgestanden. j. Gestern haben wir Fußball gespielt.

27. b. Jonas isst ein Eis. c. Liest du die Zeitung? d. Am Sonntag schläft sie bis zwölf Uhr. e. Siehst du das? f. Michael fährt im Urlaub nach Österreich. g. Das verstehe ich nicht. h. Trinkt ihr Alkohol?

28. a. Hast gegessen b. bin geblieben c. hat gehabt d. Habt gelesen e. ist gefahren f. hast geschlafen g. habe gesehen h. ist passiert i. hat getrunken j. habe verstanden

29. a. Edu ist um 7 Uhr aus dem Haus gegangen. b. Er hat nach links und nach rechts gesehen. c. Dann ist er zum Auto gegangen und (ist) eingestiegen. d. Er ist ins Zentrum gefahren und hat vor der Bank geparkt. e. Er ist nicht ausgestiegen, er hat gewartet. f. Nichts ist passiert. g. Er hat sein Handy genommen und (hat) telefoniert. h. Eine Frau ist aus der Bank gekommen.

30. b. A: Räumst du bitte die Wohnung auf? B: Ich habe sie schon aufgeräumt! c. A: Bringst du bitte den Mantel in die Reinigung? B: Ich habe ihn schon in die Reinigung gebracht! d. A: Kaufst du bitte die Konzertkarten? B: Ich habe sie schon gekauft! e. A: Rufst du bitte Onkel Feuerstein an? B: Ich habe ihn schon angerufen! f. A: Machst du bitte die Heizung an? B: Ich habe sie schon angemacht! g. A: Machst du bitte die Zigarette aus? B: Ich habe sie schon ausgemacht!

31. a. ist gegangen b. bin aufgestanden c. hat bezahlt d. habe repariert e. hast gesagt f. hat geantwortet g. hast geputzt h. haben abgeholt i. bist mitgekommen

32. a. aufgestanden. b. das Fenster aufgemacht und (ich habe/habe) auf die Straße gesehen. c. Ich bin in die Küche gegangen und habe Butter und Milch aus dem Kühlschrank geholt. d. Ich habe drei Brötchen gegessen und (ich habe/habe) zwei Tassen Kaffee getrunken. e. Dann habe ich die Zeitung aus dem Briefkasten geholt und (ich habe sie/habe sie/sie) in meine Aktentasche gesteckt. f. Ich habe auf die Uhr gesehen. g. Dann habe ich ein Taxi bestellt. h. Ich habe den Koffer mit dem Geld genommen und (ich) bin aus dem Haus gegangen.

33. a. du kochtest er/sie/es kochte wir kochten ihr kochtet sie/Sie kochten
b. ich kaufte du kauftest er/sie/es kaufte ihr kauftet sie/Sie kauften

c. ich flirtete du flirtetest wir flirteten ihr flirtetet sie/Sie flirteten
d. ich studierte er/sie/es studierte wir studierten ihr studiertet sie/Sie studierten
e. ich wartete du wartetest er/sie/es wartete wir warteten ihr wartetet
f. ich redete du redetest er/sie/es redete wir redeten sie/Sie redeten
g. du lerntest er/sie/es lernte wir lernten ihr lerntet sie/Sie lernten

34. b. Er besuchte sie oft. c. Ich wartete zwei Stunden. d. Die Kinder spielten den ganzen Tag auf der Straße. e. Meine Oma heiratete mit 18 Jahren. f. Er sagte nichts. g. Sie lebten in Berlin.

35. a. du kamst er/sie/es kam wir kamen ihr kamt sie/Sie kamen
b. ich las du lasest er/sie/es las wir lasen ihr last sie/Sie lasen
c. ich ging du gingst wir gingen ihr gingt sie/Sie gingen
d. ich half er/sie/es half wir halfen ihr halft sie/Sie halfen
e. ich blieb du bliebst er/sie/es blieb wir blieben ihr bliebt
f. ich sah du sahst er/sie/es sah wir sahen sie/Sie sahen
g. ich lud ein du ludst ein er/sie/es lud ein ihr ludet ein sie/Sie luden ein
h. du fielst er/sie/es fiel wir fielen ihr fielt sie/Sie fielen
i. ich schlief du schliefst er/sie/es schlief wir schliefen ihr schlieft sie/Sie schliefen

36. b. Montags stand er immer früh auf. c. Sie bekam mit 18 Jahren ein Kind. d. Samstags blieb er nie zu Hause. e. Wir sahen den ganzen Abend fern. f. Ich ging zu Fuß zur Schule. g. Er sprach nicht viel.

37. ich war in Berlin. Alles war phantastisch! Auch das Hotel war super, und mein Zimmer hatte einen Balkon und Internet. Und sogar das Wetter war gut!

38. b. hatte c. war d. hattest e. hattet f. waren g. waren

39. b. hatten c. war d. waren e. hatten f. wart g. hattest h. hatte i. hatte

40. b. ihr c. ihr d. er e. Sie

41. a. wollte b. durfte c. sollte d. musste e. konnte

42. b. Hier durfte man nicht rauchen. c. Du solltest es allein machen. d. Wolltet ihr mitkommen? e. Anna durfte nicht ins Kino gehen. f. Konntet ihr das machen? g. Thomas musste früh aufstehen. h. Ich wollte keinen Spinat essen. j. Ich musste noch arbeiten.

43. a. waren b. war c. konnte d. war e. waren f. durfte g. wollten h. musste i. sollten j. war k. hatten l. war m. wollte

44. b. Wusstest du das? c. Sie wussten nichts. d. Ich wusste es nicht. e. Wusstet ihr das wirklich nicht? g. Herr Müller, wussten Sie das?

45. a. ging b. sah c. war d. nahm e. dachte f. steckte g. ging h. machte i. öffnete j. setzte k. tranken l. kam m. stiegen n. sprachen o. bekam

46. a. Manuel Fidalgo fand in Spanien keine Arbeit. b. 1963 ging er nach Deutschland. c. Er wollte einige Jahre dort arbeiten und so bald wie möglich nach Spanien zurückfahren. d. Seine Familie blieb in Spanien. e. Sein Sohn war zwei Jahre alt. f. Von 1963 bis 1966 arbeitete und wohnte er allein in Frankfurt. g. Er fühlte sich dort wohl, aber (er) vermisste seine Familie. h. 1966 kamen seine Frau und sein Sohn nach Deutschland. i. 1977 fuhren alle drei nach Spanien zurück. j. Sein Sohn war 16 Jahre alt.

47. a. A: Damals habe ich in Frankfurt gelebt. B: Und hat es dir dort gefallen? b. A: Ja, aber ohne meine Frau und meinen Sohn war ich nicht glücklich. B: Wolltest du nach Spanien zurückkommen? c. A: Ja, aber ich konnte nicht. Ich musste Geld verdienen, und in Spanien habe ich keine Arbeit gefunden. B: Und was ist passiert? d. A: Meine Frau und mein

Sohn sind nach Deutschland gekommen. Meine Frau hat sofort Arbeit gefunden, und mein Sohn konnte in die Schule gehen. B: Hat ihnen Deutschland gefallen? e. Ja. Mein Sohn hatte dort sogar viele Freunde. Und meine Frau war auch zufrieden.

48. a. Damals lebte Alberto Fidalgo in Frankfurt. b. Es gefiel ihm dort, aber ohne seine Frau und seinen Sohn war er nicht glücklich. c. Er wollte nach Spanien zurückfahren/zurückgehen, aber er konnte nicht. d. Er brauchte Geld für seine Familie, und in Spanien fand er keine Arbeit. e. Dann kamen seine Frau und sein Sohn nach Deutschland. f. Seine Frau fand sofort Arbeit, und sein Sohn konnte in die Schule gehen. g. Deutschland gefiel ihnen. h. Sein Sohn hatte dort sogar viele Freunde. i. Und seine Frau war auch zufrieden.

49. b. A: Musstet ihr am Wochenende arbeiten? B: Nein, wir hatten frei.
c. A: Hat er mit dem Direktor gesprochen? B: Ja, er hat ihn angerufen.
d. A: Warum bist du nicht mitgekommen? B: Ich hatte keine Lust.
e. A: Wart ihr gestern in der Disko? B: Nein, wir sind zu Hause geblieben.
f. A: Warum hast du mir nicht geschrieben? B. Ich habe es vergessen.

50. b. A: Wolltest du nicht mit dem Chef sprechen? B: Doch, ich habe schon mit ihm gesprochen.
c. A: Um wie viel Uhr bist du aufgestanden? B: Um fünf. Und um sechs ist der Bus abgefahren.
d. A: Früher hast du mehr gearbeitet, nicht? B: Ja, denn ich hatte wenig Geld.
e. A: Habt ihr schon angefangen? B: Ja, wir mussten um acht anfangen.
f. A: Wo warst du gestern? Ich habe dich zigmal angerufen. B: Im Büro. Ist etwas passiert?

51. a. Ayer fuimos a la playa. b. Esta mañana me he levantado temprano. c. De niño leía mucho. d. Nos casamos hace dos años. e. Se ha ido a casa hace diez minutos.

52. b. Sie hatten den ganzen Abend ferngesehen. c. Ihr wart noch nicht aufgestanden. d. Sie hatte mit ihrem Freund telefoniert. e. Er hatte den Kindern ein Märchen erzählt.

53. b. Ich hatte gesprochen. c. Wir waren ausgestiegen. d. Du hattest geschrieben. e. Ihr hattet gewartet. f. Du warst gegangen. g. Sie hatte gebadet. h. Ich war aufgewacht. i. Sie hatten gegessen.

54. b. hatte c. war d. hatte e. hatte f. Hattet g. war h. war

55. b. Nachdem ich eine SMS geschrieben hatte, machte ich das Handy aus. c. Nachdem sie nach Hause gekommen war, rief sie gleich ihren Freund an. d. Nachdem wir viele Souvenirs gekauft hatten, hatten wir kein Geld mehr. e. Nachdem sie im Hotel zu Abend gegessen hatten, gingen sie in die Disco. f. Nachdem er eingeschlafen war, verließ sie heimlich die Wohnung.

56. b. geschlossen c. hatten gegessen d. hatte angefangen e. war gegangen f. waren eingeschlafen g. hatte abgewaschen h. hatte aufgeräumt

57. b. Ich hatte den Brief schon gelesen, als sie mich anrief. c. Wir hatten noch nicht zu Abend gegessen, als wir die Nachricht hörten. c. Als er abgewaschen hatte, ging er ins Bett. d. Nachdem Marta mit ihrer Freundin gesprochen hatte, rief sie ihren Freund an.

58. b. Ich werde Sport machen. c. Ich werde immer früh aufstehen. d. Ich werde jeden Tag Obst und Gemüse essen. e. Ich werde weniger telefonieren. f. Ich werde früher schlafen gehen. g. Ich werde jeden Abend meinen Schreibtisch aufräumen.

59. b. Wir werden das Auto verkaufen. c. Morgen werde ich schwimmen gehen. d. Wirst du mich anrufen? e. Ich werde dich zum Bahnhof bringen. f. Werdet ihr das Haus kaufen?

g. Wann wirst du es machen? h. Werden Sie uns helfen?

60. b. Ihr werdet wohl müde sein. c. Der Computer wird wohl noch kaputt sein. d. Marta und Tom werden wohl nicht kommen. e. Wir werden wohl nicht viel Zeit haben. f. Du wirst wohl zu Hause bleiben, nicht? g. Der Zug wird wohl spät ankommen.

61. a. Kommen Sie sofort! b. Macht doch die Hausaufgaben. c. Kaufen Sie das nicht! d. Wartet hier! e. Stehen Sie auf! f. Essen Sie, bitte! g. Raucht doch nicht.

62. a. Gehen Sie bitte noch nicht. b. Sprecht lauter! c. Sagen Sie nichts! d. Trinkt nicht zu viel! e. Vergesst es/das nicht! f. Macht doch bitte das Fenster auf! g. Schließen Sie die Tür!

63. a. Kauf das nicht! b. Heirate mich! c. Mach die Hausaufgaben! d. Antworte mir! e. Schreib mir! f. Rauch nicht! g. Nimm die Schlüssel mit!

64. a. Nimm ein Taxi! b. Fahr langsam! c. Lauf nicht! d. Hilf mir! e. Fang an! f. Gib mir das Buch! g. Sprich mit Maria!

65. a. Mach die Tür auf! b. Sag es mir! c. Streite nicht mit deinem Bruder! d. Lüg nicht! e. Setz dich! f. Hör mir zu! g. Wein nicht!

66. a. Lies das Buch! b. Wirf es weg! c. Gib nicht so viel Geld aus! d. Nimm es mit! e. Lass mich in Ruhe! f. Versprich es mir! g. Vergiss es/das nicht!

67. a. Sprich Sprecht Sprechen Sie b. Sieh Seht Sehen Sie c. Geh Geht Gehen Sie d. Sei Seid Seien Sie e. Fahr Fahrt Fahren Sie f. Hör Hört Hören Sie g. Warte Wartet Warten Sie h. Bleib Bleibt Bleiben Sie i. Lies Lest Lesen Sie

68. b. Räumt den Keller auf! c. Schließen Sie bitte die Tür ab! d. Übersetz bitte den Brief! e. Beginnt bitte! f. Reservier einen Tisch! g. Macht das Fenster zu! h. Warten Sie nicht! i. Steigen Sie bitte ein! j. Versprich nichts!

69. b. Lies die E-Mails! c. Iss nicht nur Pizza! d. Geh mit dem Hund spazieren! e. Hol Oma vom Bahnhof ab! f. Rauch nicht! g. Sieh nicht zu viel fern! h. Reparier das Fahrrad! i. Mach abends das Licht aus! j. Verlier die Schlüssel nicht!

70. a. ich wäre du wär(e)st er/sie/es wäre ihr wär(e)t sie/Sie wären
b. du würdest er/sie/es würde wir würden ihr würdet sie/Sie würden
c. ich könnte du könntest er/sie/es könnte wir könnten ihr könntet
d. ich wüsste er/sie/es wüsste wir wüssten ihr wüsstet sie/Sie wüssten
e. ich hätte du hättest er/sie/es hätte wir hätten ihr hättet
f. ich sollte du solltest wir sollten ihr solltet sie/Sie sollten

71. b. Könnten c. würdest hättest d. Wär(e)st e. hätte f. könnte würde g. wäre h. würdet i. würde könnte

72. b. Hättest du gern eine Katze? c. Maria würde gern in Berlin wohnen/leben. d. Ich wäre gern bei dir. e. Würdet ihr gern eine Pause machen? f. Martin wäre gern der Chef. g. Mein Sohn hätte gern eine Schildkröte. h. Würdest du gern Deutsch lernen? i. Und Sie? Was hätten Sie gern?

73. b. Sie würde gern schon an der Universität studieren. c. Er würde gern in Ruhe die Zeitung lesen. d. Sie würde gern draußen Mäuse fangen. e. Sie würden gern allein wohnen. f. Er hätte gern ein neues Motorrad. g. Sie hätte gern einen interessanteren Beruf.

74. b. Könntest/Würdest du mir bitte die Butter geben? c. Könntet/Würdet ihr bitte pünktlich kommen? d. Könnten/Würden Sie mich bitte anrufen? e. Könntest/Würdest du bitte das Fenster zumachen? f. Könnten/Würden Sie mir bitte Ihre Adresse geben? g. Könntest/

Würdest du bitte die Zigarette ausmachen? h. Könntet/Würdet ihr mir bitte zuhören? i. Könntest/Würdest du bitte langsamer fahren?

75. a. Könntest du mir bitte helfen? b. Könnten Sie mir bitte diesen Computer zeigen? c. Könnten Sie mich bitte zum Flughafen bringen? d. Könntet ihr bitte die Tür zumachen/ schließen? e. Könnten Sie mir bitte den Dativ erklären? f. Könntest du mich bitte morgen anrufen?

76. b. Wenn ich gut Deutsch sprechen würde, könnte ich in Deutschland arbeiten. c. Wenn ich kochen könnte, könnte ich meine Freunde zum Abendessen einladen. d. Wenn ich nicht zu viel essen würde, wäre ich nicht zu dick. e. Wenn ich gut/besser aussehen würde, würde ich eine Freundin finden. f. Wenn ich nicht immer zu spät aufstehen würde, würde ich nicht jeden Tag zu spät zur Arbeit kommen. g. Wenn ich Talent hätte, könnte ich zeichnen.

77. b. Wenn du nicht reich wär(e)st, würde sie dich nicht heiraten. Sie würde dich nicht heiraten, wenn du nicht reich wär(e)st. c. Wenn ich Deutsch könnte, könnte ich in Deutschland arbeiten. Ich könnte in Deutschland arbeiten, wenn ich Deutsch könnte. d. Wenn ich im Lotto gewinnen würde, würde ich nie wieder arbeiten. Ich würde nie wieder arbeiten, wenn ich im Lotto gewinnen würde. e. Wenn ihr mir zuhören würdet, würdet ihr mich verstehen. Ihr würdet mich verstehen, wenn ihr mir zuhören würdet. f. Wenn du kommen könntest, wäre ich sehr froh. Ich wäre sehr froh, wenn du kommen könntest. g. Wenn ich mehr Geld hätte, würde ich dich einladen. Ich würde dich einladen, wenn ich mehr Geld hätte.

78. c. Dann würde ich auch in Ruhe frühstücken und schwimmen gehen. d. Danach hätte ich auch Tenniskurs, und mittags würde ich auch im Hotel essen. e. Nachmittags wäre ich auch immer am Strand, denn das Wetter wäre fantastisch. f. Ich wäre auch sehr zufrieden.

79. separables: a. d. f. i. j. k. l. inseparables: c. e. g. n.

80. b. Der Film fängt um 20 Uhr an. c. Rufst du den Chef an? d. Martin zieht im Sommer um. e. Ich stehe um 7 Uhr auf. f. Das sieht interessant aus. g. Wo fährt der Zug ab? h. Wir sehen heute Abend fern. i. Er bringt ihr Blumen mit. j. Nimmst du einen Mantel mit?

81. a. begonnen b. eingekauft d. gewonnen e. abgefahren f. ferngesehen g. angefangen h. erzählt i. ausgemacht j. weitergefahren k. mitgekommen m. zugehört n. entschuldigt

82. b. A: Schließt du die Tür ab? B: Aber ich habe sie schon abgeschlossen! c. A: Räumst du die Küche auf? B: Aber ich habe sie schon aufgeräumt! d. A: Bezahlst du die Rechnung? B: Aber ich habe sie schon bezahlt! e. A: Ziehst du die Kinder aus? B: Aber ich habe sie schon ausgezogen! f. A: Machst du das Fenster zu? B: Aber ich habe es schon zugemacht! g. A: Gibst du das Buch zurück? B: Aber ich habe es schon zurückgegeben! h. A: Verkaufst du das Auto? B: Aber ich habe es schon verkauft!

83. a. stehe auf b. beeile c. verpasse d. vergesse e. mitzunehmen f. zurückgehen g. steige ein h. komme an i. beginnt j. mache an k. rufe an l. erkläre m. nehme teil n. bestelle o. bezahle p. mache aus q. räume auf

84. b. A: Zieht ihr bald um? B: Ja, wir haben vor, bald umzuziehen. c. A: Verstehst du den Text? B: Ich brauche ein Wörterbuch, um den Text zu verstehen. d. A: Wann kommt der Zug an? B: Ich habe keine Ahnung, wann der Zug ankommt. e. A: Findet die Konferenz heute statt? B: Ich bin nicht sicher, ob die Konferenz heute stattfindet. f. A: Rufst du ihn an? B: Ich kann versuchen, ihn anzurufen. g. A: Wie viel verdient Paul? B: Ich weiß nicht, wie viel Paul verdient.

85. a. Ich bin gefallen. b. Ist das Kind schon aufgewacht? c. Du musst dich beeilen. d. Wann haben sie geheiratet? e. Er ist nervös geworden. f. Wir haben uns beschwert. g. Du irrst dich. h. Lach nicht!

86. a. mir b. dir d. dich e. mich f. dich h. dich

87. b. Ich kaufe mir morgen ein Fahrrad. c. Ich erinnere mich gern an den letzten Urlaub. d. Ich habe mich schon gewaschen. e. Ich ziehe mir den blauen Pullover an. f. Ich habe mich über den Kellner beschwert. g. Ich wasche mir jeden Tag die Haare. h. Ich kämme mir nicht gern die Haare. i. Ich habe mich beeilt. j. Ich interessiere mich nicht für Sport. k. Ich habe mich über das Thema informiert. l. Ich kann mir das nicht vorstellen.

88. a. dich mich b. dich mich c. dir mir d. dich mich e. dich mich f. dir mir g. dich mich h. dir mir

89. b. dir mir c. mir dir d. sich euch e. euch uns f. mich dich g. dich mich

90. b. euch c. uns d. euch e. sich f. uns g. sich

91. a. ich kann du kannst er/sie/es kann ihr könnt sie/Sie können
b. du darfst er/sie/es darf wir dürfen ihr dürft sie/Sie dürfen
c. ich muss du musst er/sie/es muss wir müssen ihr müsst sie/Sie müssen
d. ich soll er/sie/es soll wir sollen ihr sollt sie/Sie sollen
e. ich will du willst er/sie/es will wir wollen ihr wollt
f. ich möchte du möchtest wir möchten ihr möchtet sie/Sie möchten

92. a. möchtet b. will c. soll d. muss e. darf

93. a. möchtest b. möchte d. möchten e. möchten

94. a. ich kann er/sie/es kann b. wir dürfen sie/Sie dürfen d. du sollst e. du willst g. ich darf er/sie/es darf h. ich muss er/sie/es muss i. wir sollen sie/Sie sollen j. ihr müsst k. ihr könnt

95. a. sollst b. sollen c. soll d. soll e. sollt

96. a. Warum darf ich hier nicht parken? b. Ich möchte heute Abend ins Kino gehen. c. Können Sie mir helfen? d. Man darf im Flugzeug nicht rauchen. e. Wie lange musst du heute arbeiten? f. Kannst du die Kinder abholen?

97. a. Wann musst du heute aufstehen? b. Er möchte eine Pause machen. c. Kannst du den Chef anrufen? d. Sie dürfen im Museum nicht fotografieren. e. Ich will am Samstag ins Konzert gehen. f. Möchtet ihr noch etwas essen?

98. a. möchte/will b. möchten/wollen c. möchtest/willst d. möchtet/wollt e. möchten/wollen f. möchte/will

99. a. (2) b. (1) c. (2) d. (1) e. (1) f. (2) g. (1)

100. a. muss b. müssen c. dürfen d. darf e. muss f. dürfen g. müssen

101. a. müssen b. darf c. dürfen d. dürfen e. dürfen f. muss g. dürfen h. dürfen

102. b. Heute brauche ich nicht früh aufzustehen. c. Du brauchst mir nicht zu helfen. d. Am Samstag brauchen wir keine Hausaufgaben zu machen. e. Ihr braucht mich nicht so oft anzurufen. f. Anna braucht nur nachmittags zu arbeiten.

103. a. Du musst nicht warten. Du brauchst nicht zu warten. b. Wenn du nicht willst/möchtest, musst du nicht kommen. Wenn du nicht willst/möchtest, brauchst du nicht zu kommen. c. Du musst es mir nur sagen. Du brauchst es mir nur zu sagen. d. Du musst es mir nicht sagen. Du brauchst es mir nicht zu sagen. e. Anna muss nur von Montag bis Donnerstag arbeiten. Anna braucht nur von Montag bis Donnerstag zu arbeiten.

104. a., b., e., f.

105. a. A: Müsst B: dürfen/können b. A: Möchtest/Willst B: möchte/will/darf c. A: Kannst d. A: Darf/Kann B: möchte/will

106. b. ..., ich soll weniger essen. c. ..., ich soll nicht so viel arbeiten. d. ..., ich soll dieses Medikament nehmen. e. ..., ich soll mich ausruhen. g. ..., ich soll meine Schwester mitnehmen. h. ..., ich soll nicht so viel Schokolade essen. i. ..., ich soll nicht zu spät nach Hause kommen. j. ..., ich soll endlich aufstehen.

107. b. anzurufen c. zu bestehen d. einzuladen e. zu schreien f. schneiden g. zu essen h. zu sehen i. zu machen j. einkaufen k. aufräumen

108. b. B: ..., ich lasse ihn waschen. c. A: ... den Wagen (zu) waschen. c. B: ..., ihm schon wieder zu helfen. d. A: ..., das Fahrrad reparieren zu lassen? B: ..., es selbst zu machen. e. B: ..., und er lernt gerade laufen. f. A: Gehen wir morgen zusammen schwimmen? B: Ich habe keine Lust, schon wieder schwimmen zu gehen.

109. a. Du musst nur diesen Text kopieren. Du brauchst nur diesen Text zu kopieren. b. Ihr müsst nicht kommen. Ihr braucht nicht zu kommen. c. Du musst nicht warten. Du brauchst nicht zu warten. d. Sie müssen nur hier unterschreiben. Sie brauchen nur hier zu unterschreiben. e. Wir müssen das Zimmer nicht reservieren. Wir brauchen das Zimmer nicht zu reservieren.

110. Incorrectas: b., e., h.

111. b. Die Hemden werden gebügelt. c. Die Fenster werden geputzt. d. Das Geschirr wird gespült. e. Die Pflanzen werden gegossen. f. Der Tisch wird gedeckt. g. Die Küche wird aufgeräumt.

112. b. Dann werden die Kartoffeln geschält und in Scheiben geschnitten. c. Danach werden die Eier gekocht und klein geschnitten. d. Auch die Gurken und die Zwiebel werden in kleine Stücke geschnitten. e. Dann wird die Zwiebel in Butter gebraten. f. Die Majonäse wird mit dem Senf verrührt. g. Zum Schluss wird alles zusammen in eine Schüssel getan und mit Salz, Pfeffer und ein bisschen Zucker gewürzt. h. Der Kartoffelsalat wird noch warm gegessen.

2. LOS CASOS

1. a. ihm b. mir c. dich d. sie e. dir f. mich g. mir h. Sie i. ihn

2. a. es b. dich du c. Ihnen d. Sie e. dir f. Ihnen g. dich h. ihn

3. a. dir dir b. Sie mich c. ihm d. ihn e. du mich f. ihnen g. dir h. ihr

4. a. ihn b. er c. ihnen d. Sie e. sie f. es g. es ihm h. sie i. ihn

5. a. der b. den c. den d. die e. die f. die g. dem h. die i. das

6. a. einer b. ein c. einem einen d. eine e. eine f. einem g. ein

7. a. seiner b. meiner c. meine d. unseren e. ihrem f. Ihre g. seinen h. deinen

8. a.7. b.8. c.6. d.5. e.4. f.3. g.1. h.2.

9. a. an b. an c. auf d. für e. über f. von g. über

10. b. ihn c. einer Party d. den Erfolg e. mein Geschenk f. meinen Hausaufgaben g. seinen Sommerurlaub h. den Hund

11. a. an den Titel des Buches b. nach seiner Adresse c. über dieses Thema d. auf ihre Nachricht e. von einer Karriere als Schauspielerin f. auf meine E-Mail g. für deine Hilfe h. über das Problem

3. LOS NOMBRES

1. der: c., d., g., h., p., q. s., w. die: a., e., f., i., l., m., u., v., x. das: b., j., n., r.

2. b. Mutter c. Architektin d. Königin f. Schwiegermutter g. Tante h. Philosophin i. Fußballspielerin j. Deutschlehrerin l. Freundin m. Präsidentin n. Hausfrau o. Nichte p. Kellnerin

3. b. der Schachspieler c. die Computertastatur d. das Türschloss e. die Zahnärztin f. die Wohnzimmerlampe g. das Mittagessen

4. –n: c., k., l. r. –en: j., n. –s: d., g., h., o., p. sin terminación: b., f., q.

5. a. Das Kind hat 39 Grad Fieber. b. Viele Leute verstehen das nicht. c. Das kostet 200 Euro. d. Wir brauchen zwei Kilo Tomaten. e. Ich habe zwei Stück Torte gegessen. f. Meine Eltern sind in Italien. g. Ich habe zwei Geschwister. Sie heißen Monika und Thomas.

6. a. Restaurants b. Hauses c. Maus d. Detektivs e. Wagens f. Busses g. Frau

7. a. Affen b. Mann c. Studenten d. Neffen e. Nachbar f. Junge g. Katalanen h. Polizisten i. Elefanten

4. LOS DETERMINANTES Y LOS PRONOMBRES

1. b. das c. den d. die e. den f. die g. die h. das die

2. a. den Touristen den Weg c. dem Kind die Hausaufgaben d. dem Chef das Büro e. der Kundin die Waschmaschine f. den Gästen die Karte g. dem Opa den Mantel

3. b. die der c. den des d. die der e. das der f. die des g. die der

4. b. eine Taschenlampe c. einen Schirm d. ein Buch e. eine Prüfung f. ein Architekturbüro g. einen Computer

5. b. einen c. ein d. einer e. - f. eine g. - h. einem i. eine j. –

6. b. einer Schauspielerin c. eines Schriftstellers d. eines Konzepts e. eines Kindes f. eines Filmes g. einer Hausfrau

7. a. - b. - - c. Der d. - e. - f. Der g. Das h. - i. - - j. den

8. a. einen b. - c. eine d. - e. ein f. einen g. –

9. a. keine b. kein c. keine d. kein e. keine f. keinen g. keine h. kein i. keinen

10. a. nicht b. keine c. nicht d. nicht e. kein f. keinen g. kein h. nicht

11. a. welche b. eins c. keiner d. keins e. einem f. welches g. keine h. welchen

12. a. Man hört nichts. b. Wie kommt man zum Bahnhof? c. In Österreich isst man sehr gut. d. Man hat dich schlecht informiert. e. Man kann ihm nichts sagen. f. Hier spricht man Deutsch.

13. a. niemand b. jemand(en) c. jemand d. niemand(en) e. niemand

14. nominativo: du sie es wir sie Sie

acusativo: mich dich ihn es euch sie

dativo: mir dir ihm ihr uns ihnen Ihnen

15. a. ihn b. sie c. sie d. sie e. sie f. es g. ihn h. ihn i. sie j. ihn

16. a. ihr b. ihm c. ihnen d. ihr e. ihnen f. ihm g. uns h. ihnen

17. a. Er liebt sie. b. Er gibt ihr einen Kuss. c. Bring es bitte in die Bibliothek. d. Sie hat ihn auf der Straße gefunden. e. Kommst du mit ihm? f. Es heißt Elsa. g. Hast du sie gesehen? h. Sie wohnen nicht in Barcelona. i. Suchst du sie? j. Sie hat ihm ein Buch geschenkt. k. Sie sind gesund. l. Ich habe ihnen nichts geschenkt. m. Er ist von IDEA.

18. a. sie b. du ihn c. Sie d. Ich sie e. es f. Er g. euch h. euch i. ihnen

19. a. Woher sind/kommen Sie? b. Woher sind/kommen Sie? c. Wir gehen ins Kino. d. Wir gehen ins Theater. e. Ich habe ihm ein Buch geschenkt. f. Ich habe ihr eine Rose geschenkt. g. Seid/Kommt ihr aus Barcelona? h. Und woher seid/kommt ihr?

20. a. ¿Dónde está (ella)? b. ¿Dónde están (ellos, ellas)? c. ¿Dónde está (usted)? / ¿Dónde están (ustedes)? d. Le/Les/Lo/Los conozco. e. La/Las/Les/Los conozco. f. Usted es muy elegante. / Ustedes son muy elegantes. / Ellos/Ellas son muy elegantes.

21. b. Ihr mein c. Ihre meine d. Ihr mein e. Ihre meine f. Sein mein g. meine h. Seine meine i. Seine j. Ihr k. meine l. Ihre meine m. Ihre meine

22. b. eure c. sein e. ihre f. unser g. eure h. ihr i. euer j. dein k. ihre m. seine n. deine o. ihr

23. b. seine c. sein d. ihre e. ihr f. ihr g. sein h. sein i. ihr

24. a. ihre b. Ihr c. ihre d. ihr e. ihre f. seine g. seinen

25. a. ihrem b. seinem c. Ihre d. seinem e. ihren

26. a. meinen b. meine c. meine d. meine e. meine f. meinen

27. a. meinen b. Meiner c. meinem d. Meinem e. meinen f. Meiner

28. b. meinen Eltern c. meinen Kindern d. meinem Schwager e. meiner Schwiegermutter f. meiner Frau

29. a. meiner b. dein(e)s/Ihres c. unserer d. ihre e. sein(e)s f. ihres g. meine

30. a. Die b. Den c. Die/Das d. denen e. Dem f. Das g. der

31. a. Diese b. diesem c. dieser d. diesen e. dieser f. diesen g. dieses h. Dieses

32. a. denselben b. derselben c. denselben d. dasselbe e. denselben f. dieselbe g. derselbe h. dieselben

33. a. Das kann jeder sagen. b. Paul fährt jeden Tag mit dem Fahrrad in die Universität. c. Jeder Laptop kostet 500 Euro. d. Ich möchte mit den Eltern jedes Schülers sprechen. e. Sie haben jeder eine Blume geschenkt. f. Jeder von euch muss 20 Euro bezahlen.

34. a. Alles ist fertig. b. Anna ist am intelligentesten von allen. c. Ich habe mit allen Schülern gesprochen. d. Alle Gäste kommen aus Deutschland. e. Funktionieren alle

Computer? f. Sie vergisst immer alles.

35. a. Einige b. Manche c. einige d. manchen e. einige f. Manche g. einigen h. einige

36. a. viel wenig b. etwas/viel c. ein paar/wenige d. nichts/wenig e. viele ein paar f. ein paar/viele g. etwas

37. a. Was für b. Was für einen c. Wie viele d. welchem e. Welchen f. Was für g. Wie viel h. Wie viel

38. a. welchem b. Was für eins c. Was für welche d. Welche e. Wie viel f. Wie viele

39. a.3. b.5. c.4. d.2. e.6. f.1.

40. a. der b. die c. die d. der e. die f. die

41. b. ..., der mit einer Italienerin verheiratet ist. c. ..., der früher viele Reisen gemacht hat. d. ..., der jetzt eine Weltreise machen möchte. e. ..., die gut Spaghetti kocht. f. ..., die oft in Italien gewesen ist. g. ..., die Italienisch gelernt hat. h. ..., die am liebsten in Italien leben würde.

42. a. die b. die c. das d. den e. die f. die g. den

43. b. Das ist der Film, den wir sehen möchten. c. Das ist die Torte, die Anna gebacken hat. d. Das ist der neue Computer, den ich gestern gekauft habe. e. Das ist die Katze, die er auf der Straße gefunden hat. f. Das ist das elegante Kleid, das Marta im Internet bestellt hat. g. Das sind die Fotos, die Oliver gemacht hat.

44. a. der b. dem c. dem d. dem e. dem f. denen

45. a. die b. das c. die d. dem e. den f. die g. der h. der i. die j. das

46. a.3. b.5. c.1. d.6. e.4. f.2.

47. a. dem b. das c. der d. das e. dem f. den g. den h. den

48. b. ..., von dem ich dir gestern erzählt habe. c. ..., dem wir schon oft geholfen haben. d. ..., den ich gut kenne. e. ..., an den ich mich gern erinnere. f. ..., der klassische Musik gefällt. g. ..., mit der ich manchmal ins Kino gehe. h. ..., für die Klaus sich interessiert/..., für die sich Klaus interessiert. i. ..., die aus Italien kommt. j. ..., die ich liebe.

49. a. es b. - c. es d. Es e. - f. es g. es h. es es i. - j. es k. Es l. -

5. LOS ADJETIVOS

1. a. kleine b. schlecht c. netten d. eleganter unmodern e. gut f. sympathisch g. italienische h. nett i. deutsche interessant

2. a. heißen b. neue c. Russischer d. kleine e. deutsches f. kalte g. Frisches h. süße

3. b. deutsches deutsches c. italienische italienische d. katalanischer katalanischen e. holländisches holländisches f. englische englische g. spanische spanische h. französischer französischen

4. a. Junge seriöse interessantem b. Deutsche schönes großer c. Ruhige billiges kleinem d. Spanischer neuen innovativen e. Italienisches deutsche interessantem f. Sportliche netten tollen g. Amerikanische spanische großem h. Junges liebe großer

5. a. italienische b. spanischen c. reife d. frisches e. einige holländische

6. a. Thomas ist groß. b. Der große Junge heißt Thomas. c. Sie ist krank. d. Das kranke Mädchen bleibt zu Hause. e. Er sieht sehr alt aus. f. Der alte Mann ist mein Großvater. g. Das Handy ist neu. h. Das neue Handy ist schon kaputt. i. Sie ist blond. j. Wer ist die blonde Frau? k. Seid ihr müde? l. Die müden Schüler schlafen.

7. b. alten c. deutsche d. grüne e. neue f. italienische g. roten

8. a. neue b. italienischen c. deutschen d. englische e. interessante f. nette g. frischen h. grüne

9. a. A: grüne roten B: grüne rote b. A: roten weißen B: roten weißen c. A: braunen schwarzen B: braune schwarze d. A: gelbe blauen B: gelbe blaue

10. a. interessante b. amerikanischen c. blaue d. neue e. alten f. kleinen g. neuen

11. b. gemischten c. biologische d. leckeres e. schönes f. billige g. deutscher

12. b. altmodischen c. alte d. schönes e. neuen f. billige g. tolles h. interessante j. altmodischer k. alte l. schönes m. neuer n. billige o. tolles p. interessante

13. a. neues b. leichten c. schnelles d. große e. eleganten f. moderne g. bequeme h. interessante

14. a. kleinen b. langen c. sportlichen d. alten e. großen f. blauen g. großen h. kurzes i. elegante j. neuen k. kleines l. rote

15. a. elegante b. großen c. neue d. großer e. spannendes f. weißes g. heißes h. großen

16. a. neue neue neuen b. neues neues neuen c. neuen neuen neuen d. neuer neuen neuen

17. b. weiße c. fabelhafte d. schön e. weiße f. verhängnisvolle g. amerikanische h. wunderbar i. toten j. Grüne k. kleine chinesische l. wunderbare m. Echte n. verrückte griechische

18. a. kleine b. frisch c. große d. italienische Italienische e. roter f. spanische spanischen gut g. saure sauren

19. b. ein krankes Kind c. kaputte Computer d. frisches Gemüse e. eine interessante Frau f. katalanischer Sekt g. der amerikanische Freund h. die elegante Frau i. die neuen Filme j. ein netter Mann k. das kleine Kind l. das schnelle Motorrad

20. a. lange b. rote c. grüne d. große e. breiten f. klein g. runden h. kurze i. blaue j. rotes k. gelbe l. grünen m. schmutzigen n. braunen o. kaputt p. alten q. große r. weiße

21. a. interessanten b. interessanten c. interessanten d. interessante e. interessanten f. interessante g. interessante h. interessanten i. interessanten j. interessanten k. interessanten l. interessante m. interessanten n. interessantes o. interessanten p. interessanten q. interessanten r. interessant

22. a. rentables b. teu(e)re c. saub(e)res d. akzeptable e. sau(e)re f. flexiblen g. dunklen

23. a. ärmer b. besser c. langsamer d. sensibler e. schneller f. saub(e)rer g. schlechter h. reicher i. wärmer j. interessanter

24. a. schneller b. teurer c. sympathischer d. höher e. besser f. größer g. schöner

25. a. wie b. als c. als d. wie e. wie f. als g. als h. wie

26. b. interessantere Bücher c. einen besseren Computer d. ein schöneres Sofa e. ein schnelleres Fahrrad f. einen größeren Koffer g. einen eleganteren Wagen h. bequemere Schuhe i. eine billigere Wohnung

27. a. kleineres b. besserer c. teurere d. stärkeren e. interessantere f. kleinere g. ruhigeres h. besseren

28. b. am besten c. am größten d. am heißesten e. am intelligentesten f. am kältesten g. am teuersten

29. b. am interessantesten c. am schwersten d. am nettesten e. am besten f. am billigsten g. am kürzesten

30. b. höchsten c. billigsten d. längste e. kürzeste schnellste f. netteste g. größten h. ältesten

31. a. Michael ist der älteste meiner Söhne. b. Ich habe das billigste Notebook gekauft. c. Anna ist die jüngste Studentin. d. Sie sind auf den höchsten Berg gestiegen. e. Die teuersten Handys sind nicht immer die besten.

32. a. Die ältere b. Der älteste c. die nettere d. Das interessantere e. das billigere

33. a. jünger am jüngsten b. frischer am frischesten c. hübsch am hübschesten d. dunkel dunkler e. saurer am sauersten f. höher am höchsten g. sympathisch am sympathischsten h. leichter am leichtesten i. interessant am interessantesten j. groß größer

34. a. schnell schneller schnellsten b. teuer teurer teuersten c. langsam langsamer langsamsten d. alt älter ältesten e. groß größer größten f. hoch höher höchsten

35. a. schnellste b. teuerste c. langsamste d. ältester e. größte f. höchste

36. b. die Arbeitslose eine Arbeitslose c. der Bekannte ein Bekannter d. die Deutsche eine Deutsche e. der Freiwillige ein Freiwilliger f. die Fremde eine Fremde

37. a. Verwandten b. Reichen Schönen c. Freiwilligen d. Angestellter e. Arbeitslose

38. a. für b. mit c. von d. für e. gegen f. mit g. mit h. für

39. a. mir b. die c. deinen d. dem e. Mir

40. a. Harald ist fast zwei Meter groß. b. Der Turm ist 100 Meter hoch. c. Der Tisch ist einen Meter breit. d. Das Bett ist zwei Meter lang. e. Die Mauer ist einen Meter dick. f. Helmut ist 95 kg schwer. g. Mein Sohn ist schon einen Monat alt. h. Der See war fünf Meter tief.

6. LOS NUMERALES

1. b. 12 c. 16 d. 0 e. 11 f. 30 g. 17

2. b. 76 21 14 c. 20 50 77 d. 55 15 34 e. 81 98 18 f. 42 24 70 g. 96 19 90

3. b. 620 c. 202 d. 3.450 e. 1.319 f. 523.470 g. 2.398.746

4. b. fünfundfünfzig (35 + 20 = 55) c. fünfundzwanzig (18 + 7 = 25) d. einunddreißig (55 – 24 = 31) e. dreiundneunzig (82 + 11 = 93) f. fünfzig (62 – 12 = 50) g. achtzehn (36 – 18 = 18)

5. b. siebenundsechzig c. sechsundsiebzig d. einundvierzig e. sechzehn f. dreißig g. siebzehn

6. b. siebenhundertzwanzig Euro c. zweihundertsechzehn Euro d. viertausendfünfhundertsechsundsiebzig Euro e. siebentausendsiebenhundertsiebzig Euro f. sechsundzwanzigtausendsechshundertsechzehn Euro. g. sechshundertsiebzigtausendzweihundertelf Euro.

7. b. 625,- € c. 57,- € d. 21,98 € e. 45,80 € g. 28,90 €

8. b. fünfundneunzig Cent c. einen Euro fünfundfünfzig d. zwei Euro zehn e. einen Euro dreißig g. drei Euro fünfundneunzig

9. a. Viertel vor fünf b. sechs nach sieben c. halb acht d. Viertel nach zwölf e. sechs vor sieben f. neunzehn nach sieben g. sieben nach halb zwei

10. b. 5.15 Uhr / 17.15 Uhr c. 8.00 Uhr / 20.00 Uhr d. 12.24 Uhr / 0.24 Uhr e. 7.13 Uhr / 19.13 Uhr f. 8.40 Uhr / 20.40 Uhr g. 11.30 Uhr / 23.30 Uhr h. 3.45 Uhr / 15.45 Uhr i. 1.32 Uhr / 13.32 Uhr

11. b. Es ist Viertel vor zwölf. c. Es ist ein Uhr. / Es ist eins. d. Es ist Viertel nach acht. e. Es ist halb drei. f. Es ist fünf nach halb acht. g. Es ist sieben nach acht. h. Es ist fünf vor halb vier. i. Es ist fünf (Uhr).

12. b. Es ist halb zwei. c. Es ist zehn vor zehn. d. Es ist neun (Uhr). e. Es ist Viertel nach vier. f. Es ist fünf vor halb sechs. g. Es ist acht nach halb acht. h. Es ist ein Uhr. / Es ist eins. i. Es ist Viertel vor elf.

13. b. Der Zug fährt um drei Uhr dreißig ab. c. Der Zug fährt um dreiundzwanzig Uhr neunundzwanzig ab. d. Der Zug fährt um neunzehn Uhr fünfundvierzig ab. e. Der Zug fährt um vierundzwanzig Uhr ab. f. Der Zug fährt um sechs Uhr vierzig ab. g. Der Zug fährt um fünfzehn Uhr fünfundfünfzig ab. h. Der Zug fährt um zweiundzwanzig Uhr fünfzehn ab. i. Der Zug fährt um dreizehn Uhr zwanzig ab.

14. b. 1564 fünfzehnhundertvierundsechzig c. 1910 neunzehnhundertzehn d. 742 siebenhundertzweiundvierzig e. 1136 elfhundertsechsunddreißig f. 1749 siebzehnhundertneunundvierzig g. 1879 achtzehnhundertneunundsiebzig h. 1926 neunzehnhundertsechsundzwanzig

15. b. Heute ist der erste neunte. c. Heute ist der dreizehnte achte. d. Heute ist der dritte fünfte. e. Heute ist der einunddreißigste erste. f. Heute ist der einundzwanzigste zweite. g. Heute ist der achtundzwanzigste siebte. h. Heute ist der fünfzehnte fünfte. i. Heute ist der achte zehnte.

16. b. Heute ist der zweiundzwanzigste Mai. / Heute ist der 22.5. c. Heute ist der siebte September. / Heute ist der 7.9. d. Heute ist der erste Januar. / Heute ist der 1.1. e. Heute ist der fünfzehnte Februar. / Heute ist der 15.2. f. Heute ist der dreißigste August. / Heute ist der 30.8. g. Heute ist der achtzehnte November. / Heute ist der 18.11. h. Heute ist der dritte Dezember. / Heute ist der 3.12. i. Heute ist der sechzehnte April. / Heute ist der 16.4.

17. b. Am 11.7.2010 Am elften siebten zweitausendzehn c. Am 20.7.1969 Am zwanzigsten siebten neunzehnhundertneunundsechzig d. Am 20.1.2009 Am zwanzigsten ersten zweitausendneun e. Am 27.1.1756 Am siebenundzwanzigsten ersten siebzehnhundertsechsundfünfzig f. Am 1.1.2001 Am ersten ersten zweitausendeins

18. b. 17.10.2006 / siebzehnter zehnter zweitausendsechs c. 7.4.1876 / siebter vierter achtzehnhundertsechsundsiebzig d. 23.1.2010 / dreiundzwanzigster erster zweitausendzehn e. 9.8.1555 / neunter achter fünfzehnhundertfünfundfünfzig f. 27.12.2001 / siebenundzwanzigster zwölfter zweitausendeins

7. LOS ADVERBIOS

1. b. Nein c. Nein d. Ja e. Doch f. Ja g. Doch h. Nein i. Doch

2. b. Nein, sie leben nicht in Hamburg. c. Nein, sie heißt nicht Berta. d. Nein, ich helfe ihm nicht. e. Nein, ich bin nicht in Facebook. f. Nein, ich bringe das Paket nicht zur Post g. Nein, das ist nicht meine Tasche. h. Nein, wir fahren nicht an den Strand. i. Nein, ich telefoniere nicht. j. Nein, der Wagen fährt nicht schnell. k. Nein, ich bezahle die Rechnung nicht.

3. b. Sie interessiert sich nicht für Sport. c. Ich weiß es nicht. d. Freust du dich nicht? e. Ich lade ihn vielleicht nicht ein. f. Hier kann man nicht schwimmen. g. Ich erinnere mich nicht. h. Sie frühstückt morgens nicht. i. Das funktioniert natürlich nicht. j. Ich warte nicht auf dich. k. Hast du es nicht gesehen?

4. b. Ich liebe dich nicht. c. Ich kaufe nicht die Jacke. Ich kaufe den Mantel. d. Warum hilfst du mir nicht? e. Ich arbeite nicht zu Hause, sondern in der Bibliothek. f. Sie liebt nicht dich, sondern deinen Bruder. g. Wir kommen nicht morgen, sondern am Dienstag. h. Marta hilft nicht David, sondern Michael. i. Ich habe den Mantel nicht gekauft.

5. a. Hoffentlich haben wir genug Geld. b. Endlich haben sie etwas gesagt. c. Das ist wirklich ein Problem. d. Vielleicht sehen wir uns bald. e. Leider kann ich dir nicht helfen. f. Natürlich können wir auch mit dem Auto fahren.

6. b. Wann c. Wie oft d. Wann e. Wann f. Wie lange

7. a. Ich bin gerade aufgestanden. b. Stefan bereitet gerade das Abendessen vor. c. Er ist gerade angekommen. d. Ich bin gerade nicht zu Hause. e. Nein, er ist gerade (weg) gegangen. f. Ich telefoniere gerade.

8. b. Woher c. Wo d. Wohin e. Woher f. Wo

9. a. hier b. dahin c. hierher d. da e. dahin f. hier

10. a.4. b.5. c.1. d.3. e.2.

11. a. Trotzdem b. Sonst c. Also d. Deshalb e. Dann

12. a. Trotzdem b. Deshalb c. Dann d. Also e. Sonst

13. b. Ich tanze gern. c. Ich gehe gern ins Theater. d. Ich spiele gern Fußball. e. Ich fahre gern Fahrrad. f. Ich kaufe gern ein. / Ich gehe gern einkaufen. g. Ich sehe gern Filme.

14. a. Mein Vater kocht gern. b. Meine Mutter liest lieber. c. Meine Schwester hört lieber Musik. d. Mein Bruder sieht am liebsten fern. e. Mein Opa bleibt gern zu Hause. f. Meine Oma geht lieber ins Kino. g. Ich reise am liebsten.

15. a. Ich habe viel gelernt. b. Ich liebe dich sehr. c. Hast du viel gegessen? d. Das tut mir sehr leid. e. Das gefällt mir sehr. f. Er arbeitet immer zu viel.

16. a. Ich arbeite erst fünf Tage hier. b. Ana hat nur zwei Monate als Sekretärin gearbeitet. c. Ich habe es nur einmal versucht. d. Astrid ist erst fünf Jahre alt. e. Ich wohne/lebe erst ein Jahr in Berlin. f. Ich habe nur ein Jahr in Berlin gelebt.

17. a. A: schon B: erst b. A: noch B: nur c. A: schon B: schon A: erst d. A: noch schon B: noch nur

8. LOS CONECTORES DE ORACIONES: ADVERBIOS Y CONJUNCIONES

1. a. sondern b. sonst c. sonst d. sondern e. sondern f. sonst

2. a.2. b.8. c.5. d.4. e.6. f.1. g.3. h.7.

3. a. weil b. trotzdem c. so dass d. da e. deswegen

4. a. denn b. obwohl c. sondern d. trotzdem e. deshalb f. weil

5. b. Ich kann leider nicht mitkommen, weil ich heute Abend Besuch habe. c. Kirsten trinkt gern Mojito, weil sie Minze liebt. d. Marc lernt Deutsch, denn er möchte in Deutschland arbeiten. e. Christina macht Urlaub in der Schweiz, weil sie die Berge mag. f. Er hat das Telefon nicht gehört, denn er hat geschlafen.

6. b. Er hatte keine Zeit, deshalb ist er nicht ins Kino gegangen/er ist deshalb nicht ins Kino gegangen. c. Sie ist zu spät gekommen, weil sie den Wecker nicht gehört hat. d. Ich muss sparen, denn ich möchte im Sommer nach Argentinien fahren. e. Er geht oft zu Fuß, obwohl er ein Auto hat. f. Ich rufe dich an, oder ich schicke dir eine SMS.

7. a. weil b. deshalb c. denn d. obwohl e. trotzdem f. aber

8. a. weil b. obwohl c. sonst d. deshalb e. wenn f. aber g. oder

9. a. Wenn b. wann c. Als d. als e. Wenn f. wann

10. a. nach b. bevor c. danach d. vorher e. nachdem f. vor

11. b. Bevor sie schlafen ging, räumte sie die Küche auf. c. Nachdem sie gegessen hatten, tranken sie einen Kaffee. d. Bevor ich in den Supermarkt gehe, muss ich eine Einkaufsliste machen. e. Nachdem sie das Abitur gemacht hatte, arbeitete sie ein Jahr als Au-Pair-Mädchen.

12. a. Während b. Inzwischen c. Während d. während e. inzwischen

13. b. Obwohl es sehr stark geregnet hat, haben wir einen langen Spaziergang gemacht.
c. Er hilft mir nicht, also muss ich alles allein machen/ich muss also alles allein machen.
e. Ich konnte dich nicht anrufen, denn ich hatte mein Handy zu Hause vergessen. e. Sie wohnt auf dem Land, darum muss sie jeden Morgen mit dem Zug zur Arbeit fahren/sie muss darum jeden Morgen mit dem Zug zur Arbeit fahren.

14. a.2. b.1. c.4. d.1. e.2. f.3. g.4.

9. LAS PREPOSICIONES

1. a. auf b. An c. in d. auf e. in f. in g. auf h. in

2. a. A: auf den B: auf dem b. A: ins B: im c. A: an die B: an der d. A: in den B: im e. A: ins B: im a.

3. Im Sommer fahren wir in die Schweiz. b. Fahren wir an den Strand? c. Die Uhr hängt an der Wand. d. Heute gehe ich ins Kino. e. Meine Schwester arbeitet in Deutschland.
f. Wir wohnen in einem alten Haus. g. Setz dich auf den Stuhl!
h. Heute essen wir auf der Terrasse.

4. b. an c. zwischen d. neben e. über f. hinter g. In h. vor

5. a.6. b.3. c.4. d.5. e.7. f.1. g.2

6. a. ans b. an der c. im d. dem e. der f. in den g. den h. den

7. a. den dem b. das dem c. die den d. die der

8. a. dem b. ans c. die d. den e. der

9. a. ins b. neben die c. auf der d. im e. in den

10. a. deine b. dem c. die d. meinem e. einen f. den

11. a. vor der b. hinter dem c. neben/(hinter, vor) d. unter den/zwischen den e. Über dem f. unter der g. an der h. im i. auf dem

12. a. Bist du zu Hause? b. Ich fahre mit der U-Bahn nach Hause. c. Heute essen wir bei meinen Großeltern. d. Wohnst/Lebst du (immer) noch bei deinen Eltern? e. Gehst du zu Ana? f. Ich habe ein Haus am Strand. g. Gestern war ich bei Ana. h. Mein Haus ist groß.

13. a. nach b. nach c. zum d. zu e. nach f. zum g. zum

14. a. aus b. vom c. aus dem d. vom e. vom f. aus

15. a. Bist du zum Zahnarzt gegangen? b. Gestern bin ich zum Frisör gegangen. c. Gestern waren wir bei meiner Schwester (sie ist im Krankenhaus). d. Ich gehe zu Jörg. e. Ich muss die Katze zum Tierarzt bringen. f. Gehst du zum Rathaus? g. Am Wochenende fahren/fliegen wir nach Berlin. h. Du musst zum Arzt gehen. i. Gestern war ich beim Arzt.

16. 1. a. nach b. in die c. in die d. nach e. an den f. ans g. in den h. nach
2. a. in b. in der c. in den d. in e. am f. am g. im h. in

17. 1. a. auf den b. zu c. an den d. auf den e. nach f. zum
2. a. auf dem b. bei c. am d. auf dem e. zu f. beim

18. a. einer b. des c. einem d. dem e. eine f. einem g. der h. einen i. das

19. a. Am b. Am c. Im d. am e. im

20. a. vor b. seit c. vor d. vor e. vor f. seit

21. a. im b. am c. in der d. um e. am f. am g. um h. im i. in der j. im k. um l. am m. am n. in

22. a. Im b. Im c. Am d. Um e. Zu f. Am g. Vor h. Am i. Seit

23. a. um b. nach c. um d. von bis e. Ab f. vor

24. a. Um b. Vor c. Um d. Von e. bis f. in g. Am h. in i. Während j. mit k. Nach l. um m. nach n. Am o. zu p. im q. in

25. a. Bis b. Im c. Am d. Von bis e. Am

26. a. Am b. Während c. seit d. Ab e. In

27. a. zwischen b. Zu c. vor d. vor e. Nach

28. a. Meine Tante Maria kommt im Winter. b. Oskar kommt am Sonntag an. c. Mein Geburtstag ist am ersten Januar. d. Der Film beginnt um acht. e. Im Oktober kommt Anna aus Berlin. f. Ich rufe dich am Nachmittag/am Abend an.

29. a. einen b. der c. einer d. meiner e. dem

30. a. der b. nächsten c. dem d. dem e. einer

31. a. Willst du mit mir sprechen? b. Morgen bin ich bei meiner Oma. c. Anna ist beim Chef. d. Warum bleibst du nicht bei deinen Eltern? e. Ich würde gern mit Martha sprechen. f. Mit wem gehst du zur Ausstellung?

32. a. dem b. meinen c. deiner d. einer e. seinen f. den g. einem

33. a. einem b. ihrem c. einen d. einer e. einen f. einer

34. a. in b. auf c. nach d. seit e. nach f. zu g. Um

35. a. beim b. in c. mit d. in e. bei f. an g. am

10. LOS ELEMENTOS INTERROGATIVOS

1. b. Was ist das? c. Wer hat das Fenster kaputt gemacht? d. Was ist gesund? e. Wer ist das? f. Was steht an der Tür? g. Was ist das? h. Wer hat geheiratet? i. Wer ist das?

2. b. Wen c. Wen d. Was e. Wer f. Wem g. Wer h. Wer i. Wen j. Wem k. Wer l. Wem m. Was

3. a. Wer ist das? b. Wen hast du angerufen? c. Wer ist das? d. Wer ist das? e. Wem hast du das Buch gegeben? f. Wer kann nicht kommen?

4. b. Wen sucht Marta? c. Wem schenkt sie eine CD? d. Wen ruft Robert an? e. Wem kauft sie ein Eis? f. Was zeigt er seinen Freunden? g. Wem zeigt er die Stadt? h. Was kauft Anna?

5. b. Für wen habt ihr/haben wir das gekauft? c. Neben wem hast du/haben Sie im Sprachkurs gesessen? d. Auf wen hast du/haben Sie gewartet? e. Über wen hat sie sich geärgert? f. Von wem hast du/haben Sie meine Adresse bekommen? g. Bei wem wohnt sie jetzt?

6. b. Woher c. Wohin d. Woher e. Wo f. Wohin g. Wo h. Woher

7. b. Wann hast du/haben Sie Urlaub? c. Wie viel kostet das Handy? d. Wie spät ist es? e. Wie oft geht er ins Sportstudio? f. Wie lange dauert der Film? g. Wie ist deine/Ihre Adresse?

8. b. Wofür c. Worauf d. An wen e. Worüber f. Wovon g. Auf wen h. Vor wem

11. LAS PARTÍCULAS MODALES

1. a.2. b.1. c.3. d.2 e.3

2. a. doch b. aber c. wohl d. doch e. doch f. denn

3. a. doch b. wohl c. doch/ja d. mal e. mal/vielleicht

4. a. doch b. denn c. denn doch d. aber denn e. vielleicht f. aber doch

12. LA NEGACIÓN

1. b. kein c. nicht d. kein e. nicht f. nicht g. kein h. nicht i. kein j. nicht

2. c. nicht d. kein e. nicht f. kein g. nicht h. keine i. keinen j. nicht

3. a. Max ist nicht krank. b. Möchtest du keinen Kaffee? c. Ich bin/komme nicht aus

Deutschland. d. Ich möchte kein Auto kaufen. e. Marta hat keinen Freund. f. Arbeitest du nicht?

4. a. Hast du das Buch auch nicht gelesen? b. Max kann auch nicht kommen. c. Wir haben auch keine Zeit. d. Mein Mann kann auch nicht kochen. e. Ich mag auch kein Fleisch. f. Ich habe auch kein Auto.

5. a. Ich habe nichts gesehen. b. Hat sie dir nichts gesagt? c. Stefan erzählt mir nie etwas. d. Wir haben auch keinen Plan. e. Ich habe sie nie gesehen. f. Niemand hat uns etwas gesagt. g. Bist du nie in Berlin gewesen?

13. LA ORACIÓN

1. b. In Hamburg hat Anna eine Tante. c. Dieses Buch habe ich nicht gelesen. d. Jetzt wohnt Florian in Rom. e. Am Sonntag hat mein Vater Geburtstag. f. Meinem Freund habe ich einen Schal geschenkt.

2. b. Wo wohnt Anna? c. Wer wohnt in Hamburg? d. Wohnt Anna in Hamburg? e. Woher kommen Sie? f. Können Sie (nicht) gut singen? g. Wann beginnt der Film? h. Haben Sie (keine) Kinder? i. Studieren Sie Informatik?

3. b. Besuchen Sie Sevilla! c. Wo arbeiten Sie jetzt? d. Ich möchte einen Kaffee. e. Michael kommt aus München. f. Wohin fährst du im Sommer? g. Möchtest du jetzt gehen?

4. a. Ich finde sie sehr sympathisch. b. Christina lebt jetzt in der Schweiz. c. Ich denke sehr oft an ihn. d. Ihr seid heute unsere Gäste. e. Mein Chef ist manchmal nicht sehr freundlich. f. Die Schlüssel liegen immer auf dem Küchenschrank. g. Sie wartet nicht gern auf ihn. h. Deine Kollegin ist wirklich nett. i. Ich war gestern beim Frisör.

5. a. Sie ist nach Hause gegangen. b. Der Zug fährt um 12.30 Uhr ab. c. Ich möchte einen Kaffee trinken. d. Er hat nichts gegessen. e. Albert würde gern mitkommen. f. Der neue Flughafen wird bald gebaut.

6. a. man uns b. sie sich c. sie es ihnen d. er dich e. ich es dir

7. a. sie ihm b. es uns c. es seiner Freundin d. ihr eine Geschichte e. dem Mann einen Euro

8. a. Sie haben ihn Anna geschenkt. b. Geben Sie ihm die Dokumente? c. Ich habe es ihr mitgebracht. d. Er hat ihr Blumen gekauft. e. Er hat sie seiner Freundin gekauft. f. Er hat sie ihr gekauft. g. Bringt ihr sie uns mit? h. Er hat sie ihnen verkauft.

9. a. Wir essen am Sonntag im Garten. b. Fahrt ihr am Wochenende an den Strand? c. Wir bleiben wegen des schlechten Wetters zu Hause. d. Sie spielt nachmittags im Park. e. Er geht jetzt wegen seiner Kopfschmerzen zum Arzt. f. Die Mannschaft spielt heute fantastisch. g. Seid ihr gestern in die Disko gegangen?

10. a. Er hat es ihr erklärt. b. Sie wohnen jetzt in Berlin. c. Interessiert er sich für Fußball? d. Herr Großkopf ist jetzt Politiker. e. Sie ist um 7 Uhr aufgestanden. f. Findest du sie nett? g. Wir müssen pünktlich ankommen. h. Ich gehe heute Abend ins Konzert. i. Hat er seiner Frau nichts geschenkt?

11. a. oder b. aber c. oder d. und e. denn f. aber

12. a.2.E. b.1.B. c.3.D. d.5.C. e.4.A.

13. b. Ich habe den Text gelesen, aber ich habe nichts verstanden. c. Heute arbeite ich, aber morgen spiele ich Tennis./Heute spiele ich Tennis, aber morgen arbeite ich. d. Wir gehen nach Hause, denn es ist schon spät. e. Er isst eine Bratwurst, und er trinkt ein Bier. f. Spielen wir Schach, oder sehen wir einen Film?

14. a. und b. denn/aber c. aber d. oder e. entweder f. sondern

15. b. Er kommt allein oder mit seiner Freundin. c. Ich kann dich nicht anrufen, denn mein Telefon funktioniert nicht. d. Sie möchten an den Strand gehen, aber das Wetter ist nicht gut. e. Am Wochenende bleibt sie nicht zu Hause, sondern geht aus. f. Ich bin einkaufen gegangen und habe eine Jacke gekauft. g. Im Urlaub fahren wir nicht nach Schweden, sondern nach Dänemark.

16. b. Wir schenken ihr entweder einen Laptop oder ein Tablet. Entweder schenken wir ihr einen Laptop oder ein Tablet. c. Er kommt entweder morgen oder übermorgen. Entweder kommt er morgen oder übermorgen. d. Ich nehme entweder ein Taxi oder gehe zu Fuß. Entweder nehme ich ein Taxi oder gehe zu Fuß. e. Wir fahren im Urlaub entweder in die USA oder nach Mexiko. Entweder fahren wir im Urlaub in die USA oder nach Mexiko.

17. b. Ich habe gesehen, er ist gerade weggegangen. c. Anna schreibt, sie will uns im Sommer besuchen. d. Er hat mir erzählt, er möchte in Deutschland arbeiten. e. Wir hoffen, es geht euch gut. f. Glaubst du, du kannst das allein schaffen?

18. b. Nein, ich glaube nicht, dass Barça die Liga gewinnt. c. Nein, ich glaube nicht, dass Frau Kreuz eine geniale Schauspielerin ist. d. Nein, ich glaube nicht, dass es Ufos gibt. e. Nein, ich glaube nicht, dass die Wikinger Amerika entdeckt haben. f. Nein, ich glaube nicht, dass morgen die Sonne scheint./Nein, ich glaube nicht, dass die Sonne morgen scheint.

19. b. Ich glaube, dass ich es nicht richtig verstanden habe. c. Er hat mir erzählt, dass er Informatik studieren will. d. Ich hoffe, dass ihr das Spiel gewinnt! e. Meinst du, dass sie mit deinem Plan einverstanden ist? f. Ich bin sicher, dass übermorgen wieder die Sonne scheint.

20. b. Weil ich den Film schon kenne. c. Weil ich zu müde bin. d. Weil ich keine Zeit habe. e. Weil ich Vegetarier bin. f. Weil ich nicht gern koche.

21. b. ..., weil der Bus nicht gekommen ist. c. ..., weil Anton Geburtstag hat. d. ..., weil es sehr kalt ist. e. ..., weil er kein Auto hat. f. ..., weil der FC Bayern gewonnen hat.

22. b. Er kann keine Reise machen, weil er kein Geld hat. Weil er kein Geld hat, kann er keine Reise machen. c. Ihr versteht nichts, weil ihr nicht zuhört. Weil ihr nicht zuhört, versteht ihr nichts. d. Ich habe dich nicht angerufen, weil ich mein Handy vergessen habe. Weil ich mein Handy vergessen habe, habe ich dich nicht angerufen. e. Sie ist glücklich, weil sie die Prüfung bestanden hat. Weil sie die Prüfung bestanden hat, ist sie glücklich. f. Er kann nicht mitspielen, weil sein Bein weh tut. Weil sein Bein weh tut, kann er nicht mitspielen.

23. b. Wenn er den Job bekommt, macht er im Sommer eine Reise. c. Wenn du ihn nicht anrufst, ärgert er sich. d. Wenn du keinen Mantel anziehst, erkältest du dich. e. Wenn ich sie sehe, frage ich sie. f. Wenn du ihr nicht zuhörst, verstehst du sie nicht.

24. b. Als Katia vier Jahre alt war, hat sie Englisch gelernt. c. Als er zwei Jahre alt war, konnte er schon sprechen. d. Als er 17 Jahre alt war, hat er das Abitur gemacht. e. Als sie 40 Jahre alt war, ist sie nach Amerika emigriert. f. Als ich 18 Jahre alt war, habe ich den Führerschein gemacht.

25. a. wenn b. Als c. Wenn d. als e. Als wenn f. Als

26. a.4. b.6. c.5. d.7. e.3. f.2. g.1.

27. a. Bevor b. Seit c. Bevor d. bevor e. Seit

28. b. Seit er in Athen arbeitet, interessiert er sich sehr für Archäologie. c. Bis die Ferien anfangen, muss ich noch viel arbeiten. d. Seit sie geheiratet hat, wohnt sie in Amerika. e. Bis der Zug abfährt, haben wir noch eine halbe Stunde Zeit. f. Seit der Frühling begonnen hat, ist es viel wärmer geworden.

29. a. Während b. Nachdem c. Bevor d. Bevor e. Nachdem f. Während g. Bevor

30. b. Er spricht mit dem Chef, um eine Gehaltserhöhung zu bekommen. c. Hermann isst weniger, um schlanker zu werden. d. Ich lerne Deutsch, um in Deutschland zu studieren. e. Anna isst viel Obst, um gesund zu bleiben. f. Sie ist nach Frankfurt gefahren, um ihre Tante zu besuchen.

31. b. Ich hole dich ab, damit du kein Taxi nehmen musst. c. Sie hat Geld gespart, um im Sommer eine Reise machen zu können. d. Ich beeile mich, damit wir zusammen ins Kino gehen können. e. Sie spielt Tennis, um in Form zu bleiben. f. Ich fahre mit dem Auto, um Zeit zu sparen. g. Wir bringen Oma zum Bahnhof, damit sie den Koffer nicht allein tragen muss.

32. a. Ich gebe dir meine Telefonnummer, damit du mich anrufen kannst. b. Ich brauche eine Brille, um den Brief zu lesen. c. Ich lasse dich allein, damit du arbeiten kannst. d. ..., damit du ihn nicht vergisst. e. Was brauchen wir, um eine Paella zu machen?

33. b. Obwohl er wenig Geld hat, lädt er uns oft ein. c. Obwohl es regnet, gehen wir spazieren. d. Obwohl ich sehr müde war, konnte ich nicht schlafen. e. Obwohl wir früh aufgestanden sind, sind wir zu spät gekommen. f. Obwohl sie einen besseren Job als früher hat, ist sie nicht zufrieden.

34. b. Ich weiß nicht, ob der Zug pünktlich kommt. c. Ich weiß nicht, ob man lange warten muss. d. Ich weiß nicht, ob Anna auch mitkommen möchte. e. Ich weiß nicht, ob der Hund beißt. f. Ich weiß nicht, ob der Film interessant ist.

35. a. ob b. dass c. dass d. ob e. dass f. ob

36. b. Ich weiß nicht, wann Ostern ist. c. Ich weiß nicht, ob Finnisch eine schwere Sprache ist. d. Ich weiß nicht, welcher Film die Berlinale gewonnen hat. e. Ich weiß nicht, ob es Leben auf dem Mars gibt. f. Ich weiß nicht, ob Bertolt Brecht Österreicher war. g. Ich weiß nicht, ob Frau Flasche ein fantastisches Buch geschrieben hat. h. Ich weiß nicht, wie man Kartoffelsalat macht.

37. b. Marta fragt Berta, ob ihr die Musik von Shakira gefällt. c. Ich möchte wissen, ob Leonhard auch zum Abendessen kommt. d. Ich bin nicht sicher, wie man das schreibt. e. Er weiß nicht, ob man hier parken darf. f. Sie fragt, wie viel das kostet.

38. a. Anna hat mir nicht gesagt, ob sie einverstanden ist. b. Wenn du willst, können wir zusammen gehen. c. Ich weiß nicht, ob sie heute kommen. d. Weißt du, ob der Zug schon angekommen ist? e. Wenn ich so viel Geld hätte, würde ich eine Reise machen.